岗课赛证视阈下
高职教学改革创新与实践

王铨 高桥 李昊 等编著

U0367052

化学工业出版社

·北京·

内容简介

本书针对目前国内高职院校改革创新的热点和难点问题，从创新人才培养模式、特色专业与课程建设、"双师型"教师队伍建设、创新创业教育与专业教学改革等方面进行研究和实践，逐步形成了具有智能制造专业特色的教学模式、评价办法及管理制度，有效促进了智能制造双高专业群的建设和发展，提升了办学质量。

"三教"改革一直是教育改革的热点，教师、教材和教法也是教学改革的主要着力点。本书主要从教师、教材及教法入手，积极探索岗课赛证视阈下高职教学改革创新与实践。通过深入开展产教融合、校企合作，在教学过程中实现了岗位标准与课程标准相统一、大赛内容与教学内容相统一、1＋X证书与教学评价相统一；通过教学实践，明确岗课赛证在职业教育教学中的实施路径，最终为职业教育的高质量发展提供案例。

本书用于高职高专、技工类院校职业教育管理人员的教学改革指导。

图书在版编目（CIP）数据

岗课赛证视阈下高职教学改革创新与实践/王铨等编著 . —北京：化学工业出版社，2024.2
ISBN 978-7-122-44853-8

Ⅰ.①岗…　Ⅱ.①王…　Ⅲ.①高等职业教育-教学改革-研究　Ⅳ.①G718.5

中国国家版本馆 CIP 数据核字（2024）第 038623 号

责任编辑：葛瑞祎　　　　　文字编辑：谢晓馨　刘　璐
责任校对：杜杏然　　　　　装帧设计：史利平

出版发行：化学工业出版社
　　　　　（北京市东城区青年湖南街 13 号　邮政编码 100011）
印　　装：涿州市般润文化传播有限公司
710mm×1000mm　1/16　印张 12½　字数 244 千字
2024 年 5 月北京第 1 版第 1 次印刷

购书咨询：010-64518888　　　售后服务：010-64518899
网　　址：http://www.cip.com.cn
凡购买本书，如有缺损质量问题，本社销售中心负责调换。

定　　价：68.00 元

前言

党的二十大报告中提出，"统筹职业教育、高等教育、继续教育协同创新，推进职普融通、产教融合、科教融汇，优化职业教育类型定位"。中共中央办公厅、国务院办公厅印发的《关于深化现代职业教育体系建设改革的意见》（简称《意见》）为我国职业教育改革明确了抓手。《意见》提出，"坚持以教促产、以产助教、产教融合、产学合作，延伸教育链、服务产业链、支撑供应链、打造人才链、提升价值链，推动形成同市场需求相适应、同产业结构相匹配的现代职业教育结构和区域布局"。因此，职业院校如何贯彻落实政策、深化教育教学改革，是摆在职业教师面前的重要课题。"三教"改革一直是教育改革的热点，教师、教材和教法也是教学改革的主要着力点。

本书针对目前国内高职院校改革创新的热点和难点问题，从创新人才培养模式、特色专业与课程建设、"双师型"教师队伍建设、创新创业教育与专业教学改革等方面进行研究和实践，逐步形成了具有智能制造专业特色的教学模式、评价办法及管理制度，有效促进了智能制造双高专业群的建设和发展，提升了办学质量。在移动互联时代，人类接触信息和资讯的方式发生了极大的变化，也变革了传统教学模式。突如其来的新冠疫情，对高职院校的教育教学造成了极大的影响，从线下到线上的教学方式和场景的转变，带给职业教育工作者更深层次的思考。开展实训教学是职业教育的显著特点，智能制造专业群的专业课教学主要在生产性实训车间进行，如何在没有设备、没有场地的情况下开展教学是摆在每一位专业教师面前的难题。2021 年被称为元宇宙元年，随着元宇宙概念的兴起，虚拟仿真实训教学又一次成为教学改革的热点。线上教学期间，借助微课程、虚拟仿真教学软件实现了"互联网＋"实训教学模式，为高等职业教育从大众化向 SPOC（小规模在线课程）个性化转变提供了思路，高等职业教育和高等教育发展逐渐相向而行。本书就虚拟仿真实训基地建设、智能制造专业群实训室建设及线上教学模式改革进行了一定的尝试和探索，希望可以帮助读者审视未来职业教育发展的方向。

教材是教学的载体和指引，针对高职专业教材理论性强、专业知识陈旧、实训教学任务与岗位脱节等现象，笔者借鉴了国外主流的德国行动导向课程开发模式，通过岗、课、赛、证相融通的方式开发新型活页式教材。本书分别从校企合作、职业院校技能大赛、1＋X证书等多角度阐述了活页式教材开发、教学任务设计、教学评价改革的方法路径，并提供了一些案例。通过笔者多年来的职业院校教材开发经验来看，不管采用何种方法进行教材开发，路径的终点是一致的。教材开发过程中最重要的是有一支德技双馨的"双师型"教师队伍。教育部在2022年10月颁布的《职业教育"双师型"教师基本标准（试行）》为高职院校"双师型"教师队伍建设提供了标准，指明了方向。"双师型"教师队伍建设必须在深化校企合作、产教融合的基础上进行，通过举办教师技能大赛、推进专业教师企业实践、扩充企业兼职教师队伍等方式，有效推进职业院校教师队伍的建设和发展。随着教育部配套政策的出台，相信会有越来越多的能工巧匠、大国工匠加入职业院校教师队伍，为培养高素质技术技能人才添砖加瓦。

教育是培养人的活动，马克思主义关于人的全面发展学说指出，教育应该促进人的全面发展。我国教育正处于应试教育向素质教育转化的阶段，随着中国制造业不断转型升级，高等职业教育培养的不再是面向单一工种和岗位的技能人才，智能制造的兴起对人才的要求也越来越高，高职教育应该进一步反思如何培养满足新技术、新工艺要求的创新型人才。不同时代的大国工匠取得成功的主要原因在于他们有勇于钻研的创新精神，因此专创融合的教育是未来高职教育的发展方向。高职院校培养的人才既要有扎实的专业技能，又要富有劳模精神、劳动精神、工匠精神和创新创业能力，能够有在百年未有之大变局下破局的勇气和本领。笔者在专创融合教育方面进行了一定的探索和实践，也提供了在专创融合教育方面的教学案例，希望能够为读者提供一定的帮助。

本书由王铨、高桥、李昊等编著。王铨对全书整体进行了设计。第一章由王铨、朱晶、郑晓庆、徐晓明共同编写，第二章由李昊、王倩共同编写，第三章由高桥编写，第四章由王铨编写。全书由高桥统稿。

博观而约取，厚积而薄发。高等职业教育教学改革是一个永恒的主题，职业教育人才培养也永远在路上。本书中没有较强的理论，大多是在日常教学工作中进行的实践和探索，希望起到抛砖引玉的效果，为各位职教同仁在专业教学改革中提供一定的思路。受笔者水平所限，若有不当之处，敬请批评指正。

编著者

2023 年 11 月

目录

第一章 ▶▶ 职业院校创新人才 培养模式改革

第一节 · 基于学分制的高职工科专业教学模式改革与创新

一、高职智能制造专业学分制改革与实践

随着"中国制造2025"的提出，国内高职院校传统工科类专业开始向智能制造专业群迈进。高职院校工科类专业实现了专业集群，原有的机械、电气、自动化、数控、模具等专业都转变成智能制造专业群的一部分，实现了专业的配套升级。通过教育部、财政部正式公布的中国特色高水平高职学校和专业建设计划（简称"双高计划"）可以看出，首批384个国家高水平特色专业中，与智能制造相关的高水平专业足足有90个，占比约为23.4%，是所有专业中占比最多的大类，凸显国内高职院校对智能制造专业的重视。

（一）学分制教学改革研究现状

1. 国外研究现状

学分制的出现是以大学选修制为基础的。选修制是指学生自由选择专业和课程，为发挥学生个性和潜质而建立的教育教学制度。这一制度起源于德国，1810年由威廉·冯·洪堡在柏林大学创立，随后托马斯·杰斐逊从德国引入美国并进行推广。1825年，杰斐逊创办了弗吉尼亚大学并出任校长，以选修制作为学校的课程设置制度。学生主要学习医学、法律或神学方面的内容，可以在包含医学、数学、化学、哲学等学科在内的八个独立学院中的一个或几个中进行学习。随后，哈佛大学沿用了这一制度，并将其发扬光大。学分制为学生提供了自由选择学习内容的权利，提供了学生在某一学科领域出类拔萃的机会，也赋予了他们对自己在大学学习过程中该负的责任。国外发达国家的学分制研究已经持续了100多年，形成了

完善的课程管理体系，为提升高等教育质量提供了理论和依据。

2. 国内研究现状

2014 年，国务院和教育部相继下发了《关于加快发展现代职业教育的决定》（国发〔2014〕19 号）和《关于开展现代学徒制试点工作的意见》（教职成〔2014〕9 号），提出全面推进人才培养模式创新，开展校企联合招生、联合培养的现代学徒制试点，完善支持政策，推进校企一体化育人，增加试点规模，丰富培养形式，扩大试点范围等相关要求。2015 年，教育部发布《关于深化职业教育教学改革全面提高人才培养质量的若干意见》（教职成〔2015〕6 号），进一步提出了高职教育要实施"学分制、菜单式、模块化、开放型"教学。2019 年 1 月，国务院印发的《国家职业教育改革实施方案》（简称"职教 20 条"）中明确指出，加快推进职业教育国家"学分银行"建设，从 2019 年开始，探索建立职业教育个人学习账号，实现学习成果可追溯、可查询、可转换。2021 年 4 月 12 日至 13 日，全国职业教育大会在北京召开，4 月 27 日，教育部发布《关于学习宣传贯彻习近平总书记重要指示和全国职业教育大会精神的通知》，提出要建好国家"学分银行"，推动各种学习成果之间的互认转换，为终身学习提供机会。随着国家政策的不断出台，各职业院校积极开展各项调查研究，落实学分制下的课程改革工作。

山东省早在《国家职业教育改革实施方案》发布前就已开展了"学分银行"的试点工作。2013 年 11 月，山东省教育厅印发《山东省普通高等学校学分制管理规定》，在具备条件的普通高等学校中开展学分制管理试点工作；2017 年 1 月，山东省教育厅印发《关于加快推进高等职业院校学分制改革的通知》，要求全省高职院校确保到 2020 年全面实施学分制管理。

（二）学分制改革存在的主要问题

通过对国内实施学分制改革的多所高职院校进行调研，目前国内大多数高职院校开始实施学分制改革试点，部分高职院校已经实施按学分收学费。但目前来看，学分制改革中的课程建设还存在不少问题。

1. 课程建设与人才培养目标不适应

由于高职院校生源成分复杂，学生通过春考、夏考、单招、综招和"三二连读"等不同方式入学，学生的学习层次和认知能力不同。采用统一的人才培养方案，设置同样的课程内容，无法满足学生对学业的实际需求，无法解决人才培养创新力不足、重专偏通等问题。

2. 高职院校课程体系设置不合理

在对课程进行安排时，存在着必修课较多、选修课较少的问题。课程总数量虽然多，但是只有一小部分的课程可供学生进行自主选择，没有设置大专业多方向的课程体系，甚至有一些选修课受限于选课的学生数量、课程资源、软硬件条件、教师教学能力等原因，使学生无法自由选择，极大地限制了学分制优势，限制了学生的个性发展。

3. 学校的师资力量不足

实施学分制需要教师有丰富的学识，能够激发学生的学习兴趣。但是很多高职院校仍然缺乏非常优秀的教师，现有教师没有转变以往固有的课程管理观念，为便于统一管理而忽视学生个性的发展，没有将重共性教育理念转变为重共性与个性和谐发展的教育理念。

（三）学分制改革与创新目标

为了解决学分制在高职院校实施过程中的难点和痛点，结合学院智能制造专业群特色，制定了基于智能制造专业群学分制改革的目标。

1. 优化学分制管理下的课程体系

通过实施学分制管理办法，对教学过程进行优化，实施分层次教学，构建多元化课程体系，兼顾"自由度"和"限制度"，针对不同生源的学生采取个性化的培养方式，坚持"学生至上"理念，提升高职教育教学育人质量。

2. 促进课程教学资源开发

近年来，高职院校的线上教学资源有了跨越式发展，但是现有的线上教学资源仍然不能满足学分制建设的需求。通过与超星学习通、智慧树网等课程平台开展深度合作，开设线上选修课，建设在线开放课程平台等方式，提升学生选课的广泛性和自主性；通过开发活页式教材、工作手册式教材，推行教材电子化，丰富教学资源种类，既满足了学生个性化学习需要，又能解决高职院校师资力量不足、资金有限等实际困难，有效提升课程建设的数量及质量，形成"线上＋线下"多种教学模式、"必修＋任选"多种选课模式。

3. 完善学生学业成绩评价体系

结合国家"学分银行"的建设，促进学生学业成果的认定和互换。毕业学分由所得课程学分、实习学分和奖励学分组成。根据学分互换的规定，对于学生在校期间考取英语和计算机等级证书、参加技能大赛获得成绩、考取职业资格证书和1＋X证书等多方面，实现学分互换、课程免修。这不仅能发挥学生的个性特长，提高人才培养质量，实现高质量就业，还有利于学校借助外部的学习资源，提高相关制度的可操作性和可持续性。

（四）学分制改革的主要成果

1. 完善学分制管理办法

借鉴国内外学分制研究的最新成果，结合智能制造专业群的实际情况，对学分制管理办法进行修订及完善，探索面向不同生源、不同学制学生的学分制管理办法。基于智能制造专业群学生知识、能力、素质的培养目标，探索"必修＋限选＋任选"的学分制课程管理制度，满足学院学生分层次、个性化学习的需要，如图1-1、图1-2所示。

图 1-1　智能制造专业群学生的学习需求

2. 构建满足学分制要求的课程体系

与企业合作开发课程平台，打造统一的公共课程平台；依托专业群建设分模块打造特色专业课程，构建"公共课程＋综合实践＋专业群平台课程组＋专业核心课程组＋专业拓展课程组＋任选课"的课程体系；注重公共基础课程，使专业教育和综合素质教育有机融合。设置专业选择范围、课程选择条件等基本要求，合理设置学分、学时架构；适当加大选修课学分比例，科学分配必修课和选修课学分占比。加强实践应用环节占比，构建全新实践教学体系，实现课程标准与技能标准融合、毕业标准与行业需求对接。学分制课程体系如图1-3所示。

3. 完善满足个性化需求的课程资源建设

一是规范校内必修课程及选修课程标准，加强课程建设指导；同时充分挖掘资源，聘请校外兼职教师，通过开展校企合作，遴选、吸纳一批专业功底扎实、实践

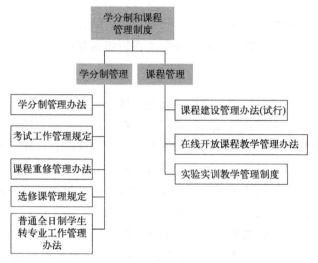

图 1-2　学分制管理办法

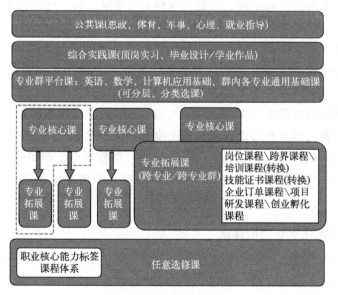

图 1-3　学分制课程体系

经验丰富的企业专业人才和能工巧匠作为学院的兼职教师，在校开设专业或公共选修课。

二是学习借鉴 SPOC（小规模在线课程）的研究成果，校企合作开设线上小规模选修课程资源，开发院级精品在线开放课程资源；借助国家智慧教育公共服务平台、山东省智慧教育公共服务云平台，引进优质在线课程资源 500 余门，同时共建共享地方高校优质在线课程，推动任选课教学资源的开发与建设，打破学校之间的课程壁垒，缓解教学资源压力，共享优质教育资源。

三是根据职业院校教学能力大赛的比赛要求，结合学院大型共享虚拟仿真实训基地项目建设，系统打造能够满足学分制的虚拟仿真在线课程。

4. 创新改革教学模式

结合智能制造专业群特点，建构"岗课赛证融通"综合育人模式，实现"三个对接""四个融合"，即专业设置与产业需求对接、课程内容与职业标准对接、教学过程与生产过程对接，以及课岗融合、课赛融合、课证融合、赛证融合。基于"岗课赛证融通"育人模式，开展课程教学模式改革。

以"岗"确定课程教学标准，课程设置内容要瞄准岗位需求，对接职业标准和工作过程，吸收行业发展的新知识、新技术、新工艺、新方法；专业课教材要对接主流生产技术，校企合作共同开发，充分体现岗位技能、通用技术等内容；教师团队要探索分工协作的模块化教学组织方式；通过优化大班讲授理论、小班开展实践、线上微课、虚拟仿真实验教学、翻转课堂等课堂教学形式，采用启发式、探究式、讨论式、参与式等教学模式，提高课程实施质量。以"课"作为改革核心，通过课程改革，推动"课堂革命"，从而适应生源多样化特点，完善以学生为中心的专业和课程教学评价体系。以"赛"展示课程教学优质成果，通过建立健全国家、省、校三级师生比赛制度，提升课程教学水平。以"证"实现课程学习成果的检验，通过开发、融通多类职业技能鉴定证书、资格证书和等级证书，将职业活动和个人职业生涯发展所需要的综合能力融入证书，拓展学生就业创业本领。基于"岗课赛证融通"育人模式开展课程教学模式改革，基于线上、线下、选修、必修多种课程形式，不断创新教学方式，深化校企合作、产教融合，组织开展"工学结合"实践试点项目，实现教学过程与生产过程的对接，实现学生职业能力和职业素养提升。

5. 完善多元化学业评价体系

改变以往运用考试确定学生学业成绩的单一评价手段，严格按照学分制的要求对学生的学习成果进行评价。通过学生在安全、卫生、纪律、早操、社团活动、社会实践等多方面的表现赋予德育学分；通过社会实践、参加技能大赛、考取本专业的职业资格证书等方式给予相应课程的学分；根据学生发展需求，发表高水平论文、获得发明专利及进行创新创业孵化等均可以作为学习成果，全面评价学生发展。此外，对学生通过在线学习取得的各类证书、获得的专利、发表的作品、竞赛获奖、创新创业成果、志愿者服务等进行认定，并根据不同的级别、档次、难度制定学分转换标准。学院在此基础上对学生开展学习成果认定，转换相应的不同属性课程学分，如图 1-4 所示。

6. 提高信息化管理手段

为有效提高学分制管理的信息化水平，应该积极对学生进行学分制的信息化管理。从选课、查询成绩和学分绩点、查看人才培养方案和已获学分、学生毕业审核等学分制管理各环节，均可借助信息化平台实现全流程在线信息化管理，可以更直观、更清晰地呈现学生的课程学分、实习学分、奖励学分的获得情况，学生学习

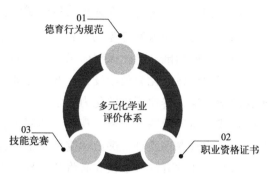

图1-4 多元化学业评价体系

的各项成果，毕业时归入学生个人档案。借助信息化的新工具，极大增强了学分制工作的准确性和科学性，使学分制管理能力进一步提高。

（五）智能制造专业学分制改革创新点

1. 基于智能制造特色的学分制管理应用

通过开展智能制造高水平专业群建设，将学分制与课程改革相融合。在学分制管理过程中，借助课程改革引入关于智能制造专业群人才培养的知识、能力、素质的要求，注重对学生实践操作、专业动手能力的课程成果认定，通过学分倾斜的方式体现实施方案的智能制造专业群特色。

2. 基于人才培养需求打造完善的课程体系

依托专业群建设，分模块打造特色专业课程，构建"公共课程＋综合实践＋专业群平台课程组＋专业核心课程组＋专业拓展课程组＋任选课"的课程体系。根据该体系完善课程内容，有机融合线上、线下课程，合理设置学分、学时架构，实现课程标准与技能标准融合、毕业标准与行业需求对接，同时推行教学指标化管理，实现课程的精细化管理，提升课程改革质量。

3. 注重课程资源的共建共享

职业教育人才培养具有特殊性，由于职业教育是以就业为导向的教育，学生在就业选择上的多样性决定了专业学习的多样性。为实现课程资源的最大化应用，借助国内教育平台超星学习通，开设线上优质选修课，开发 SPOC 教学资源；借助国家智慧教育公共服务平台、山东省智慧教育公共服务云平台，引进优质在线课程资源；通过与地方兄弟院校进行校际合作，共建共享系列课程资源，在缓解课程资源建设压力的同时有效满足学生多样化的学习需求。

4. "岗课赛证融通"育人模式推动课程教学改革

基于学院"岗课赛证融通"综合育人模式，开展课程教学改革。基于行业标准、岗位技能标准，优化课程体系，提高职业教育人才培养的适应性；着力课赛融通，将赛项设备转化为教学设备、赛项任务转化设计为教学项目、赛项标准转化完善为教学标准、赛项评价转化为教学评价，提升职业教育人才培养质量；创新实践教学模式，借鉴学院订单班、现代学徒制等教学模式，实现教学过程与生产过程对接，提升实践课程质量，突出学院优质工科特色。

未来职业教育的教学模式必将从大规模培养向小规模定制方向转变，学分制背景下的课程体系改革和课程资源建设是改变传统教学的一次有益尝试，将有效适应个性化教学需求。今后，随着学分制背景下课程改革方案的实施及完善，学院每年将有数千名学生从中直接受益，成长为适应社会需要的高素质技术技能人才，为学生将来择业就业奠定良好基础。

二、"学分银行"视阈下中高职一体化课程融合发展研究

随着社会发展对人才的进一步需求，传统的中职毕业生已经不能满足社会、家长以及学生对自身的需求，因此各省纷纷通过开展"三二连读"、对口高职、五年贯通等多种培养方式，积极开展中高职一体化发展，既丰富了高职学生的招生来源，又满足了广大中职毕业生对学历提升的需求。随着对口单招的落地及中高职一体化发展的需求，高职扩招造成生源类型的增加，不同生源类型的学生对高职的专业教学发展提出了新的挑战和要求。尤其是中职毕业生在中职阶段就接受了职业教育，许多专业基础技能已经具备，在中职学习阶段也考取过职业能力证书，以及参加过相应层次的职业技能大赛，这部分生源的培养与高中毕业生存在很大的不同。因此，如何对不同生源的学生制定相应的人才培养方案，保证学院的教学水平与质量，如何对不同生源学生的学习成果进行评价和认定，是高职扩招以后摆在每个高职院校面前的难题。结合"职教 20 条"和全国职业教育大会精神，我们在"学分银行"视阈下进行了中高职一体化课程融合发展的有效探索，并取得了一定的成绩。

（一）坚持顶层设计

高职院校应该以习近平新时代中国特色社会主义思想为指导，全面落实立德树人根本任务，坚持以学生为中心、个性发展和因材施教的教育理念，以培养学生的实践能力和创新精神为核心，积极探索多样化人才培养模式。制定符合学院特色的学分制管理制度和方法，逐步开展各类学习成果的认定、积累和转换，拓宽学生持续成长通道。通过制定学分制管理办法，从制度上明确学制、修业年限、学分计

算、免修重修等问题，保证学分制管理的顺利开展。同时还应该面向不同生源制定奖励学分计算标准，将行为表现、德育实践、技能竞赛、职业证书、创新创业与学术科技等内容纳入学分管理范畴，实现马克思主中人的全面发展学说，落实立德树人的基本要求，完成学分制下教学管理的体系建设。

（二）厘清中高职一体化课程融合动因

通过对全国范围内高职"三二连读"课程设置情况进行调研，可以看出，目前各高职院校在进行"三二连读"一体化课程设置过程中主要存在以下几点问题。一是中职和高职院校在进行人才培养方案设计时缺乏必要的沟通，中职与高职在进行课程设置过程中存在很多重复的课程，造成了学生重复学习知识的情况。通过调研发现，许多中职学生进入高职阶段学习后，因为课程内容与中职的内容相同，所以学习兴趣不高，课堂表现较差，学习成绩下降。二是中高职课程在授课内容上没有明显的区分，中职教育的培养目标是培养生产一线的技术技能人才，而高职教育主要培养高级技术技能人才，许多"三二连读"课程在教学难度上没有明显的区分，导致高职培养出的学生质量不高，无法满足社会对高级技术技能人才的需求。三是学生评价手段单一，"三二连读"高职阶段的学生在认知能力、学习基础上和全日制统招的高职学生还存在一定差距，按照统一的考试标准对学生的学业成绩进行评价，必然造成评价结果存在一定的离散性，对于中高职一体化的学生来说也是不公平的。由此可见，引入"学分银行"体系，构建与"学分银行"体系无缝对接的不同生源的人才培养模式和实施路径势在必行。

（三）中高职一体化课程融合有效路径

培养高素质技术技能人才是高职人才培养的核心内容，中高职一体化课程融合教学实践过程中对中职层次的学生实现"岗、课、赛、证"的成果认定，是实现中高职一体化课程融合的有效途径，也是实现"学分银行"的关键。为了顺利开展中高职一体化课程融合实践，我们首先对中职学生的学习成果认定进行了有效梳理，如图 1-5 所示。

1. 中高职一体化课程实践路径设计

中高职一体化课程实践路径应该从两个方面进行设计：学生的学习内容及学习质量。在进行专业人才培养方案制定过程中与相关"三二连读"的学校共同制定，将中职部分学习的课时内容进行认定，在进行高职课程标准制定过程中对符合直接认定的内容予以删减，对可以加深学习的部分进行加强，对需要重新讲解的部分作为重点内容进行讲解，打通中高职一体化课程的实践路径。

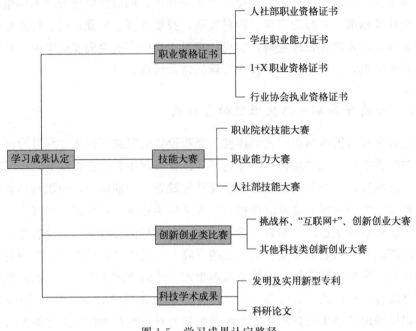

图 1-5　学习成果认定路径

2. 学习成果认定路径设计

中职学生的学习成果认定是实现中高职一体化课程融合发展的关键。如何在保证学习质量的前提下对学生已有的学习成果进行认定，是目前"学分银行"实施的一个难点。目前国内学习成果的认定并没有统一的规则和标准，在进行学习成果认定路径设计时应遵循以下几个原则。

（1）公平性原则　信度是进行教学成果认定的第一要务。在进行教学成果认定的过程中，应该严格按照学生的学习成果所包含的知识、技能进行有效认定，对于不满足认定的教学内容不予以学生免修资格，使学生的学习质量能够满足人才培养方案的要求，保证教学成果认定的有效性。对于不同等级的职业技能大赛，按照不同级别给予相应的学分认证，保证技能大赛的权威性。对于不同等级的职业资格证书，按照相应级别的知识和技能要求进行认证，对于 1＋X 等级证书则按照人才培养方案中规定的学分和课时要求进行认定。如图 1-6 所示。

（2）时效性原则　时效性是保证教学成果认定信度的关键。目前技术更新的手段不断加强，知识更迭速度不断加快，新技术、新工艺、新方法不断涌现，新的岗位也不断出现，需要教师不断调整学习认证单元知识点、技能点与能力要求。因此在对学生学习成果进行认定过程中要保证足够的时效性，设计学生学习成果认定过程也要保证时效性，一般只认定学生 3 年以内的学习成果，对于超过 3 年的学习成果一般不予认定。

项目	考核内容及标准		学分值	评定依据
技能竞赛类	国家级奖	一等奖	10	以获奖证书为准,不同奖项可以累加计算,音体美类比赛同等级学分制值×0.3
		二等奖	8	
		三等奖	6	
	省部级奖	一等奖	8	
		二等奖	6	
		三等奖	4	
	学校级奖	一等奖	6	
		二等奖	4	
		三等奖	2	

图 1-6 学习成果分层认定

（3）普适性原则 教学成果认定过程中应该坚持普适性原则，对于不同层次、不同类型的教学成果有合适的路径进行认定。学院在设计学分认定体系过程中，应考虑不同类型的学生学习和发展的需要，多层次、多路径地对学习成果进行认定。除了职业资格证书和技能大赛反映学生学习和技能水平的学习成果可以认定外，学生参加的创新创业大赛、获得的发明和实用新型专利、创造的论文和文学作品、参与的学术交流活动以及志愿者服务活动，都可以作为展现学生学习成果的内容进行认定。普适性原则更适应当前社会对学生全面发展的需要，展现了学院"三全育人"的效果，如图 1-7 所示。

项目	考核内容及标准	学分值	评定依据
创新创业	获得省级及以上的创新创业项目立项并完成项目	4	
	在省级及以上创新创业大赛中获奖	同技能竞赛类标准	
	创业培训	每周1学分	以培训考勤记录为依据
学术科技	取得发明专利权	10	
	正式出版学术专著	10	
	取得实用新型专利权、设计外观专利权或软件著作权	10	
	在核心期刊发表论文（第一作者）	8	提供相关证明材料
	在具有全国统一刊号（CN号）的一般学术刊物上发表学术论文（第一作者）	6	
	原创作品类：原创小说、散文、诗歌、乐曲、漫画、课程等以展览、刊物出版发行或在网络连载等形式形成成果	8	
	学术交流	8	

图 1-7 普适性学习成果认定

（四）中高职一体化课程融合实施策略

1. 重构课程系统和制定课程标准

完善学院的课程教学体系，突出对学生实践技能的培养，在课程教学过程中关注学生的创新创业能力、理论联系实际能力，突出融合课程的弹性教学优势，形成必修课、专业选修课、公共选修课三位一体的互通互融的课程新体系。必须明确学生的理论课、实践课的学时分配，要求真正做到与理论教学、实训教学相辅相成，将中高职一体化课程融入专业人才培养方案。

2. 完善课程内容

推进"活页式"教学任务书在实践教学中的应用，课程内容必须与专业岗位标准相对接。中高职院校可以联合组织教师、行业企业专家形成团队，开发数字化教学资源以满足中高职一体化课程的融合发展。

3. 改革教学方法

中高职一体化课程融合教学方法不同于以往的理论教学方法，弹性的教学内容决定了以往单纯的教学已经无法满足要求，教学过程中应将职业技能培训内容融入理论教学环节中，通过任务驱动的方式引导学生自己发现问题并自己解决问题。教学过程中应注重信息技术、虚拟现实技术等信息化教学手段的融入，提升学生学习的真实性和有效性。

"学分银行"视阈下中高职一体化课程融合发展研究是应对目前高职招生生源多样化的有效举措，通过中高职一体化课程融合发展研究，既解决了目前中高职人才培养目标定位不清晰的问题，又解决了目前中高职教学在专业设置、课程内容、评价标准上无法有效评价的问题。通过对中高职一体化课程融合发展研究，有效推进了"学分银行"在中高职教学中的实践，提升了学院人才培养质量。近几年来，开展学分制试点，实现了学生学习成果的有效量化，得到了社会和家长的广泛认可，产生了良好的社会效益和经济效益。

三、基于学分制的工科类专业多元化教学评价改革与创新

多元化教学评价是近年来高等职业教育教学改革的热点内容，目前国内高职院校大多采用过程性评价模式取代传统的诊断性评价模式对学生学业进行评价。20世纪80年代初，美国哈佛大学的心理学家霍华德·加德纳提出了多元智能理论，为实现多元化教学评价提供了理论支撑，但多元化教学评价和多元智能理论还存在一定的区别。教育教学是一项综合性实践活动，在教学活动中往往涉及多元智能的综合应用，无法对单一智能进行评价，但多元智能理论对多元化教学评价仍然具有

指导意义。作为高职教育的学生，尽管在逻辑和语言技能上存在一定的认知障碍，但不影响其他智能的发展，因此采用多元化教学评价可以更客观地检验学生的学习成果。

（一）多元化教学评价存在的主要问题

尽管国内各高职院校都采用了多元化教学评价模式对学业成果进行评价，但总体而言，目前国内高职院校的教学评价还处于起步阶段，更多的是评价方式和考核方式的变化，对进行教学评价的原因、教学评价的核心内涵和评价目的研究得不够深入，造成了目前多元化教学评价"形而上"的现象，无法满足学习者的评价需求。目前国内高职院校多元化教学评价存在的主要问题有以下几点。

1. 采用过程性+诊断性评价模式代替多元化评价模式

目前，国内高职院校在进行多元化教学评价过程中大多采用过程性评价与结果性评价相结合的模式进行。过程性的成绩和期末成绩按照一定的比例最终换算出学生最终的学习成绩，这一评价模式较以往的诊断性评价模式具有一定的先进性，考虑了学生学习过程中付出的劳动和努力，同时弱化了期末考试在学业评价中的百分比，学生学业的评价更加公正客观。但是，目前国内高职院校对于过程性评价和诊断性评价的百分比认定存在一定的随意性，大多院校往往简单地将两部分成绩划分为30%与70%，或者40%与60%，有些院校甚至可以达到50%与50%的比例。具体的比例划分一般是由任课教师设置，因为没有充分的划分依据，造成了评价结果的公平性和公正性存在质疑。同时，过程性评价是对学生的学习过程进行全方位的评价，教师需要对学生整个学期的学习过程进行观察，记录学生学习过程中的得分点，并进行统计和分析。在实际操作过程中，一个教师往往要面对30～40名甚至更多的学生，无法对学生的学习过程进行细致的观察，造成了过程性评价流于形式的情况较为突出。通过对相关院校进行调研，目前国内的院校在过程性评价时往往采用出勤、纪律、作业等简单的指标进行评价，关注了学生的出勤情况、完成作业的次数等，这些指标便于分析统计，但是和多元化教学评价中学生的能力水平存在较大偏差，也是目前造成多元化教学评价水平不高的主要原因。

2. 忽略了评价主体的学习需求

教学评价是对学生的学习情况进行评价和反馈，是考核学生学业成绩是否达到教学目标的重要手段。评价包括"教"与"学"两个过程，因此在对学生开展多元化教学评价过程中不能忽视学生作为评价主体的作用。目前国内在开展多元化教学评价的过程中评价内容和指标往往都是教师设计和开发的，学生并没有参与教学评价目标的制定，也没有深入了解被评价者的学习需求。目前国内在学习评价过程中多采用学生自评、小组评价和教师评价相结合的方式对学习成绩进行评价。但是学生自评和小组评价时，学生对评价的内容和指标往往不甚了解，评价的结果主观性较强，未能真实评价学生的学习过程。实际在进行多元化教学评价过程中，学生的自我评价应该注重于学生的学习需求，由学生根据学习的关注点设计评价指标，并进行评价。自评过程要考虑学生个性化的需求，让学生真正成为评价的主体。小组评价是在教师无法对学生学习过程进行全方位观察时采取的一种评价手段，小组的其他成员应该代替教师作为观察者，观察学生的学习过程并给出适当的评价。作为小组观察者的学生应该从学习者角度出发，设计观测点和观测指标，进行测评，从而保证评价结果的客观性和可操作性。

3. 评价内容与教学目标不一致

教学目标是指导教师进行教学和学生进行学习的重要指标，教师进行教学之前应该深入了解本节课所要讲解的教学目标，并将教学目标下发给学生，使学生充分了解。高等职业教育与普通高等教育最大的区别在于它的职业性，以培养实践能力为主。高等职业教育在教学目标的设计上一般分为知识目标、能力目标和素质目标三类，因此在对职业教育教学实施多元化教学评价过程中，评价指标也应该与三维的教学目标相一致。知识目标包含课程中的概念、知识以及理论等，评价时应该按照学习知识的方式进行评价；能力目标更关注学生的操作技能，因此评价时关注点是学生的操作技能；素质目标考核的是学生的职业素养、道德规范等，评价时往往需要对学生的整个学习过程进行观察测评，更适合在小组评价和自我评价时使用。不管采用哪种方式对学生的学习成绩进行评价，都需要与教学目标设定的内容相一致，在设定学生自评和小组评价时也不应该采用分数的方式进行，需要对观测的内容进行书面说明，指出评价的原因或理由，以便于评价结果统计时对评价指标是否合理进行评判。

4. 评价指标没有实现"岗、课、赛、证"相融通

目前的职业教育教学评价中，社会参与评价的面不广，特别是用人单位在评价中基本上是缺失的，这使得评价的结果很难被行业和社会重视。目前制约高等职业教育高质量发展的重要原因是院校培养的学生无法满足企业的用人需求。因此企业应该成为教学评价的重要一环，特别是在面向岗位核心能力的专业课程教学过程中应该以行业、企业的评价资源和评价方法对学生的学习过程进行评价。目前国内做得较好的职业院校，例如深圳职业技术学院，引入了华为的职业技术标准参与信息技术类专业的教学评价，学生的学业成绩得到华为公司的认可，培养出的学生必然能够满足企业的用人需求。因此，在对教学目标中能力目标和素养目标的评价指标进行认定时，应该积极引入行业、企业的相关能力标准和职业素质要求，提升教学

评价指标与"岗、课、赛、证"相融通。

（二）工科类专业实现多元化教学评价的路径及方法

1. 厘清教学目标与教学评价之间的关系

工科类专业主要面向第二产业，和其他专业比起来，对技术、技能以及动手实践能力要求更高。同时专业大多面向生产型企业，学生除了需要掌握相关专业知识和技能外，还需要具有良好的团队合作、交流沟通以及抗压能力。因此在制定教学目标和教学评价指标过程中，应该注意工科类专业特色及相关生产制造类企业对人才的具体要求。近年来随着"大众创业、万众创新"的提出，制造业也逐渐实行转型升级，由传统的大批量生产向个性化、私人定制发展，要求生产型技术技能人才具有一定的创新能力。因此在设计教学目标时也应该突出对学生创新能力的培养，并将其作为教学评价指标的一部分。

知识、能力、素质三维教学目标是目前国内职业院校在进行教学目标设计时经常采用的一种设计方法。三维教学目标存在递进关系，知识目标用于阐述通过本节课学习后学生应该掌握的知识，能力目标体现的是运用知识指导实践并能够完成相应岗位工作任务的主要能力，素质目标体现的是将能力转化为素养的能力。学生通过理论知识的学习，结合一定的岗位实践，最终掌握运用知识和技能解决实际问题的能力，最终将其转换为个人的基本素养，如图 1-8 所示。

图 1-8　三维教学目标

马克思主义关于人的全面发展学说指出，教育的目的是促进人的全面发展，主要指人的物质生产、生活本身的劳动能力的全面发展，人的才能的全面发展，人自身的全面发展及人的自由发展。高等职业教育的本质任务是立德树人，促进人的全面发展，培养社会主义建设者和接班人，因此我们设计的教学目标的本质任务是使学生完成知识、技能学习后，最终内化为学生的自身素养，促进学生的全面发展。要实现教学目标就必须对教学目标制定的内容进行教学评价，教学评价指标的指向应该与教学目标的指向相一致。

知识目标主要考核的是本节课内容中学生需要学习和掌握的主要理论知识，该部分知识包含的概念、原理、定义，应该能够满足指导学生实际操作的需要。对于知识部分的学习评价，应该采用定量评价的原则，通过测验、检测等方式定量考核学生的掌握情况。这部分内容应该由教师进行统一评价并给出相应的评价结果。

能力目标主要考核学生对于该部分专业能力的掌握情况，对于工科类专业的学生来说，主要是掌握相关的职业技能。该部分教学目标的评价主要面向技能操作的正确性、实训任务的完成度等要求，对能力目标的评价宜采用"定性＋定量"的模式进行。每一个实训教学任务中工具的使用、材料的选择、加工工艺方案的制定，这些指标采用定性的评价方式，学生能够使用工具、会选择合适的材料、能制定加工工艺方案，就认为其掌握了该部分能力的要求；实训任务的完成度则可以考虑采用定量的方式进行评价，例如，在机械加工类课程中，可以根据学生加工产品的质量进行定量评价，最终确定实训任务的完成度。定性评价的指标可以由学生自主评价和小组评价完成，定量评价的指标建议由学生自主评价和教师评价完成，以促进学生自主进行评价的能力和方法。

素质目标主要考核学生完成学习后的掌握情况，基于目前企业对技能人才的要求越来越高的情况，重点应该考核学生解决实际问题的能力。这部分的教学评价指标较为抽象，对教师进行实训任务的设计要求较高，需要在学习过程中对学生表现出来的素质方面进行观察和记录，最终给出综合性的评价。因此这部分内容应该由小组和教师来进行定性评价，在评价指标的选取上建议参照行业、企业技术标准和要求，实现"岗、课、赛、证"的相互融通。教学目标与教学评价关系如表 1-1 所示。

表 1-1　教学目标与教学评价关系

教学目标	教学评价	学生自主评价	小组评价	教师评价
知识目标	定量评价			○
能力目标	定性＋定量评价	○	○	○
素质目标	定性评价		○	○

2. 科学制定评价内容和评价指标

目前，造成高职院校多元化教学评价成果不突出的主要原因是教学评价的内容和指标不明确，从而无法正确评价学生的学习成果。要进行科学的多元化教学评价，制定合理的教学评价内容和评价指标是关键的一步。教学评价内容和指标主要分为常规性教学评价指标和特殊性教学评价指标两种。常规性教学评价指标主要是指在教学过程中基础的操作规范、实训安全、岗位素养等职业关键能力的考核评价，该部分评价指标对同一课程基本相似，在设计评价指标时可以统一设计。特殊性教学评价指标是基于本课时内容所特有的评价指标，对本课时内的关键技能、素质点进行评价和监测。例如，对该课时包含的特殊能力及素质要求进行监测，特别是对实训任务中必须掌握的核心技能进行重点检测，这是特殊性教学评价指标的重点。

教学评价内容常见的确定方法主要有实验法、调研法等，不管采用何种方法确定教学评价指标，都必须坚持评价指标不能脱离职业标准和岗位标准。德国的"双元制"教学之所以能够提升职业教育教学质量，关键在于其职业教学内容来源于行业、企业实际，考核评价标准对接企业的实际操作标准，从而保证了德国职业教育的高质量发展。因此，在进行教学评价内容和指标确定的过程中要邀请行业、企业相关岗位的技术人员参与。只有实现与岗位标准相一致的评价标准，才能促进教学质量的提升，培养合格的高水平技术技能人才。

3. 多评价主体参与教学评价

《国家中长期教育改革和发展规划纲要（2010—2020 年）》中提出，"改进教育教学评价，根据培养目标和人才理念，建立科学、多样的评价标准，开展由政府、学校、家长及社会各方面参与的教学质量评价活动"。通过政策引导可以看出，传统的单一评价模式已经不适应现在职业教育高质量发展的需要，必须进行多主体的教育评价，特别是学生、家长应该参与到学习评价中来。随着校企合作、混合所有制、现代学徒制的新型办学模式的兴起，评价主体的多元化也促进了教学评价向多元化发展。目前多主体教学评价过程中比较关注对学生学业的评价而忽视了对教师教学的评价，学业评价和教学评价是整个学习过程的两个部分，应该形成一个完整的评价系统，实现多元化教学总体评价。

因此，在设计学生学业评价时也应该对教师的教学评价进行设计，目前国内在教学评价上做出的改革和试点与学业评价比起来相对滞后一些。一般职业院校的教学评价多采用同行评价的方式进行，一般由学校教学管理部门组织进行，很少有校外人员、家长和学生参与。部分职业院校每学期由学生对教师进行评教，评教成绩在教师教学成绩中占有一定比例，但是受多种因素的影响也很难客观地评价教师的教学水平。教师的教学评价应该采用过程性评价来替代期末的综合评价，更加客观地评价教师的教学水平。在进行教师教学评价时也应该注重评价内容和评价指标的选取，受教师课堂管理、人格魅力、学识水平等因素的影响，学生的评价结果存在一定的主观性，也出现过学生评价与教师教学评价相背离的现象。因此对教师的教学评价应该多主体参与，由学生、家长、同行及相关行业企业人员组成，保证教学评价的公平性和有效性。教师的教学评价建议以定性评价为主，减少因定量评价造成的评价结果偏差。学业评价与教学评价体系如表 1-2 所示。

表 1-2　学业评价与教学评价体系

多元化教学评价	评价方式	学生	家长	同行	行业企业人员
学业评价	主观＋客观评价	○	○		○
教学评价	客观评价	○	○	○	○

教学评价和学业评价需要在每节课结束前进行，通过评价可以帮助教师和学生及时查找学习过程中遇到的困难和障碍，及时调整教学进度和教学目标，确保教育教学质量。教师教学评价示例如图 1-9 所示。

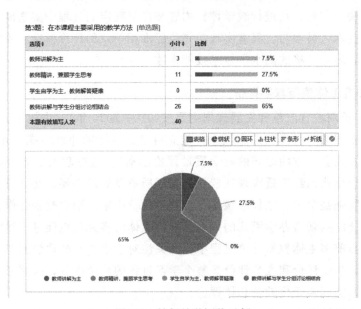

图 1-9　教师教学评价示例

（三）工科类专业多元化教学评价改革与实践成果

根据工科类专业实现多元化教学评价的路径及方法，我们积极开展多元化教学评价改革与实践，促进学生学业评价与教师教学评价体系的融合，推动多元化教学评价结构的公正性与合理性。

1. 借鉴吸收企业技能人才评价标准

多元化教学评价改革的主要目的是提升专业教学质量，培养满足企业用人需求的高素质技术技能人才，解决目前高职院校培养的学生无法满足企业用人需求的痛点。随着现代学徒制、混合所有制及产业学院的发展，目前国内职业教育的校企合作、产教融合也进入了"深水区"，因此借鉴和吸收企业技能人才评价标准是开展多元化教学评价改革的重要手段。

类别	职能	技能类别	初级技工 内容描述	中级技工 内容描述	高级技工 内容描述
钳工装配	零件加工	专业技能	1. 钳工常用基本工具的正确使用（3分） 2. 模具基本结构及钳工工作简介（3分） 3. 倒角及字头刻印的规范操作（4分） 4. 钻孔的基本知识（4分） 5. 攻丝的基本顺序与方法（4分） 6. 铰牙的基本顺序与方法（4分） 7. 板牙的一般顺序与方法（3分） 8. 拆装模具的基本顺序及方法（5分） 9. I-M3系统的确认（3分） 10. 磨床的基本操作（4分） 11. 排气镶件落口镶件组装的一般顺序（4分） 12. AC/BC隔板的正确安装（5分） 13. 抛光方法的学习与了解（4分）	1. AC,BC串水均匀完善（6分） 2. 镶件研配的方法（6分） 3. 斜顶研配的方法（6分） 4. BCO与BC/AO与AC的研配方法（6分） 5. 顶出块研配的方法（8分） 6. 滑块研配的方法（8分） 7. 拆模确认表到判定及方法（8分）	1. 网孔镶件的研配（6分） 2. 斜顶长度的调整（6分） 3. 热流道的正确组装方法（6分） 4. 研模的顺序及方法（6分） 5. 试模确认表的判定及方法（6分） 6. 模具整修的了解及调整改方法（8分） 7. 出厂确认表的判定方法（6分）
		知识技能	1. 了解各种工具的名称（0.5分） 2. 学习各种工具正确的使用方法及现场工作中如何使用该工具（0.5分） 3. 工量具的维护与保养（例如笔式砂轮机使用时要经常加润滑油）（1分） 4. 钳工用设备（例如磨床、钻床、砂轮机）的正确使用（1分） 5. 学习了解二板模、三板模侧向抽芯、热流道模具并能正确分区（0.5分）	1. 孔内杂物清理保证水路通气顺畅（2分） 2. 能够按图纸标注尺寸正确加工铜堵（2分） 3. 能够根据图纸标注的铜堵隔水位置进行水路的断开及堵塔的正确安装（2分） 4. 按装配图正确认镶件所需研配位置（2分） 5. 测量镶件及溝的尺寸（2分） 6. 倒角研配（2分） 7. 按照装配图要求将斜顶编号对应刻在非封料处（1.5分）	1. 网孔的研配间隙（3分） 2. 网孔研配过程中网柱及各封料表面的保护（3分） 3. 要能对任何斜顶的长度作出调整（3分） 4. 头部封料接触痕迹应与端部带丝处接触痕迹相吻合（3分）

图 1-10　企业岗位技能评价标准

借助校企合作开展现代学徒制试点工作，在教学评价过程中引入了企业岗位技能评价标准，结合学生的实际技能水平，对学生进行能力目标的考核评价，如图 1-10 所示。

通过引入企业岗位技能评价标准可以清楚地看到，企业对职工的岗位技能标准具有明确的考核点和考核内容，这为我们进行钳工课程的多元化教学评价改革指明了方向。通过对企业的职业技能考核点进行分析处理，将考核内容转化为学生学习过程中的实训任务，对学生的实训过程和实训结果进行检测评价，可以有效提高学生的技能水平。同时根据岗位能力的不同，可以扩展不同等级的职业核心能力，有针对性地进行考核评价。

在进行评价考核过程中，需要对学生的学业情况及时通报，教育评价的目的是对学生的学习情况进行整改，帮助学生改进学习中遇到的困难和障碍，提高学业水平和学业能力。现代学徒制学生产品质量评价示例如图 1-11 所示。

数控实习学生月度考评通报

事由：通过一个月的实践学习，在带徒师傅们的辛勤教导下，数控实习员工通过自己的努力取得了较好的成绩，现将成绩通报如下：

姓名	带徒师傅	班组	第一周总分	第一周排名	第二周总分	第二周排名	第三周总分	第三周排名	第四周总分	第四周排名	月度得分	月度排名加(扣)分	月度总分	月度排名
迟××	曹××	2	97	1	102.3	1	100.8	1	97.7	2	99.5	5	104.5	1
张××	崔××	1	90	4	97.4	2	96.5	3	100.1	1	96	3	99	2
李××	宿××	3	97	2	86.8	11	94.9	4	92.6	4	92.8		92.8	3
曲××	李××	2	80	7	95.6	4	94.7	5	94.3	3	91.2		91.2	4
祝××	邵××	1	80	5	96.1	3	98.4	2	89.9	6	91.1		91.1	5
狄××	巩××	2	80	6	91.6	7	90.7	10	88.5	7	87.7		87.7	6
杨××	杨××	3	75	9	88.6	8	91.5	8	90.2	5	86.3		86.3	7
刘××	单××	2	69	10	92.2	6	92.9	6	76.6	11	82.7		82.7	8
王××	陈××	2	55	15	95.5	5	92.6	7	85	9	82		82	9
晋××	赵××	3	94	3	84.1	13	91.1	9	50.1	15	79.8		79.8	10
马××	孙××	1	54	16	87	10	84.9	12	81.9	10	77		77	11
戴××	刘××	1	50	17	91.3	8	83.9	13	73.7	12	74.8		74.8	12
王××	陆××	2	38	21	84.1	11	86.8	11	85.4	8	73.6		73.6	13
孙××	王××	1	59	13	78.4	15	83.2	14	54.8	14	68.9	−3	65.9	14
邵××	代××	3	47	19	73.9	15	81.4	15	70.7	13	68.3	−5	63.3	15
徐××		刀具室	65	11	84.2	12	76	16						

图 1-11　现代学徒制学生产品质量评价示例

多元化教学评价除了对学生基本的学习情况进行定性和定量的评价外，还应该对学生的学习过程、学习成绩进行点评。教师需要及时指出学生在学习过程中存在的不足和需要改进的地方，形成过程性评价报告，督促学生根据评价情况进行整改。

2. 建立过程性评价模型

任何多元化教学评价内容和指标都是源于教学目标和教学任务，对于工科类专业，目前国内大多采用的是把面向工作过程的项目教学法作为教学任务实施的主要方法，教学过程中注重实训和任务驱动。因此在进行过程性评价时，评价内容和评价指标应该与任务目标相一致。

通过三年的过程性评价改革与实践，我们总结出多元化教学评价改革的主要思路和方法，建立了多元化教学评价内容和指标模型，优化了每个评价环节的评价内容和具体指标。具体多元化过程性评价模型如图 1-12 所示。

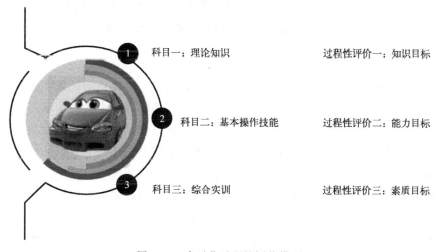

图 1-12　多元化过程性评价模型

我们借鉴了国内驾照考核的方式对实训教学任务进行分组。考驾照过程中，科目一考核的是驾驶的理论知识，这部分内容类似于我们教学过程中的知识目标。因此在设计工科类专业教学任务时，我们设计的第一个任务就是面向知识目标的学习，在此任务中重点检测的内容是知识目标。驾照科目二考核的入库、移库、侧方位停车等项目，将开车过程中用到的技能进行分解，主要面向的是操作的基本技能。因此在任务二过程中我们重点检测学生基本操作的规范性，重点检测能力目标。科目三是考核上路行驶，这是对科目二内容的综合应用，考核的是将知识技能转化为能力的过程。此部分教学任务面向的是综合能力的训练，过程性评价的主要目标是素质目标。

采用驾照考试的评价原理，我们在设计教学项目和评价内容时将一个典型的学习任务分成 3～6 个子任务，每个子任务侧重于对知识、技能、素质的评价，知识和技能评价以自评和教师评价为主，技能和素质评价以小组评价和行业评价为主。通过一个完整的实训项目，最终完成一个技能点学习的多元化评价，进而改变了以往多元化评价无法落地的现象。

3. 运用信息化手段提升评价的时效性

多元化教学评价因为牵涉很多的人、很多的内容，实施起来是非常复杂的。对评价过程中产生的数据进行整理，将耗费大量的人力和物力，然而过程性评价对评价的时效性要求较高，如果不能及时反馈评价结果，将会影响教学的改进。

随着计算机技术的不断发展，特别是移动互联网的发展，在手机端进行教学评价是目前的主流趋势。运用问卷星、统计派等 APP 或者小程序，可以实时对教学过程进行评价，并有效分析评价结果，进而完成评价反馈，帮助学生及时对学业情况进行改进。为了帮助学生及时了解学业成绩和评价反馈结果，学院在教务系统中增加了成绩查询模块，学生可以利用校园网，登录教务系统平台及时查看学习情况。

4. 多种学习成果的转换

对高职不同生源的学生实施多元化教学评价的另一个难点问题是学生的学习成果转换和互认。由于学生的学习背景不同，因此在相同课程中学生的学习过程、知识储备及以往的经历，决定了高职的学习成果转换难于其他层次的职业教育。由于我国目前还没有形成完整的国家资历框架，所以如何公正地对学生以往的学习成果进行评价是多元化教学评价改革的一大难点。

为了公正地对学生的学习过程和以往学习成果进行认定，我们对学生能够取得的学习成果进行梳理，主要包含各种技能大赛的获奖（情况）、取得的职业资格证书、考取的 1＋X 证书、发表的论文、获得的专利等。对这些学习成果的难度进行问卷调查，邀请行业企业人员、学生、家长、第三方评价机构及相关专业教师共同确定相应的转换系数，最终对学生的学习成果进行认定。随着大规模教学逐渐向小规模个性化教学发展，对学生学习成绩的认定也会变得越来越复杂，需要进一步对学习成果的认定方法进行研究和论证。

（四）工科类专业多元化教学评价改革案例

通过近些年的教育教学实践，我们在机械、电气、汽修、轨道和化工等工科类专业进行教学评价改革，有效促进了教学质量的高速发展，实现了学分制模式下的教学改革评价模式，结合产教融合、校企合作，引入了企业优质的教学评价资源，完成了部分课程的多元化教学评价改革，形成了一批优秀的教学改革案例。下面以平口虎钳装配为例，展示实训任务和过程性评价。

任务一 · 平口虎钳装配设计

项目描述

　　本项目通过平口虎钳装配实例操作，使学生熟悉中望3D中创建部件装配的工具，并掌握虚拟装配。通过装配设计的讲解，学生可以了解中望3D产品装配的一般过程及步骤，掌握中望3D的虚拟装配及装配功能，能应用装配操作完成平口虎钳部件装配。平口虎钳装配模型如图1-13所示。

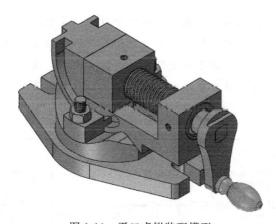

图 1-13　平口虎钳装配模型

目标要求

　　知识目标：

　① 熟悉装配环境与工具的使用方法。

　② 掌握装配中添加组件的方法以及装配约束。

　③ 掌握创建部件装配的基本流程。

　④ 掌握添加装配约束的方法与技巧。

　　能力目标：

　① 能正确使用装配环境与装配工具。

　② 能在装配中添加组件与约束。

　③ 能综合应用装配模块功能完成复杂的部件装配。

　　素质目标：

　① 具有追求真理、实事求是、勇于探究与实践的科学精神。

　② 具有严谨踏实、一丝不苟、讲求实效的职业精神。

③ 具有爱岗敬业的敬业精神，培养学生精益求精的工匠精神。

④ 掌握先进制造技术，勇于创新，学习先进，匠心筑梦，为"中国制造2025"做贡献。

📑 任务分析

装配设计是产品设计的一个重要环节，它可以表达机器或部件的工作原理，以及零件、部件间的装配关系。某企业接到一个模型装配订单任务，王师傅需要对现有零件的三维模型进行装配，并设计装配思路来指导工人装配。订单企业提供了平口虎钳的所有三维零件图，如图1-14所示。您能帮助王师傅完成三维模型的装配吗？

平口虎钳全称是机床用平口虎钳，也叫平口钳，是将工件固定夹持在机床工作台上进行切削加工的一种机床附件。平口虎钳是刨床、铣床、钻床、磨床、插床的主要夹具，广泛用于铣床、钻床等进行各种平面、沟槽、角度等加工。

平口虎钳工作原理：用扳手转动丝杠，通过丝杠螺母带动活动钳身移动，形成对工件的夹紧与松开。

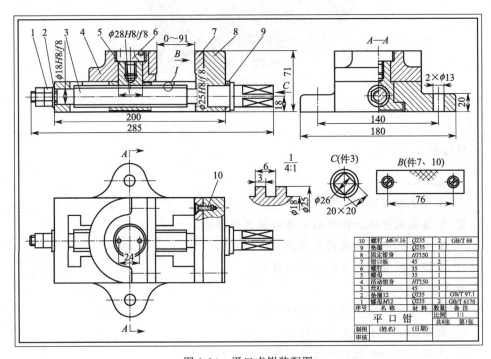

图1-14　平口虎钳装配图

思路分析

装配设计思路如图 1-15 所示。

1. 创建装配	2. 装配下底座	3. 装配上底座
4. 装配压板	5. 装配紧固件	6. 镜像零件
7. 装配活动钳口	8. 装配螺纹紧固套	9. 装配丝杠
10. 装配连杆	11. 装配手柄	12. 装配紧固螺钉

图 1-15　装配设计思路分析

任务实施

1. 进入装配

打开已有的 Z3 文件，创建一个新的"零件/装配"对象，选择模板"默认"，唯一名称命名为"平口虎钳装配"，进入装配环境，参数如图 1-16 所示。

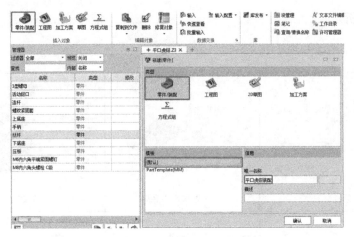

图 1-16　装配参数设定

引导问题 1：如何新建装配文件？

_____

_____

引导问题 2：软件中装配约束的类型有哪几种？

_____

_____

2. 插入第一个组件并固定

从"装配"菜单栏选择"插入"命令，显示装配零件，在"插入"命令中选择"下底座"插入，选择"坐标原点"作为插入位置，选择 XY 基准面作为插入面。下底座是装配中插入的第一个组件，勾选"固定组件"选项，点击"确认"，固定第一个组件，如图 1-17 所示。

引导问题 3：如何在装配文件中插入组件？

_____

_____

3. 装配上底座

（1）插入上底座　从"装配"菜单栏选择"插入"命令，显示装配零件，在"插入"命令中选择"上底座"插入，选择"空白处"作为插入位置，方便约束。将"固定组件"勾选去掉，点击"确认"，插入上底座，如图 1-18 所示。

（2）添加同心约束　在"约束"窗口选择"同心约束"，并选择上底座的底面 1 作为实体 1 和下底座上表面 2 作为实体 2。确定方向正确后，点击"确定"，如图 1-19 所示。

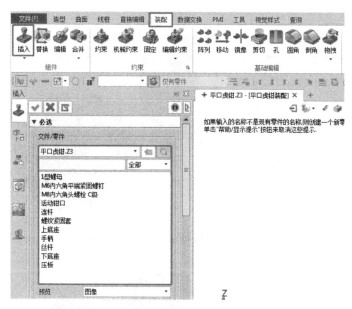

图 1-17　插入第一个组件并固定参数设定

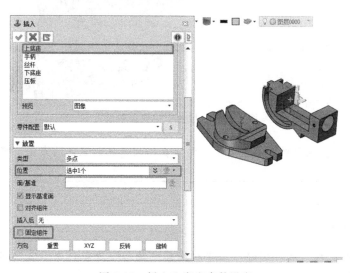

图 1-18　插入上底座参数设定

引导问题 4：装配约束类型中同心约束在任何情况的装配约束中都可以使用吗？

（3）添加置中约束　在"约束"窗口选择"置中约束"，并选择下底座的导向槽侧面 1、2 作为基础实体和上底座导向凸台侧面 3、4 作为置中实体，确定方向正确后，点击"确定"，完成上底座装配，如图 1-20 所示。

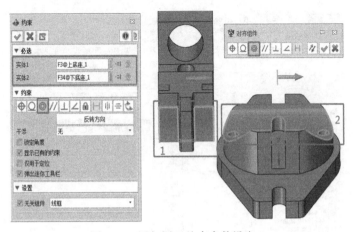

图 1-19 添加同心约束参数设定 1

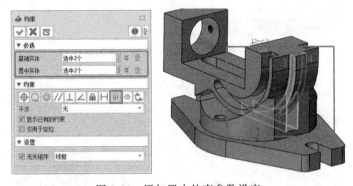

图 1-20 添加置中约束参数设定

引导问题5：装配约束类型中置中约束在任何情况的装配约束中都可以使用吗？

_____

_____

4. 装配压板

（1）插入压板 从"装配"菜单栏选择"插入"命令，显示装配零件，在"插入"命令中选择"压板"插入。选择"空白处"作为插入位置，通过调整方向"XYZ""反转""旋转"将零件放置在合适位置，将"固定组件"勾选去掉，点击"确认"，插入压板，如图 1-21 所示。

（2）添加同心约束 1 在"约束"窗口选择"同心约束"，并选择上底座的底面 1 作为实体 1 和下底座上表面 2 作为实体 2，确定方向正确后，点击"确定"，如图 1-22 所示。

（3）添加同心约束 2 在"约束"窗口选择"同心约束"，并选择压板孔内表

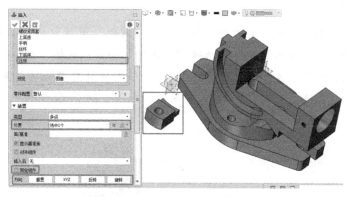

图 1-21 插入压板参数设定

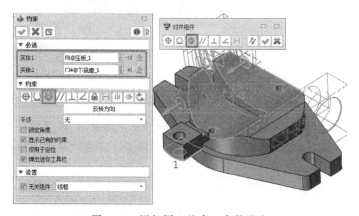

图 1-22 添加同心约束 1 参数设定

面作为实体 1 和下底座螺栓孔内表面作为实体 2。确定方向正确后，点击"确定"，完成压板装配，如图 1-23 所示。

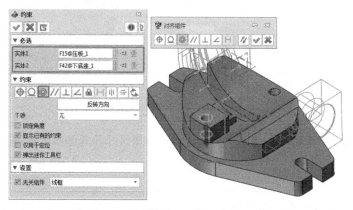

图 1-23 添加同心约束 2 参数设定

5. 装配紧固件

(1) 插入紧固件，螺栓螺母分别插入　从"装配"菜单栏选择"插入"命令，显示装配零件，在"插入"命令中选择"紧固件"插入，选择"空白处"作为插入位置，通过调整方向"XYZ""反转""旋转"将零件放置在合适位置。将"固定组件"勾选去掉，点击"确认"，插入紧固件，如图 1-24 所示。

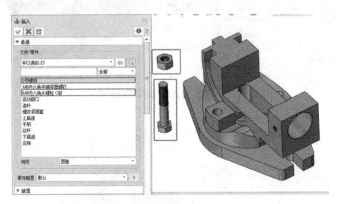

图 1-24　插入紧固件参数设定

(2) 添加重合约束　在"约束"窗口选择"重合约束"，并选择下底座接触面作为实体 1 和螺栓接触面作为实体 2，确定方向正确后，点击"确定"，如图 1-25 所示。

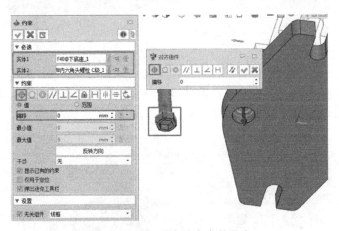

图 1-25　添加重合约束参数设定

引导问题 6：装配约束类型中重合约束在任何情况的装配约束中都可以使用吗？

_____

_____

(3) 添加同心约束　在"约束"窗口选择"同心约束"，并选择下底座螺栓孔内表面作为实体 1 和螺栓圆柱面作为实体 2，确定方向正确后，点击"确定"，完成螺栓装配，如图 1-26 所示。

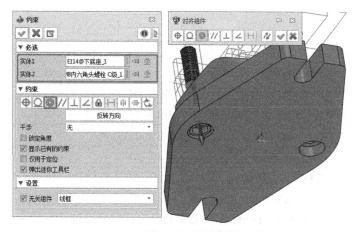

图 1-26　添加同心约束 2 参数设定

任务评价 ....

具体内容略。

四、学分制背景下高职院校教学管理改革实践

学分制的实施推动了工科类高职院校课程建设、教学评价方式、教师教法及学生学法等方面的改革。目前我国高职院校采用的学年制教学管理已无法满足学分制教学的需求，因此基于学分制背景下对高职院校进行教学管理模式改革势在必行。

（一）学分制背景下高职院校课程管理改革

课程是实施教学的重要组成部分，学分制改革推动着课程管理改革的进一步发展。学分制是以建立健全选课制、导师制、学分计量制、学分绩点制、补考重修制、主辅修制、学分互认制等为基础，以弹性学制为前提，把必须取得的毕业总学分作为毕业标准的教学管理制度。学校允许学生按照自己的兴趣爱好和时间安排情况，在学校开设的课程范围内对课程、教师、上课时间等进行一定程度的自由选择；不再设置专业方向，增加选修课比例，将原专业所开课程调整为专业选修课；建立课程学分平台，包括思政课、文化基础课组成的公共课程平台，以及专业课程平台、专业选修课程平台、公共选修课程平台、综合性实践和劳动教育平台等。

因此在学分制下，课程管理者应该打破传统的学年制课程管理模式，构建适应选课制的课程实施方案，将班级授课制模式变为选课模式，同时加大线上课程的比例，以适应学生的学习习惯。

表 1-3　基于学分制课程模式实施方案

课程类别		序号	课程名称	学时 总学时	学时 理论学时	学时 实践学时	学分	第一学年 1 (24)	第一学年 2 (26)	第二学年 3 (26)	第二学年 4 (25)	第三学年 5 (20)	第三学年 6 (30)
专业（技能）课程	专业基础课程	1	机械制图	64	32	32	4	4					
		2	电工与电子技术基础	64	48	16	4		4				
		3	C 语言程序设计	64	48	16	4		4				
		4	单片机技术基础	64	32	32	4			4			
		5	传感器与检测技术	64	32	32	4			4			
		6	先进制造技术	32	16	16	2			2			
			小计（占总课时比 15.7%）	352	208	144	22	4	8	8	2	0	0
	专业核心课（检修方向）	1	无人机操控应用技术	128	32	96	8			8			
		2	无人机组装与调试	128	32	96	8				8		
		3	无人机摄影与摄像技术	128	32	96	8			4	4		
		4	无人机飞行原理	64	32	32	4				4		
		5	无人机搭载技术	64	32	32	4				4		
		6	无人机动力技术	64	32	32	4				4		
		7	电工实训	30	0	30	1	1					
		8	金工实训	60	0	60	2		2				
		9	跟岗实习	360	0	360	20					20	
		10	顶岗实习	600	0	600	20						30
		11	毕业论文（设计）	0	0	0	2						2
			小计（占总课时比 72.8%）	1626	192	1434	81	0	0	16	20	20	30
	专业选修课程	1	无人机系统维修与保养	32	16	16	2						
		2	专业英语	32	16	16	2						
		3	固定翼无人机装调	32	16	16	2						
		4	无人机电力巡检技术	32	16	16	2						
		5	Photoshop	32	16	16	2						
		6	PR 影视后期制作	32	16	16	2						
		7	无人驾驶系统设计	32	16	16	2						
		8	光流技术	32	16	16	2						
			小计（占总课时比 11.5%）	256	128	128	16	0	0	✓	✓	0	0
			周课时及学分合计	2234	528	1706	119	24	26	26	25	20	30

注：表中未列出文化基础课学分。

如表 1-3 所示，除专业核心必修课程外，部分专业课程被调整为专业选修课程，采用线上教学的方式进行授课。学生根据自己的实际需求在不同的学期内完成选课后学习，就可以获得相应的学分，累计达到毕业学分要求时就可以顺利毕业。为了满足个性化学习的需要，大部分专业选修课程都采用线上教学的方式进行，由于线上教学不受时间和空间的限制，增加了教师教学管理的难度。

实施学分制需要在教务系统选课管理平台进行选课，并在规定时间内完成线上课程的学习，就算完成课程的学习，如图 1-27 所示。任课教师和教学管理者可以通过教务系统及时关注和查看学生的学习进度。

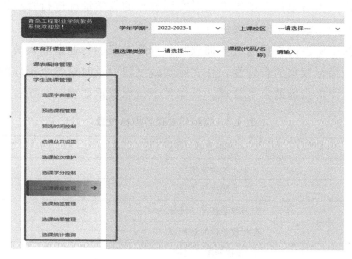

图 1-27　教务系统选课管理平台

（二）面向智能制造专业群的实训教学指标化管理评价

学分制改变了传统的课堂授课模式，选修课程、线上课程的加入增加了教育教学管理与评价的难度。同时，教学管理部门采用传统的学期评价模式对教师的教学业绩进行评价，此方式存在不确定性。为了创新教学管理评价模式，我们吸收和借鉴了企业指标管理评价体系，推进教育管理的指标化。

目前国内高职院校基于学分制背景的课程改革，主要打破了专业课程的结构体系，传统的思政课程和文化基础课程按照教育部的要求仍然需要线下授课，因此在教学评价体系中主要推进实训教学指标化管理评价体系的创新与实践。

1. 确定实训教学管理评价指标

确定评价指标是实现实训教学指标化管理的关键，只有设定的目标符合实训教学管理实际，能够真实反映实训教学质量，才适合作为实训教学指标化管理的评价指标。结合教学实际情况，以及对高职院校各二级单位实训教学、实验室建设、实训设备使用等方面进行考虑，我们设计了七个指标作为实训教学指标化管理的一级指标，用于对实训教师及高职院校二级单位的考核。

实训教学质量指标化评价得分组成，按百分制计算，总分＝A＋B＋C＋D＋E＋F＋G。其中，A为实训设备使用率；B为实训耗材使用率；C为实训教学任务书设计；D为实践教学学时达标率；E为实践技能考核成绩；F为实训教学学生满意率；G为实习单位对专业教学满意率。A、B两个指标主要用于考核高职院校二级单位实验实训建设情况、专业群建设情况及发展情况，C、D、E、F、G五个指标重点考核实训教师教学情况，分别从实训任务书、课程实施、学生技能水平、学生参与教学评价及实习单位反馈等方面对实训教师的教学情况进行管理评价。七个指标的平均值作为二级单位的成绩进行反馈和评价。

每一项指标所占的权重通过实训教师、校外专家、行业企业人员、学生等共同确定。为保证指标权重的合理性，在实际实践过程中及时对各个指标的权重系数进行修正，保证评价指标的公平合理。具体各个指标权重如表1-4所示。

表1-4 指标化管理各指标权重

序号	指标名称	所占权重
A	实训设备使用率	20
B	实训耗材使用率	10
C	实训教学任务书设计	20
D	实践教学学时达标率	10
E	实践技能考核成绩	20
F	实训教学学生满意率	10
G	实习单位对专业教学满意率	10

每一个指标下面又分为多个二级指标，各二级指标对应一个可量化评价的项目，通过对项目逆行赋分，最终确定本指标的得分值。

（1）实训设备使用率A计算（满分20分） 实训设备使用率考核得分A＝A1＋A2＋A3＋A4。其中，A1为设备使用记录；A2为设备维修保养记录；A3为实训室开课率；A4为实训室日常清洁清扫。

① 设备使用记录A1（满分6分）。每学期的期中和期末，教学督查工作委员会组织开展设备使用记录表检查，以专业为单位，进行打分排名，依据排名确定等级，按照等级赋分值，两次检查成绩取平均值（任教多门课程取平均值），获得分值A1。其中，设备使用记录表填写规范完整的为优秀，设备使用记录表填写部分规范完整的为良好，填写了设备使用记录表的为合格，未填写设备使用记录表为不合格。每学期期中，各二级学院（部）教学督查员交互检查其他二级学院（部）的设备使用记录表；每学期期末，各二级学院（部）教学督查员交互检查其他二级学

院（部）的设备使用记录表。设备使用记录检查赋分表如表1-5所示。

表1-5 设备使用记录检查赋分表

指标名称			教学工作业绩考核量化得分				
一级指标	二级指标	观测点	指标量化分值				
实训设备使用率	设备使用记录	设备使用记录表	级别	优秀	良好	合格	不合格
			分值	6	4	2	0

② 设备维修保养记录A2（满分4分）。每学期期末，教学督查工作委员会组织对设备维修保养情况进行检查，得到分值A2。实训设备完好率达90%以上为优秀，实训设备完好率达80%～90%为良好，实训设备完好率达70%～80%为合格，实训设备完好率低于70%为不合格。赋分表如表1-6所示。

表1-6 实训设备完好率赋分表

指标名称			教学工作业绩考核量化得分				
一级指标	二级指标	观测点	指标量化分值				
实训设备使用率	设备维修保养记录	设备维修保养记录表	级别	优秀	良好	合格	不合格
			分值	4	3	2	0

③ 实训室开课率A3（满分6分）。每学期实训室开课率大于85%为优秀，开课率达75%～85%为良好，开课率达65%～75%为合格，开课率低于65%为不合格。赋分表如表1 7所示。

表1-7 实训室开课率赋分表

指标名称			教学工作业绩考核量化得分				
一级指标	二级指标	观测点	指标量化分值				
实训设备使用率	实训课开课率	实训室开课率	级别	优秀	良好	合格	不合格
			分值	6	4	2	0

④ 实训室日常清洁清扫A4（满分4分）。每月组织一次实训室卫生安全检查，检查合格每次计1分。实训室卫生安全检查赋分表如表1-8所示。

表1-8 实训室卫生安全检查赋分表

指标名称			教学工作业绩考核量化得分				
一级指标	二级指标	观测点	指标量化分值				
实训设备使用率	实训室日常清洁清扫	卫生安全检查	次数	1	2	3	4
			分值	1	1	1	1

（2）实训耗材使用率B计算（满分10分） 实训耗材使用率主要考核该专业

实训耗材的使用情况，得分 B＝B1＋B2。

① 实训耗材采购 B1（满分 4 分）。每学期开课前按照实际实训要求采购实训耗材，保证实训耗材采购价格合理，保证耗材库存合理。实训耗材采购赋分表如表1-9 所示。

表 1-9　实训耗材采购赋分表

指标名称			教学工作业绩考核量化得分			
一级指标	二级指标	观测点	指标量化分值			
实训耗材使用率	实训耗材采购	期初库存检查	级别	优秀	良好	合格	不合格
			分值	4	3	2	1
			比例	30％	30％	30％	10％

② 实训耗材消耗 B2（满分 6 分）。每学期期末对实训使用耗材与任务书计划使用耗材数量进行比较，耗材消耗量在 120％以下为优秀，耗材消耗量在 120％～140％之间为良好，耗材消耗量在 140％～160％之间为合格，耗材消耗量在 160％以上为不合格。实训耗材消耗赋分表如表 1-10 所示。

表 1-10　实训耗材消耗赋分表

指标名称			教学工作业绩考核量化得分			
一级指标	二级指标	观测点	指标量化分值			
实训耗材使用率	实训耗材消耗	实训耗材与任务书计划耗材比例	级别	优秀	良好	合格	不合格
			分值	6	4	2	0
			比例	＜120％	120％～140％	140％～160％	＞160％

（3）实训教学任务书设计 C 计算（满分 20 分）　实训教学任务书设计主要考核校内实训教学任务书设计，以及基于工作过程导向校企合作开发的实训任务书的情况，得分 C＝C1＋C2。

① 校内实训教学任务书设计 C1（满分 15 分）。每学期的期初、期中和期末，教学督查工作委员会组织开展任务书检查，以教研室为单位，进行打分排名，依据排名确定等级，按照等级赋分值，三次任务书检查成绩取平均值（任教多门课程取平均值），获得分值 C1。其中，优秀占 30％（可四舍五入，入的一位在全院排名中达不到前 30％则舍掉），良好占 30％（只舍不入），合格及不合格占 40％，其他比例计算均参考本条。

每学期期初，各二级学院（部）教学督查员检查各自学院教师任务书；期中，各二级学院（部）教学督查员交互检查其他二级学院（部）的任务书；期末，各二级学院（部）抽调一位教学督查员，组织检查期初、期中被评测为优秀等级的任务书，其他等级任务书由各二级学院（部）教学督查员检查。实训任务书检查赋分表如表 1-11 所示。

表 1-11　实训任务书检查赋分表

指标名称			教学工作业绩考核量化得分				
一级指标	二级指标	观测点	指标量化分值				
实训教学任务书设计	校内实训教学任务书设计	任务书检查	级别	优秀	良好	合格	不合格
			分值	15	10	6	0

② 校企合作开发实训任务书 C2（满分 5 分）。基于工作过程导向的校企合作开发实训任务书主要考核教师与企业合作开发实训项目，确定实训教学内容，推进教学内容与企业岗位标准的对接，促进教学任务与生产实际相结合。校企合作开发实训任务书赋分表如表 1-12 所示。

表 1-12　校企合作开发实训任务书赋分表

指标名称			教学工作业绩考核量化得分				
级指标	二级指标	观测点	指标量化分值				
实训教学任务书设计	校企合作开发实训任务书	校企合作任务书开发	级别	优秀	良好	合格	不合格
			分值	5	3	2	0

（4）实践教学学时达标率 D 计算（满分 10 分）　实践教学学时达标率达到100%，得 10 分；实践教学学时达标率达到 90%，得 8 分；实践教学学时达标率达到 80%，得 6 分；实践教学学时达标率达到 70%，得 4 分；实践教学学时达标率低于 70%，不得分。实践教学学时达标率如表 1-13 所示。

表 1-13　实践教学学时达标率赋分表

指标名称			教学工作业绩考核量化得分				
一级指标	二级指标	观测点	指标量化分值				
实践教学学时达标率	实践教学学时达标率	实践课时与人才培养课时占比	及格率	100%	90%	80%	70%	<70%
			分值	10	8	6	4	0

（5）实践技能考核成绩 D 计算（满分 20 分）　实践技能考核成绩由过程性考核成绩、期末技能考试成绩以及期末试卷命题质量三部分组成。实践技能考核成绩得分 $D=D1+D2+D3$。其中，D1 为过程性考核成绩，D2 为期末考试成绩，D3 为期末试卷命题质量。

① 过程性考核成绩 D1（满分 6 分）。每学期的期中和期末，教学督查工作委员会组织过程性考核成绩检查，以专业为单位，进行打分排名，依据排名确定等级，按照等级赋分值，两次检查成绩取平均值（任教多门课程取平均值），获得分

值 D1。其中，过程性考核成绩完整的为优秀，部分完整的为良好，超过 50％项目未填写的为不合格。过程性考核成绩赋分表如表 1-14 所示。

表 1-14　过程性考核成绩赋分表

指标名称			教学工作业绩考核量化得分			
一级指标	二级指标	观测点	指标量化分值			
实践技能考核成绩	过程性考核成绩	日常评分表	级别	优秀	良好	不合格
			分值	6	3	0

② 期末考试成绩 D2（满分 8 分）。期末对同一专业的期末考试进行评定，根据考试班级的优秀率、及格率进行排名，获得分值 D2。其中，优秀占 30％（可四舍五入，入的一位在全院排名中达不到前 30％则舍掉），良好占 30％（只舍不入），合格及不合格占 40％，其他比例计算均参考本条。期末考试成绩赋分表如表 1-15 所示。

表 1-15　期末考试成绩赋分表

指标名称			教学工作业绩考核量化得分			
一级指标	二级指标	观测点	指标量化分值			
实践技能考核成绩	期末考试成绩	技能考试成绩	级别	优秀	良好	合格	不合格
			分值	8	4	2	0
			比例	30％	30％	40％	

③ 期末试卷命题质量 D3（满分 6 分）。每学期的期末，教学督查工作委员会组织开展期末试卷命题质量检查，以专业为单位，进行打分排名，获得分值 D3。其中，优秀占 30％（可四舍五入，入的一位在全院排名中达不到前 30％则舍掉），良好占 30％（只舍不入），合格及不合格占 40％，其他比例计算均参考本条。期末试卷命题质量赋分表如表 1-16 所示。

表 1-16　期末试卷命题质量赋分表

指标名称			教学工作业绩考核量化得分			
一级指标	二级指标	观测点	指标量化分值			
实践技能考核成绩	期末试卷命题质量	技能考试命题检查	级别	优秀	良好	合格	不合格
			分值	6	4	2	−2
			比例	30％	30％	40％	

（6）实训教学学生满意率 F 计算（满分 10 分）　参评学生人数不足应评人数 50％，评价结果无效。同一教师任教多个班级取平均值。将评分成绩进行排名，按照比例确定等级，按照等级赋分值。实训教学学生满意率赋分表如表 1-17 所示。

表 1-17　实训教学学生满意率赋分表

指标名称			教学工作业绩考核量化得分				
一级指标	二级指标	观测点	指标量化分值				
实训教学学生满意率	实训教学学生满意率	学生评教分数	级别	优秀	良好	合格	不合格
			分值	10	6	4	-2
			比例	30%	30%	40%	

（7）实习单位对专业教学满意率 G 计算（满分 10 分）　实习单位对专业教学满意率主要是对学生实习岗位与专业对口程度、专业知识结构、学生职业道德与职业素养等方面进行评价，考核专业实训教学与企业人才需求的匹配程度。实习单位对专业教学满意率赋分表如表 1-18 所示。

表 1-18　实习单位对专业教学满意率赋分表

指标名称			教学工作业绩考核量化得分				
一级指标	二级指标	观测点	指标量化分值				
实习单位对专业教学满意率	专业教学满意率	企业问卷	级别	优秀	良好	合格	不合格
			分值	10	6	4	-2
			比例	30%	30%	40%	

通过各二级指标将实训教学管理的各个环节进行分解，通过对不同的观测点进行赋值，最终实现实训教学的指标化管理。在各个指标赋值过程中，充分听取任课教师、二级单位负责人、实验室管理员以及学生等相关人员的意见，确保管理评价结果的公平和公正，在实践过程中对于偏离较大的指标及时进行修正，最终确定高职院校工科类专业实训教学指标化管理评价体系。

2. 实训教学指标化管理实施

（1）专业教师考核要求　专业教师实训教学质量考核由实训教学任务书设计、实践教学学时达标率、实践技能考核成绩和实训教学学生满意率四个指标进行评价。其中，优秀占 30%（可四舍五入，入的一位在全院排名中达不到前 30% 则舍掉），良好 30%（只舍不入），合格及不合格占 40%。

教师在实训教学质量考核期内发生教学事故、安全事故；无正当理由拒不接受学院、二级学院（部）安排的实训教学任务；违反实训教学工作有关规定，造成重大影响或损失；在省级（含）以上教学专项检查过程中出现任何影响学院声誉事故。存在以上情况之一，教师当年实训教学质量考核等级为不合格。

（2）实训教学指标化实施　各二级学院（部）教学秘书填写本部门教师"实训教学质量考核表"，并将汇总数据进行初步审核，由二级学院（部）负责人签字后，将纸质版交给实训教学指标化管理小组审核。实训教学指标化管理小组负责对考核结果进行认定，并将评价结果通过智慧校园管理平台呈现，每学年形成实训教学指标化管理报告，如表 1-19 所示。

表 1-19　实训教学质量考核评价表

指标名称		量化得分
观测指标	观测点	分值
实训设备使用率	设备使用记录表	
	设备维修、维护保养记录表	
	实训室开课率	
	实训室日常清洁清扫	
实训耗材使用率	实训耗材采购及管理	
	耗材消耗与任务书计划耗材比例	
实训教学任务书设计	期初实训任务书检查情况	
	期中实训任务书检查情况	
	期末实训任务书检查情况	
实践教学学时达标率	实践课时与人才培养实训课时占比	
实践技能考核成绩	学生过程性考核成绩	
	学生期末技能考试成绩	
	技能考试试卷命题检查	
实训教学学生满意率	学生评教分数	
总分		

（三）基于学分制智能制造专业群的实习管理制度

顶岗实习和跟岗实习是高职学生进入职场前的一个重要的学习阶段，在这一年的实习期内学生真正地进入岗位进行学习。德国"双元制"之所以能够成为德国战后经济腾飞的引擎，与学生在行业协会、企业中接受的良好实习有很大关系。目前我国高职院校在人才培养方案中都设置了顶岗实习和跟岗实习的模块，这两部分实习都设置了相应的学分，学生只有完成这部分实习内容才能够顺利毕业。

但是在具体实施过程中还存在一定的问题。大多数学生在离校实习后与学校的联系较少，教师对学生在实习过程中的状态和学习成果知之甚少，学生若中途更换实习岗位、企业，则实习成绩往往无法进行评判和衡量。目前部分实习的单位对参与实习的学生的保护也存在一定的缺失，违反劳动法、不按规定给予相应薪酬待遇的情况也时有发生。这些原因造成了我国高职院校顶岗实习和跟岗实习无法达到实际的设计目标，目前很多学生、教师把顶岗实习作为就业形式的一种，但这种实习没有起到本质的教育作用。

对于智能制造专业群来说，顶岗实习和跟岗实习存在的困难较其他专业来说更为突出。由于智能制造专业群学生的顶岗实习和跟岗实习都是面向生产制造型企业，这部分企业一般工作时长较长，实习环境为生产车间，实习过程中存在一定的风险性，实习薪酬较其他专业来说没有较强的竞争性，因此智能制造专业群顶岗实习的学生在实习过程中存在流动性较强、对专业信心不足、职业倦怠感较强等问题，这些问题又很难得到老师的指导和帮助。目前学生不愿意进工厂、不愿意从事生产性工作岗位的情况较为突出，进而出现产业技术人员缺乏、企业招不到合适员工的情况，造成了资源的极大浪费。

顶岗实习和跟岗实习是高职教育的一种延续，只是教育的空间和方式发生了转变，教育的目标及本质没有发生变化。因此，对于学生顶岗实习和跟岗实习的管理仍然应该以学校为主、企业为辅，进行合理的动态评价，为此，我们做了如下创新实践活动。

1. 改变师生教育教学观念

要对顶岗实习和跟岗实习进行改革与创新，首先要改变教师和学生的教育教学观念。作为教师，首先应该有质量管理意识和观念，打破以往的学生离校实习后就不属于在校生，不参与教育管理工作的观念，重新审视实习学生的生理、心理及技能提升方面的需求，除学业成绩外帮助学生解决实际遇到的困难，系好职场的第一颗扣子。在对顶岗实习学生的教育管理过程中，教师不仅是知识的传授者，更应该是一名人生导师，促进学生的全面发展。学生学习观的塑造是顶岗实习和跟岗实习中重要的教育内容，学生初入职场如何形成正确的职业观，关系到整个职业生涯的发展和规划。特别是对于工科类专业学生来说，专业特色决定了工作环境、工作强度，以及工资薪酬与理想状态有一定的差距，更需要加强学生正确的职业观、安全生命意识、道德观，以及工匠精神的培养。

为了解决上述在实习过程中遇到的问题，我们以中国传统文化为主线开展了"五位一体"的顶岗实习德育管理模式。我国自古以来就有尊师重教的优良传统，利用传统文化对学生进行职业观的培养。其核心含义如图 1-28 所示。

"五位一体"的德育管理模式的核心内容是立德树人，立德树人是学校进行人才培养的根本任务，也是职业院校培养学生的核心理念。在立德树人的基础上，借鉴传统文化中的"忠""信""礼""智""勇"五个核心要素，每个核心要素结合顶岗实习和跟岗实习学生的培养要求，赋予不同的时代意义，构建起培养具有工匠精神的德育培养体系。

图 1-28　"五位一体"德育管理模式

（1）核心要素"忠" 顶岗实习中的"忠"要素与传统文化中的忠君爱国思想有着本质的区别，在进行"忠"要素定义过程中主要从国家、社会、企业三个方面进行考虑，如图 1-29 所示。

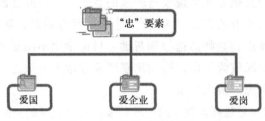

图 1-29 "忠"要素释义

① 爱国。爱国是学生必须具备的政治要求，也是立德树人的核心任务。作为一名合格的公民，必须热爱我们的祖国，通过自身的努力，掌握过硬的技能本领来报效国家。在学生实习过程中，也要实时对学生进行爱国主义教育。

② 爱企业。学生能否对企业文化及企业产生认同感和归属感，是学生是否愿意在企业从业的关键。通过顶岗实习和跟岗实习，可以极大地提升学生的职业技能，在日常实习的过程中应该对学生进行感恩教育，让他们感恩企业给予的平台和机会，加深学生对企业的认同感。同时，在实习过程中要求企业安排学生参与各项文化、体育活动，来培养学生的主人翁意识。例如，学生在实习过程中受邀参加企业组织的职工运动会，并获得和正式职工同样的奖励和参赛权利，部分企业也发放相应的服装给参与活动的学生，使学生从一名旁观者变成了参与者，极大地促进了学生的企业认同感，学生的流失率有明显的下降。

③ 爱岗。爱岗敬业是对工匠精神的精确定义。学生刚刚进入职场，由于年纪较小，往往没有一个明确的职业生涯规划。学生择业过程比较盲目，而且没有目标，同时也受社会风气影响，很难在一个企业工作较长时间，跳槽频繁。工科类专业的学生往往需要经过 3 年左右时间的历练，薪资才能达到一个较好的水平。利用顶岗实习和跟岗实习，学生可以真正地深入了解企业的生产一线，邀请企业 HR 进行讲解，学生可以掌握就业岗位 3~5 年的薪资水平和晋升前景，这时教师加以引导，能对学生敬业精神的养成起到事半功倍的效果。

（2）基础要素"信" "诚信"是一个人的立足之本，培养学生的诚信意识是顶岗实习教学的一个重点目标。学生在进入企业实习之前，需要在家长陪同下与学校、企业签订一份三方协议。协议内容规定了学生的实习岗位，以及相应的权利和义务，这是培养学生契约精神的一堂重要的实践课程。学生签署协议就必须履行相应的义务，这对学生契约精神的培养产生较好的效果。

（3）行动要素"礼" 中华民族向来是礼仪之邦，职场中文明礼貌和待人接物的能力也是一项必须具备的职业关键能力。我们将文明礼貌作为德育管理模式中的行动要素。学生在实习过程中要尊重师傅，服从企业管理人员的管理。同时按照企业的岗位要求，将学生学习过程中的文明礼貌、宿舍卫生、日常行为习惯作为素质培养目标进行考核。如果学生的行动要素不合格，在实习结束后就失去了进入企业的资格。行动要素的考核内容如表 1-20 所示。

表 1-20　行动要素考核内容

评价维度	评价要素	评价标准	分值
遵守纪律	公德	1. 自觉遵守公共秩序，在公共活动中不起哄、不滋扰 2. 维护集体利益，爱护公物 3. 上下楼梯靠右行，不拥挤、不奔跑	
	守纪	1. 遵守校纪校规，无违反校纪记录 2. 严格遵守请假制度	
文明礼貌	文明	1. 语言文明，不说脏话 2. 公共场所遵守秩序，不在教室、楼道等场所打闹	
	礼貌	1. 尊敬师长，见到老师主动问好 2. 团结同学，礼貌待人，不欺侮同学 3. 尊重人，理解人，关心同学，乐于帮助同学，同学关系融洽	
	仪表	仪容仪表整洁，不留长发，不染发，搞好个人卫生	
宿舍卫生	卫生	1. 认真做好值日生工作，搞好环境卫生 2. 具有环保意识，不乱扔果皮纸屑，不乱扔杂物，不随地吐痰 3. 有良好的卫生习惯，个人备品整理有序	
安全教育	纪律	1. 遵守校内各方面的安全规定 2. 遵守学校封闭管理制度 3. 不惹是生非，不打架	
	交通	1. 遵守交通法规和秩序，文明礼让 2. 乘坐正规客车，注意乘车安全	
	消防	1. 知道基本的防火、灭火知识及火场逃生方法 2. 校内不乱用各种电器	
合计			

（4）智力要素"智"　"智"是指一种崇尚知识、追求真理的精神。孔子说："知者不惑。"顶岗实习和跟岗实习过程中引入了大量的企业实际生产项目作为教学内容，学生会学到很多课堂上没有学到的知识和技能。由于企业导师同时承担了大量的实际生产任务，所以在教学过程中很难有大量的时间进行教学，这就要求学生在实习过程中努力学习知识并善于思考，成为一名学习上的"智者"。崇尚知识、追求真理是顶岗实习和跟岗实习过程形成的一种良好的学习风气。

（5）成长要素"勇"　"勇"是一种勇气与担当，也是大国工匠身上那种勇挑重担、不惧苦难的责任感和历史使命感。我们支持和鼓励各位学生能够主动地承担相应的工作任务。为了提高实习学生的岗位技能，定期对学生进行轮岗实训，不断分配学生到有挑战性的工作岗位上去磨炼意志、锻炼品格。同时企业观察学生实习期的表现，积极选拔有能力、有勇气的学生走上管理岗位。"勇"作为学生的成长要素，不断激励学生在遇到挫折的时候可以以一颗平常心来克服困难。

构建实习学生德育管理模式，为教师和学生指明了顶岗实习和跟岗实习的方向和要求，使实习学生和指导教师之间形成了紧密的联系纽带，为实现人才培养方案的培养目标提供了方法论。

2. 建立实习学生管理制度

为了保障实习学生的基本权益，结合教育部等八部门印发的《职业学校学生实习管理规定》和山东省教育厅《关于进一步加强职业院校学生实习管理工作的通知》等文件精神，我们制定了顶岗实习和跟岗实习学生管理制度，指导学生完成实习期的学习任务。

3. 建立健全学生实习管理组织

建立健全实习管理组织是保证学生顶岗实习工作顺利进行的前提，也是统筹各方位资源加强学生管理的关键。高职院校应该根据工作实际，建立专门的学生实习管理组织，主要负责实习过程中学生管理方面相关事宜的统筹、决定和处置。

根据人才培养方案相关规定，高职院校实行跟岗实习和顶岗实习备案制度，每年6月15日前，各二级学院应将下一学年在校生跟岗实习和顶岗实习计划报送至教学管理部门；教学管理部门每年6月30日前将实习计划上报省职业院校学生实习管理系统。教务处应该负责统筹管理学生顶岗实习工作，实习就业处主要负责联系学生顶岗实习单位，各二级学院应成立实习领导小组，具体负责本学院学生的实习指导、管理、跟踪、考核等工作。

（1）教务处职责　制定学生实习工作相关文件，明确实习工作要求，审批二级学院制订的学生实习实施计划，对二级学院学生实习工作进行检查和考核，对二级学院提交的实习材料进行审核、整理归档。

（2）实习就业处职责　负责联系跟岗、顶岗实习单位，与实习单位签订有关协议，协调学院和学生实习单位之间的关系，协助或参与各二级学院对学生实习进行巡回检查。

（3）二级学院实习领导小组职责　由二级学院院长、实习单位管理人员、专业带头人、辅导员、校内指导教师等共同组成实习领导小组，具体负责本学院学生的实习指导、管理、跟踪、考核等工作。

4. 完善实习管理制度

根据智能制造专业群特色对顶岗实习学生规范管理，制定相应的顶岗实习管理制度。利用制度对工作进行指导，保障学生管理工作有序进行。同时，要重视工作流程的开发和利用，流程既可以明确管理者的行为实施，又能够对学生进行相应的管理约束，防止管理失位、消极怠工等情况。

① 二级学院应加强实习管理工作，按照学院制定的实习管理要求，通过线上管理平台，结合实习单位的相关要求，制定学生实习工作具体管理办法和安全管理规定、实习学生安全及突发事件应急预案等制度性文件，以确保实习教学的安全和质量。

② 学生在实习期间要爱岗敬业、遵纪守法，认真履行本岗位职责，努力提高自己的专业技能；积极与指导教师联系，按时提交实习周记，认真做好实习现场工作记录，为撰写月度总结和实习报告积累资料。实习结束后，独立完成实习岗位评价表，如表 1-21、表 1-22 所示。

表 1-21　学徒情况记录表

学徒姓名		学徒单位		时间	
师傅姓名		学徒内容			
学徒情况记录					
收获及反思					
师傅意见及建议				师傅签名	

表 1-22　学徒总体评价表

学徒姓名		实践单位			
实践岗位		起止时间			
学徒总结					
自评等级	优秀	良好	及格	不及格
	□A+　□A	□B+　□B	□C+　□C	□D

③ 学生在实习期未满或未经批准的情况下，不得擅离或调换实习单位。确因特殊情况需中途调换实习单位的，须本人提出书面申请，由指导教师审批通过后方可调整。未经批准擅离、调换实习单位的，实习成绩为零分。自行联系实习单位的学生，中途调换实习单位，应及时与校内指导教师联系，报实习领导小组备案。

④ 学生参加跟岗实习、顶岗实习前，应与学院、实习单位签订三方实习协议。协议文本由当事方各执一份。未按规定签订实习协议的，不得安排学生实习。

⑤ 实习协议应明确各方的责任、权利和义务，协议约定的内容不得违反相关法律法规。实习协议应包括但不限于以下内容：各方基本信息；实习的时间、地点、内

容、要求与条件保障；实习期间的食宿和休假安排；实习期间劳动保护和劳动安全、卫生、职业病危害防护条件；责任保险与伤亡事故处理办法，对不属于保险赔付范围或者超出保险赔付额度部分的约定责任；实习考核方式；违约责任；其他事项等。顶岗实习的实习协议内容还应当包括实习报酬及支付方式。对违反实习协议的实习单位，学校可根据情况调整实习安排，并根据实习协议要求实习单位承担相关责任。

⑥ 实习期间为切实保证学生合法权益，实习单位须严格遵守国家关于工作时间和休息休假的规定，参照本单位相同岗位的报酬标准和实习学生的工作量、工作强度、工作时间等因素，合理确定并足额支付实习报酬。不得向学生收取实习押金、顶岗实习报酬提成、管理费或者其他形式的实习费用，不得扣押学生居民身份证，不得要求学生提供担保或者以其他名义收取学生财物。

为了便于实习管理工作的顺利实施，高职院校应制定"顶岗实习学生管理手册"。根据以往的实习学生管理经验，从行为规范、实习要求、人身财产安全、宿舍管理等多方面全方位进行总结，并制定成规章手册，作为顶岗实习学生管理的制度依据。该手册的制定应符合管理的实际，便于操作执行，并要认真考虑当代高职学生的行为特点。手册的制定，一是让管理者依规治理，有规可循；二是让学生明晰实习的工作行为准则，保持良好的实习纪律，做好本职工作。

同时对参与实习管理的指导教师制定"实习指导教师工作手册"，专门为负责管理实习学生的教师量身定制，手册将以往的工作进行流程梳理、业务整合、规范要求、案例编辑等。实习指导教师可以按照手册上的流程进行学生管理工作，工作范围更加明确，业务划分更加合理，案例集合指导更加丰富直观。同时，手册也对实习指导教师进行职业约束，明确工作时间节点，使其按时按期、保质保量完成各项管理任务。

5. 加强实习期间的监管

加强对实习学生的监督和管理是保证顶岗实习顺利进行的基础。工科类专业学生大多从事具有一定危险性的岗位和工作，若在实习期间发生安全事故，会对学生、家庭、社会造成巨大的影响。保证学生实习期间的安全是重中之重，实习期间对学生的管理成了学校和企业共同的责任。学校和企业双方应当共同制定监管制度，明确各自在其中承担的责任，互相配合做好学生管理各项工作，争取实习取得圆满结果。监管制度的制定要全面，尽量不留死角和分歧；要动员全体，调动一切力量共同参与其中。

(1) 学校的监管职责　实习指导教师是学校进行实习监管的主体，负责实习期间的管理，定期对学生的实习情况进行抽查。在实际实习监管过程中逐步形成了"实习指导教师＋企业导师＋企业人力管理专员"三方配合管理机制。各方应该明确各自的职责，认真执行。实习指导教师应该实时关注学生心理动态，及时处理实习过程中遇到的问题，和企业导师加强沟通联系；企业导师应及时评价反馈学生动态，密切关注学生工作状态，作为校企合作的纽带帮助加强校企双方的沟通；企业人力管理专员应该给予学生人文关怀，积极协调各方意见，快速解决处理实习问题。

实习指导教师应当加强学生管理当中的亲情关怀，遇逢学生心理、人际交往等问题，要给予问候和关心；遇到节假日，要经常到企业关心慰问。管理组织只有深入学生实习岗位的一线，才能发现管理上的问题所在，并且找到解决的方案。

（2）实习单位的监管职责　在企业中，人力资源管理部门和用人部门是实习学生的监管主体。人力资源管理部门主要负责与校方进行沟通联系，是实习单位与学校之间的沟通纽带。人力资源管理部门是整个实习单位的人事管理部门，其本职工作就是对员工进行基础工作的管理，负责给实习学生指派业务能力精湛、技能水平高的企业导师，帮助学生尽快融入企业。同时根据实习学生的特点制定相应的管理措施，发现学生在管理上出现问题，要及时与实习指导教师沟通。用人部门主要对实习学生的生活表现、状态进行评价。在工作中，用人部门领导应当多关注实习学生的技能水平，创造良好的工作氛围，帮助学生融入班组，舒缓学生的紧张压力情绪，消除学生实习的顾虑的忧愁。

6. 制定实习学生突发事件应急预案

为确保学生实习安全，在《国家突发公共卫生事件应急预案》和教育部等八部门关于印发《职业学校学生实习管理规定》（教职成〔2021〕4号）两个文件指导下，结合智能制造专业群实习的危险性，为了有效防范校外实习安全事故的发生，维护正常的实习教学与管理秩序，保障学生实习安全有序进行，最大限度降低突发性事件的危害，需要制定实习学生突发事件应急预案。

通过制定突发事件应急预案，建立校外实习安全工作组织机构，明确各个部门的职责，保证实习工作的顺利开展。实习工作领导小组负责对突发事件处置统一领导、统一指挥、统一协调；在预测将要发生和已经发生突发事件时，启动突发事件应急响应机制；在处理突发事件过程中，根据工作需要，协调与上级主管部门、驻地政府部门的关系，沟通汇报相关情况；在处理突发事件过程中，审核发布信息，授权信息发布，同时指导各二级单位实习指导教师贯彻执行学院校外实习安全工作有关规定；检查学生校外实习安全工作，督促落实各项安全措施；积极预防各项安全突发事故、事件的发生，排除安全隐患；及时处理学生校外实习期间各类安全突发事故、事件，并及时向领导小组及上级有关部门报告情况，保障校外实习学生的合法权益；负责落实涉及实习安全的其他各项具体工作，包括实习前的安全教育、安全准备工作，以及实习中的安全事项，防范监控其他未尽事宜。

若发现学生在校外实习时突发安全性事故，如交通事故、食物中毒、突发疾病、人员走失（失联、失踪、进入传销等）、打架、火灾、爆炸、机械创伤、工伤，以及发生盗窃、聚众打砸抢、黄赌毒等违法犯罪行为，应立即启动本预案。

第二节 · 基于"互联网+"的工科类专业线上教学模式

一、基于线上教学的虚拟仿真实训基地建设

工科类院校高投入、高损耗、高风险的实训教学条件是制约专业建设和发展的重要问题，线上教学的开展也在改变着传统的教学和育人模式。要想解决工科类专业线上教学难实施、难观摩、难再现的问题，线上虚拟仿真实训教学资源是目前各方面研究的重点。为此，2020 年 10 月教育部印发了《关于开展职业教育示范性虚拟仿真实训基地建设工作的通知》，指出"随着信息技术的发展，建设职业教育虚拟仿真实训基地，既是改革传统教学育人手段，推进人才培养模式创新的迫切需要，也是强化教学、学习、实训相融合的教育教学活动，有效弥补职业教育实训中看不到、进不去、成本高、危险性大等特殊困难的重要措施"。2021 年 10 月 19 日，由教育部科技发展中心主办的职业教育示范性虚拟仿真实训基地建设工作推进会在南昌召开，标志着职业教育示范性虚拟仿真实训基地建设正式拉开帷幕。

为了响应教育部有关部门要求，结合实际，我们开展了项目制虚拟仿真实训基地建设，既迎合青岛建设虚拟仿真产业链的要求，也为下一步实现元宇宙场景下的数字化教学做好准备。

（一）虚拟仿真实训基地建设方案

根据《国务院办公厅关于深化产教融合的若干意见》（国办发〔2017〕95 号）、教育部《关于开展职业教育示范性虚拟仿真实训基地建设工作的通知》（教职成司函〔2020〕26 号）、山东省教育厅等 7 部门《关于建设共享性大型智能（仿真）实习实训基地的指导意见》（鲁教职字〔2020〕8 号）等文件要求，学院坚持新发展理念，秉承"两先"理念：一是先锋性，即先行先试，敢闯敢试；二是先进性，即体现领先和超越。服务山东省新旧动能转换工程和青岛市十三条产业链发展需要，结合青岛市建设世界"工业互联网之都"的机遇，对标产业发展前沿，积极推进产教融合，深化学校主导、企业协同的资源共建共享机制，打造校企基地联合体。

在"十四五"期间将重点建设集实践教学、技能鉴定、技能大赛、社会培训、创新创业、技术研发服务和企业真实生产于一体的大型共享虚拟仿真实训基地，建设四个虚拟仿真实训中心，即智能制造实训中心、工业互联网实训中心、机电工程实训中心和海洋生物实训中心。将充分发挥四个实训中心的功能与优势，积极开展后备劳动力和现实劳动力培养培训，促进职业院校学生和社会人员就业创业，为地

区行业产业发展提供技术技能支撑。

1. 建设基础

（1）区位优势明显　学院定位具有当地的区位优势。青岛市城阳区将打造为青岛北部高端产业核心区、青岛内联外通的中央活力区，周围布局有上合经贸示范区、高新功能区、轨道交通产业示范区。该区域重点布局汽车机车、电子信息、新材料、环保节能、光伏科技、生物医药等高端制造业、新兴产业和生产性服务业，产业集中度较高。学院距离四方中车集团、轨道交通管委、高新区会展中心、地铁站仅3公里。学院西邻高铁红岛站，北靠胶东国际机场，南倚地铁8号线、青兰高速、胶州湾大桥，交通十分便利，可统筹整合青岛市的工科职教资源，建设大型共享实训基地具备得天独厚的优势。

（2）实训教学设备配置精良　学院具有明显的工科特色，拥有智能制造、轨道交通、数控、模具、机电、机械、汽修、焊接、海洋生物九大现代化标准实训中心及云桌面机房和工程教育云实验室。各实训中心均按照企业生产车间标准建造，配备有五轴机床、工业机器人、智能制造"无人工厂"等先进设备，实训设备总值近2亿元。目前四个二级学院、各实训中心正在积极推进以实训中心或者专业为单位，与企业广泛对接，开展校企合作、学生培养、教师培训、课程和专业建设，以及企业订单生产的全方位论证工作，提出所有实训中心和专业的校企合作项目招商建议书，通过混合所有制或者股份制等形式，与企业全面开展校企深度合作工作。

（3）校企合作双元育人效果凸显　学院与华为技术有限公司、青岛地铁集团有限公司、中车青岛四方机车车辆股份有限公司、青软创新科技集团股份有限公司等企业积极开展校企深度合作、融合发展。与华为技术有限公司签署合作协议，双方共建"华为ICT学院"和"华为—青工职院应用型人才创新中心"。在课程体系融合与改革创新，教学资源建设，大数据、人工智能、5G等实训室建设，教学科研成果建设，以及社会化服务等方面开展全面合作，实现互利共赢。与青岛地铁集团合作招收两个订单班，双方实施校企共同招生、共同授课、共同考核的模式。与青软实训教育科技股份有限公司签署合作协议，双方在顶层架构设计、创新人才培养、课程资源建设、教学实施及师资队伍建设、实验室建设、就业体系建设和专业特色建设等领域全面融合发展。

2. 建设方案

（1）总体目标　坚持新发展理念，服务山东省新旧动能转换工程和青岛市"十五个"攻势、24条产业链发展需要，特别是根据市政府关于"工赋青岛"、加强工业实体经济发展战略的要求，抢抓青岛市建设世界"工业互联网之都"的机遇，对标产业发展前沿，结合新一代通信技术、人工智能、大数据和虚拟现实技术，依托学院优势专业群，整合学院现有实习实训资源，引进优质师资，构建"多元化投入＋企业化管理＋市场化运行"模式，建成集实践教学、社会培训、技术研发服务于一体的大型共享实训基地。

规划建成后的实训基地将成为学院培养专业技能人才的实践教学中心、面向中小微企业的技术服务中心、产业转型升级的技术高地，助力智能制造、信息工程、交通运输和财经商贸等行业创新型、技能型人才培养，增强人才培养的适应性，提升人才培养质量，为山东省和青岛市增强产业核心竞争力、汇聚发展新动能提供有力支撑。

（2）具体目标　与海尔集团、海信集团、华为技术有限公司、青岛地铁集团有限公司、中车青岛四方机车车辆股份有限公司、青软创新科技集团股份有限公司等企业深度合作，系统构建"互联网＋职业教育"支撑服务体系，推动虚拟仿真技术在教学、管理、学习、评价等方面应用。采用新理念、新工具、新技术开展实训教学，创新教学组织形式和管理模式，大力推进"互联网＋""智能＋"教育新形态，推动教育教学变革创新。

对接智能制造技术、工业互联网技术、现代汽车技术、城市轨道交通等产业，将信息技术与实训设施深度融合，充分考虑跨专业交叉实训和社会培训的不同特点，兼顾实训课程设计的专业性和兼容性，校企共建综合实训教学课程体系。按照必要性、适用性、创新性，引入或开发高水平 VR（虚拟现实）/AR（增强现实）技术及配套的教学资源，以优质虚拟仿真实训资源提升复合型技术技能人才培养质量。

面向行业，对接产业，依托学院智慧校园大数据平台，建立"平台＋门户"教学管理平台，实现优质实训资源共享和持续应用，利用沉浸式、交互性、智能性的特点，促进实训教学的变革与发展。学校主导、行业指导、企业协同，建立健全专门的管理机构，创新符合学校实际需要和相关企业需求的实训基地建设路径和方法，建立资源共享、成本分担、风险共担机制，实现基地高效运行。

3. 建设内容

规划建设 5G 智慧园区，依托 5G 网络超大带宽、超低时延、超大连接三大特性，实现教学质量提升、优质资源共享、实训基地智慧管理。一是通过 5G 通信实现高清音视频实时传输，保障远程高清互动教学，实现"线上名师远程教学＋线下本地助教现场指导"的教育教学模式。二是采用"5G＋边缘计算＋云渲染"方式，建立基于 XR（扩展现实）平台，将 VR 硬件、教学管理软件和教学内容统一集成管理的面向教育行业的强交互综合解决方案。三是建立共建共享数字资源中心，实现校内外数字资源共建共享。四是建设有效融合的智慧环境，规划智慧教学中心建设，构建教学环境智慧化管理。

（1）校企共建实训中心

① 智能制造虚拟仿真实训中心。智能制造虚拟仿真实训中心规划建筑面积3000 平方米，预计投资 2000 万元，其中包含焊接机器人实训室、焊接质量检测实训室、数字化测量实训室、金属材料检测实训室、无人机技术应用实训室、无人机模拟飞行实训室、3D 打印实训室、数控综合实训室、数控实训仿真室、信息化钳工实训室、模具智能制造实训中心、模具综合实训室、工业设计创作空间、智能制造虚拟仿真实训室等。采用混合所有制建设模式，企业、学院、财政部门共同进行投资建设。

与优质企业合作建立产业学院，不仅满足师生实训，还可以进行订单生产，用于九个专业千余名学生实训课的开展，培养学生操作能力、产品设计、产品创新、机械装配、三维数据测量等能力。此外，该实训中心可开展社会培训，可为学生提供各类大赛训练平台。学生第三年可到产业链上下游企业参加跟岗实习和顶岗实习，由企业导师和学校导师共同指导，通过工学结合、"岗、课、赛、证"相融合的育人模式，提高育人质量。

虚拟仿真实训平台与软件公司联合建设，企业投入软件、机房等，建设"1＋X"试点。平台涵盖从画法几何、机械图纸识读、机械 CAD 绘图、机械零件设计、产品制造工艺仿真，到产品结构仿真分析和优化设计的完整产品设计与制造流程，可用于九个专业千余名学生机械制图、计算机辅助设计、机械 CAD/CAM 应用等课程仿真实训，有效解决进不去、看不清等难题。通过源于企业真实项目的教学资源，虚实结合、理实一体的实训环境，将"工作过程中的学习"和"课堂上的学习"整合为一个整体，实现教、学、做一体化，理论与项目实训一体化。强化教学、学习、实训相融合的教育教学活动，改革传统教学育人手段，推进人才培养模式创新，提高人才培养质量。同时，借助虚拟仿真实训平台，可为学生参加大学生科技节、职业技能大赛、1＋X 技能鉴定等提供支持。

② 工业互联网虚拟仿真实训中心。工业互联网虚拟仿真实训中心包括工业互联网网络实训室、工业 APP 开发实训室、工业智能实训室、信息安全实训室、光纤接入实训室 5 个专业实训室和 1 个工业互联网应用创新实验室。

联合海尔集团、东土科技股份有限公司、北京启明星辰信息安全技术有限公司、华为技术有限公司等行业龙头企业，共同建设工业互联网产教融合实训基地和工业互联网应用示范基地。建设面积 2600 平方米，总投入 1500 万元。项目建成后，预计可以同时承载工业互联网技术、物联网技术、移动通信技术、信息安全技术应用等 500 名在校生学习，每年可进行社会培训 2000 人次以上，向社会和企业输送优秀的工业互联网产业急需技术人才。同时可承担认证培训，孵化创新项目，创造良好的社会效益和经济效益。

③ 机电工程虚拟仿真实训中心。机电工程虚拟仿真实训中心规划建设面积2600 平方米，总投入 1900 万元。2022 年，投入 220 万元建设汽车整车实训室、汽

车发动机和变速器拆装实训室和汽车电器实训室，投入400万元建设OCC实训室、城市轨道交通运营管理实物沙盘实训室和城市轨道交通票务实训室，投入180万元建设电气控制实训室、机器人应用技术平台、大学生创新实验室；2023年，投入180万元建设汽车仿真机房并配套汽车仿真教学软件，投入550万元建设模拟驾驶实训室、空气制动实训室、轨道交通车辆电器电路综合教学实验室、轨道仿真机房和运营管理软件，投入180万元建设PLC实训室；2024年，预计投入150万元建设汽车营销实训室，投入40万元建设传感器与检测技术实训室。

与青岛地铁集团有限公司、江苏汇博机器人有限公司、长沙益晨教育有限公司、北京智联有道有限公司等深度校企合作，以培养高素质技术技能人才为核心，并能够为周边企业提供技术服务，支持在校师生创新创业，为社会输送智能制造领域高素质技术技能人才，融入区域行业、企业发展，促进科研成果转化，助力智能制造产业高质量发展，建成之后将获得较大的经济效益和社会效益。

④海洋生物虚拟仿真实训中心。海洋生物虚拟仿真实训中心规划建筑面积3000平方米，建设资金2000万元，企业投入资金1000万元。2022年，投入300万元建设生物发酵实训基地，投入100万元建设药物制剂GMP实训中心；2023年，投入200万元建设虚拟仿真实训中心，投入100万元用于建设配套课程。

目前，中心正在与山东龙涎春酒业有限公司共建生物发酵实训中心，构建真实生产实训教学环境，服务学生实习实训，培养发酵行业高素质技术技能人才；同时共建生物发酵研发中心和山东省协同创新中心，共同开发科研技术创新，共同引领行业发展，服务生物技术行业转型升级。通过引产共建、产教融合，海洋生物虚拟仿真实训中心探索出一条产教融合新模式，重点打造虚拟仿真实训中心标杆示范基地。

中心将继续深化与青岛黄海制药有限公司、青岛明月海藻集团有限公司、青岛琛蓝健康产业集团有限公司、华测检测青岛分公司、青岛汉唐生物科技有限公司、青岛根源生物集团等优质企业的合作。通过完善实景化、智能化实训条件和信息化建设，将校内实训基地建设成为融生产、检验、教学、科研、竞赛、培训、职业技能鉴定为一体、省内一流、国内领先的高水平、智能化蓝色经济产教融合服务中心，共同促进科研成果转化，助力青岛生物医药产业高质量发展。

（2）构建虚拟仿真实训中心建设运行机制

①基于混合所有制的多元投入机制。在实训基地建设过程中，坚持政府的主导地位和作用，以及多元主体参与、共建共享共赢的基本原则，扩大设备配置渠道，构建以"政—企—行—校"多元主体共同参与建设、运营、管理和收益的合作建设模式，搭建以整体规划、制度保障、持续发展为核心的运行机制。

在政府统筹下，争取在基建用地、培训实训补贴、专项资金和地方政府专项债券等方面的资金和政策支持。加强同区域优质企业的合作，采用股份制、混合所有制的形式，由学院提供实训场地或部分设备，企业提供实训设备，共同开展实训基地专业实训室（实训中心）的建设，协助企业开展员工岗前培训和学院订单班学生的培养，在解决企业新入职员工培养需求的同时，还可减轻实训基地在实训设备和实训耗材投入方面的负担。加强同相关行业协会的合作，在学院现有的实习实训设备设施的基础上进行改造升级，联合建立行业的培训鉴定基地或合作单位，承担相关行业开展的社会性专业培训和鉴定工作，争取行业协会提供一定的资金或设备支持，在一定程度上解决基地资金和设备的投入问题。依托学院现有设备设施的基础，结合学院专业群的建设和区域产业发展的需求，对实训基地的设备设施进行合理布局，在科学调研基础上增加相关实训设备设施的采购和建设；争取其他同类职业院校投入设备或资金，共建实训中心，共享实训教学资源；增加学院在实训基地教师资源、管理团队等方面的投入，更好地发挥实训基地的共享性，为社会提供优质的培训和服务。

② 产教融合开放共享，建设示范引领的实训基地。强化重点群体就业技能培训，以项目培训和模块化培训为基础，以菜单式培训和定岗定向培训为骨干，以定制化和个性化培训为特色，加强校企、政校、行校和校校合作的联合培训模式的建设，实现培训分层、理实融通，为培训主体在不同成长阶段提供多样化选择和多路径提升的综合培训模式。加强职业能力培训，重点培养在校学生和社会紧缺专业人才的基本技能、专业技能和综合技能的培训。组织职业技能鉴定，通过申报相关的职业技能鉴定站（中心），提高基地实习实训的功能性，能够为在校学生和各培训主体提供培训、鉴定一条龙服务。实现自选菜单式培训，根据各个培训主体对培训需求的不同，开展不同专业和模块的技能培训项目方案建设，打造一批特色鲜明、适用性强的培训项目，满足不同培训主体对培训多样化的要求。开展定制化培训，针对职业体验、企业和社会培训人员开展定制化、个性化的培训项目建设，同培训主体共同制定培训方案，使培训内容、培训方式和培训时间更加具有针对性和灵活性，满足不同培训主体的培训需求。

（二）大型共享虚拟仿真实训基地建设路径

1. 大型共享虚拟仿真实训基地主要解决的问题

① 教材和教学内容相对滞后。当前高新技术快速发展，推动新工艺、新设备、新技术发展，企业工艺设备的改进没有及时在课堂中介绍，使得理论教育滞后于实践认知。

② 办学条件薄弱，实训设备数量和质量无法满足教学需求。现在生源增长速度快，实践教学设施没有及时跟上，设备台套数少，设备老化、更新率低成为提升实践教学质量的障碍。实验场地不够，无法容纳更多的学生实验。

③ 社会对毕业生实践能力认可度不高。学生在学校实践能力培养不足，使企业感到学生进入岗位后适应期较长，动手和组织管理能力无法满足生产需要。

④ VR 是最有力的教学改革手段，解决理论教学过程中知识晦涩抽象，实验设备成本高、损耗高、精度高、危险性强，实习实训场地受限，动手能力不足等问题。

2. 大型共享虚拟仿真实训基地建设思路

（1）立德树人，思政先行　2019 年 3 月 18 日，习近平总书记主持召开学校思想政治理论课教师座谈会时强调："推动思想政治理论课改革创新，要不断增强思政课的思想性、理论性和亲和力、针对性。"为开创思政教学在本地区青少年中的新阵地、新名片、新平台，提升学院思想政治教学水平，同时让更多校内外青少年了解前沿技术发展趋势，了解祖国和区域建设卓越成果，项目建设将融科技体验展览、教学环境模拟于一体，并重点建设一门基于虚拟仿真技术的"思政教育"课程，进一步落实职业院校立德树人的根本任务。

坚持立德树人根本任务，坚持职业类型教育德技并修育人理念，坚持为企业量身打造现代工匠、为国家潜心培养合格人才的办学宗旨，对接国家企业人才需求，建设共享性虚拟仿真教学资源体系，深化"三教"改革，助力职业院校实现立德树人这一教育目标，为社会主义现代化强国建设培养合格的后备力量和储备人才。

（2）科技引领，虚实结合　职业性和实践性是职业教育的两大显著特点，实训教学是培养学生创造能力、开发能力、独立分析能力和解决问题能力，全面提高高职学生素质的重要教学环节。

依托虚拟现实和人工智能等新一代信息技术，不断提升应用水平，将信息技术和实训设施深度融合，在学校现有实训基地的基础上，引入虚拟现实、增强现实、混合现实、人工智能、大数据等新一代信息技术，以实带虚、以虚助实、虚实结合，建设符合要求并满足需求的虚拟仿真实训教学场所，搭建虚拟仿真实训系统，突出感知性、沉浸性、交互性，最终形成"理论学习＋虚拟训练＋真技实操"于一体的高效教学和实训场所。

（3）教学创新，育训结合　充分考虑专业交叉实训和社会培训的不同特点，兼顾实训课程设计的专业性和兼容性，建设与虚拟仿真相适应的实训教学课程体系，合理确定实训教学内容，研究开发实训教学资源，打造高水平教学团队，优化人才培养方案和实训方式。

虚拟仿真实训基地面向企业和社会开设各种相关的培训课程，承担区域产业技术人才培训和继续教育任务，推动教学改革成果的应用性转化。将虚拟仿真应用技术研发方向和研发成果，聚焦在重点专业的应用上，聚焦在教学模式的创新上，聚焦在全校师生信息素养的提升上。

（4）统筹规划，分步实施　项目统筹考虑现有实训基地建设基础、专业建设基础、师资能力，以及学校未来人才培养发展规划，结合专业特点，逐步搭建虚拟仿真实训环境、专业课程体系、专业实训资源等。按阶段分步实施，采用先硬后软、以课程资源倒推硬件建设原则，搭建综合虚拟仿真实训基地，实现实训教学环境与虚拟实训情境的有机结合与衔接。着力加强"虚拟仿真应用技术＋对应专业"的课程建设、师资建设、人才培养和创新能力，打造科学合理的教学实训体系。

（5）科学管理，共建共享　智慧实训管理云平台实现对智慧实训设备、资源的一站式管理，实现对学生实训、考核过程的全数据采集分析，全方位实现智能化。通过智慧实训管理云平台，将不同形式、不同专业、不同课程的实训环节实现共管共享。构建全域数据支持体系，强化精准管理，提升管理理念。

为学校管理者提供面向教育数据仓库的数据分析展现，为教师提供助力教学全环节的数据跟踪服务和数据分析能力，为学生实现个性化推荐和定制服务，进而全面推进个性化教学和形成性评价，满足各类角色的数据应用场景。建立区域共建共享机制，优质虚拟仿真实训资源进行共享和持续开发应用，面向行业、对接产业、服务行业企业人才需求，助力区域经济社会发展。

3. 大型共享虚拟仿真实训基地建设目标

（1）形成科学合理的管理与共享机制　为贯彻落实《国家职业教育改革实施方案》《职业教育提质培优行动计划》和《关于开展职业教育示范性虚拟仿真实训基地建设工作的通知》，大力发展"互联网＋职业教育"。利用大数据、物联网、人工智能、虚拟现实等新技术，结合职业教育产教融合、校企合作、工学结合等特点，采用"中台＋微服务"架构，建设智慧实训云平台，打通学校与学校、学校与企业、企业与企业之间的壁垒，实现多维度、强连接的互融互通，实现优质教学资源（通用教学资源＋VR/AR资源）的汇聚和共建共享，实现以学生为中心的现代化课堂改革，形成管理者、教师、学生的终身学习/进修机制和终身档案机制，支撑教育大数据驱动下的个性化和智能化服务体系，为企业和社会提供精准推荐的技能型人才供给，逐渐构成未来职业教育理想形态。

（2）打造"理虚实"一体化综合实训基地　深化产教融合，借助VR/AR/MR技术、人工智能技术、大数据技术等，构建职业教育云平台、虚拟仿真实训基地，结合实训车间，将理论教学、实操加工、虚拟仿真充分融合，实现"教学过程任务化、学生学习自主化、评价主体多元化"，助力学院教学实训，改革教材内容，提升教师信息技术水平，改革教学方法，形成符合教学规律的"理虚实"一体化教学模式。

虚拟仿真实训基地将建设以虚拟仿真技术为主的专业实训中心、公共实训中心、展示体验中心、研创中心、虚拟仿真课程体系和数字化教学管理云平台，促进信息技术与职业教育教学深度融合，解决职业教育实训教学"高投入、高风险、高难度，难实施、难观摩、难再现"的问题。聚合专业虚拟仿真教育资源与服务，提供全新的功能特性与多样化的应用情境，还原真实岗位工作情境，构建教学环境，延展实训教学时间和空间，拓展实训教学内容广度和深度，提升实训教学质量和水平，建设区域特色示范性虚拟仿真实训基地，提升学校区域内的知名度、影响力和综合竞争实力。

（3）培育高素质"四师型"创新师资队伍　深化教师队伍培养方式改革，打造协同创新中心，通过 VR/AR/MR 等前沿技术的引进，结合现有资源，为教师搭建创新教学实践平台，提供教师创新技术培训，提升教师的虚拟资源开发能力和信息化教学能力。面向专业高端人才培养，制定教师人才培养规划，搭建一套完善的职业院校教师培训体系，从 VR 软硬件操作、虚拟仿真设计模型素材创作、虚拟仿真课程深度开发培训等方面入手，开展教师专业技能、虚拟仿真设备应用、虚拟仿真课程资源开发、虚拟仿真教育教学能力培养，每年打造一批骨干型教师团队，实现学院教师职业素养跨步式提升。

（4）创新复合型技能人才培养新模式　专业设置与产业结构相对接，构建职业能力和职业素质有机结合的教学实训体系，搭建虚拟仿真实训课程体系，深化重点专业群建设，利用 VR/AR/MR 技术，助力学校优秀专业群建设，建设集专业公共课程、专业特色课程于一体的虚拟仿真课程资源体系，创新人才培养模式。创设沉浸式教学环境，让学生真切融入特定工作岗位，加强实训及考核，让学生学到最新的技术和操作技能，为学生走向社会打下基础。

（5）满足学校各专业教学刚需　智能制造专业群规模宏大、涉及面广、专业多，其生产过程高度智能化、资源配置高度智能化、产品高度个性化和智能化。智能制造专业群"三高三难"痛点较多，有较多宏观及微观场景无法在常规学习中较好地理解。通过此次项目，我们将虚拟现实与土木建筑以及学校其他专业教学深度融合，并解决在传统教学上难以达到的教学需求。

（6）VR 资源建设能力培养　依托该中心的虚拟现实资源管理平台，利用已有的教学资源，为校内各专业、课程建设 VR 教学资源，满足校内 VR 教学的需要；依托该中心的虚拟现实创作软件，组建技术团队，可实现针对校内学科特殊教学课件需求开发课件，从而覆盖个性化需求。培养学校自己的 VR 资源内容建设能力，最终逐步承接其他职业院校的教学资源建设项目。

（7）学校信息化教学推广　依托该中心全面启动学校信息化教学的新一轮改革，面向全校所有专业，逐步推进 VR 教学手段改革创新，打造"VR＋课程"新典型，建设特色鲜明、实效显著的国家、省级 VR 专业教学资源库，发挥提升教学质量辐射示范作用。

（8）研创成果转化　在本中心和优秀教学团队的基础上，通过资源共享，深入校企合作，共同开拓 VR 教学领域研究课题，共同解决教学中实际问题，申报科研课题项目。依托该中心资源和人才优势，申报各级各类虚拟现实的科研项目，申报专利，突破技术应用重大问题，并将这些项目应用于实际，实现科研成果的转化。

（9）虚拟现实技术培训基地构建　基于此中心的软硬件设备和技术沉淀，在校内建立山东省虚拟现实技术培训基地，可以面向校内兴趣班、院校师资、社会兴趣爱好者培训。

（10）VR 品牌专业建设　品牌专业要求具有一流的师资队伍、一流的教学内容、一流的教学方法、一流的教学管理等。而品牌专业的建设更是要以现代教学思想为先导，以提高师资队伍素质为前提，以教学内容的现代化为基础，以现代信息技术手段为平台，以科学管理体制为保障，是集师资、内容、技术、制度于一身的整体建设。在品牌专业建设过程中，应当注重对课程的实际应用性的关注。有了此中心的建设基础，院校就具备了申请品牌专业的资质，在第二期建设中，以申请"品牌专业建设—专业建设—专利申请"为建设目标，完善虚拟现实核心的创新课程教学体系。

4. 具体建设思路与方法

（1）区域行业调研

① 硬核政策保驾护航。2022 年上半年，青岛将智能制造装备确定为 24 条重点发展的产业链之一。在这条万亿赛道上，青岛依托一批专精特新"小巨人"企业卡位多个细分领域，构筑起技术和商业模式的双重护城河。目前，全市智能制造装备产业链规模已超千亿元。根据产业链高质量发展三年行动方案，青岛未来将通过"内育外引"结合的方式，进一步强链、补链、延链，推动智能制造装备产业链迭代升级，产业规模持续稳定跃升。

青岛高新区连续出台了鼓励先进制造业、医疗医药、新一代信息技术、高端装备制造产业集聚发展等一系列政策，发布"5＋1"政策，包括《关于振兴实体经济促进医疗医药产业集聚发展的若干政策》《关于振兴实体经济促进新一代信息技术产业集聚发展的若干政策》《关于振兴实体经济促进高端装备制造产业集聚发展的若干政策》《关于振兴实体经济鼓励先进制造业高质量发展的若干政策》《关于振兴实体经济促进服务业高质量发展的若干政策》五大产业政策和《关于振兴实体经济进一步推动"人才特区"建设的若干政策》一个人才政策，多角度发力提振实体经济，助力区域内各产业跑出加速度。为促进园区持续营造良好生态，抢抓新一轮科技革命和产业变革机遇，青岛高新区从产业实际出发，聚力突破振兴产业发展的难点、痛点、堵点，以"真金白银"为企业提供强力的政策支撑和保障。为支持企业科技创新，高新区创新推出"高新贷"、开辟上市"绿色通道"等方式，以改革创新推进金融赋能提挡行动，以服务优化助力企业发展。

② 重点产业项目签约落户。智能制造产业是青岛高新区的重要支柱产业之一。作为获批的国内首家"国家机器人高新技术产业化基地",青岛高新区抢抓"工业4.0"和国家推动"两化融合"战略机遇,早早瞄准机器人产业赛道,聚焦机器人、智能制造装备和轨道交通装备等领域,围绕"补链、强链、延链",全链式布局机器人产业,产业集聚效应凸显。作为"1+2+1"现代产业体系构建中的重要支柱,新一代信息技术和智能制造是青岛高新区聚力发展的重点方向。以打造北方最大的机器人产业基地为目标,目前青岛高新区已集聚了科捷智能、宝佳、科捷机器人、新松机器人等全市2/3以上的机器人企业,获批国内首个"国家机器人高新技术产业化基地",优质智能制造产业集群效应显现。

青岛高新区在资金支持、政策引导、平台搭建、服务升级等方面"火力"全开,出台了"科创36条",围绕科技型企业培育全生命周期,打造扶持培育体系;对紧缺急需资金、具有战略意义的重大科技创新平台,给予最高1亿元建设运营资金支持。在《青岛高新区关于振兴实体经济鼓励先进制造业高质量发展的若干政策》中,明确提出鼓励企业推广应用工业机器人,对购买使用工业机器人产品的企业,根据上级奖补资金给予50%配套奖励。其中对购买青岛高新区企业生产或集成的机器人产品的企业,再根据上级奖补资金给予50%配套奖励。配套奖励金额最高不超过200万元。与此同时,通过"揭榜挂帅"制度,持续加强全产业链技术攻关,突破关键核心技术装备,有效支撑技术创新和产业高质量发展。做机器人软件服务的青软创新科技集团股份有限公司通过发帖寻找新型AI识别技术,得到西安交通大学青岛研究院教授张新曼的揭榜协助,不仅解决了技术难题,还大大降低了研发成本。

多措并举下,青岛高新区的机器人产业链条上下游已初步形成企业梯次和产业闭环:ABB、安川、新松等6家世界机器人排名前10的企业落户;毕勤、海克斯康等一批外资优质项目落地发展;新松机器人、软控集团、科捷机器人、科捷智能装备、宝佳、北洋天青等本土企业迅速崛起。在机器人产业链上游的零部件领域,有盈可润减速器、旭升视觉、智腾微电子传感等核心零部件供应商;在中游的产品层,有新松、科捷、宝佳等本体制造商和系统集成;在下游的应用层,有工业制造、公共服务、教育培训机构、安检等诸多应用场景。

(2) 明确虚拟仿真实训基地人才培养定位 智能制造虚拟仿真实训基地坚持立足青岛,服务半岛,辐射山东,影响全国。坚持以服务智能制造业行业发展为目标,旨在培养理想信念坚定,德智体美劳全面发展,践行社会主义核心价值观,具有一定的科学文化水平,具有良好的人文素养、职业道德和创新意识,具有较强的就业能力和可持续发展能力的高层次技术技能人才。

对于人才的培养定位为重实践,懂技术,能操作,会维修。掌握无人机应用技术、模具设计技术、工业机器人等方面的基本理论、基本知识和基本操作技能,能在无人机、模具、工业机器人及相关领域的工作岗位上，进行设备操作与维护、工艺制定与调整、质量检测与分析以及组织生产等工作。参加工作 3～5 年后，在胜任初岗工作基础上，可以升迁为模具设计工程师、高级模具工、无人机高级飞行员、管理员等。

（3）建构基于虚拟仿真实训基地的课程体系　依托智能制造虚拟仿真实训基地，开发职业教育课程体系，建设四大实训模块，包括专业基础课程实训模块、专业核心课程实训模块、专业拓展课程实训模块以及专业实践课程实训模块；打造 N 个集成系统，包括无人机应用虚拟仿真培训系统、智能制造基础课虚拟仿真教学系统等。

（4）搭建虚拟仿真实训教学链　围绕两条主线并进，一是以无人机专业"装、调、飞、修"为主线，着力建设无人机应用仿真培训系统，以材料专业模具设计、加工、成品检测全流程为主线，打造材料专业虚拟仿真实训操作系统。二是以智能制造学院其余专业、工业机器人专业"三高三难"痛点模块为主线，着力解决各专业"三高三难"知识点学习或实践。同时，围绕四个实训模块（专业基础课程实训课模块、专业核心课程实训模块、专业拓展课程实训模块和专业实践课程实训模块）的实训课程体系，培养学生专业基础素养、专业专项操作能力、专业创新拓展能力和专业综合操作能力四个专业技能，如图 1-30 所示。

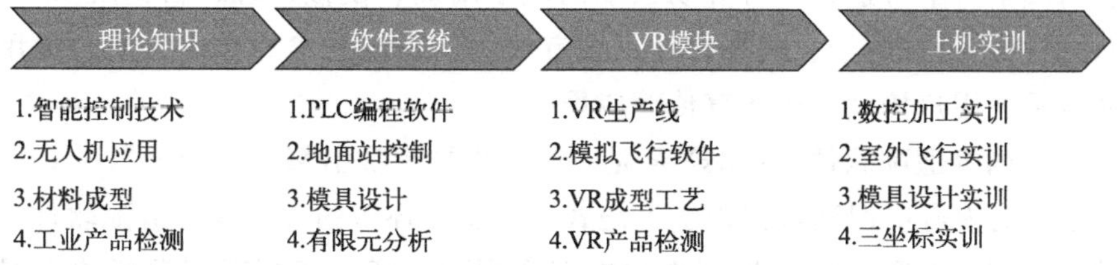

理论知识	软件系统	VR模块	上机实训
1.智能控制技术	1.PLC编程软件	1.VR生产线	1.数控加工实训
2.无人机应用	2.地面站控制	2.模拟飞行软件	2.室外飞行实训
3.材料成型	3.模具设计	3.VR成型工艺	3.模具设计实训
4.工业产品检测	4.有限元分析	4.VR产品检测	4.三坐标实训

图 1-30　智能制造专业群虚拟仿真实训教学链

5. 具体实施——以智能制造大型共享虚拟仿真实训中心为例

（1）智能制造大型共享虚拟仿真实训中心整体规划　学校将着重提升虚拟现实等新一代信息技术应用水平，以满足各专业岗位对人才技能要求为基础，从智能制造领域的装配调试、系统集成、安全运营、维修维护等岗位出发，以智能制造专业群各专业人才培养实训教学需要为主线，聚焦无人机应用技术专业、材料成型与控制专业等核心迫切建设专业，引进最新的虚拟现实硬件设施，例如 VR 展示体验设备、VR 教学实训设备、VR 作品创作工具等，同时引入 5G、多人协同实训、图形图像处理、VR 设备一键管理等前沿技术，建设一个技术先进、布局合理、功能完善的虚拟仿真实训基地，分为公共实训中心、专业实训中心、创研中心、体验中心等区域。整体规划如图 1-31 所示。

（2）虚拟仿真实训中心软件规划

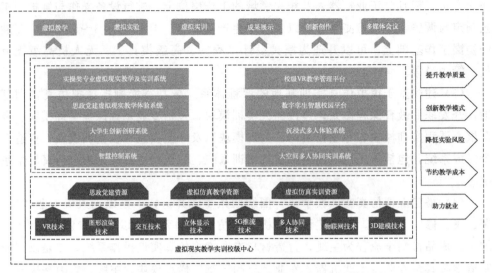

图 1-31　智能制造专业群虚拟仿真实训中心整体规划

① 虚拟现实内容创作引擎。IdeaVR 是一款为教育、企业、军工等行业领域打造的 VR 内容创作引擎软件。它能够帮助非开发人员进行高效的行业内容开发及应用，并且提供快速搭建场景、交互逻辑编辑、多人协同演练等功能，解决用户在高风险、高成本、不可逆、不可等场景下的教学培训、模拟训练、营销展示等问题。IdeaVR 适用于机械电子、园林设计、城市规划、建筑艺术等专业，同时为用户提供产品展示、用户培训、市场宣传等应用。

② VR 内容适配软件。LinkVR 是一款将虚拟现实引擎（Unity、Unreal、IdeaVR）创作的内容应用到虚拟现实沉浸式大屏交互环境的 VR 内容适配软件。它可以帮助内容创作者和体验者将制作的内容适配到任意的虚拟现实沉浸式大屏环境中，搭配任意的基于 VRPN 接口的光学追踪系统和交互设备，对内容进行沉浸式交互体验。另外，它可以帮助用户针对头戴式显示器进行基于真实物理空间的定位统一，使每个人在虚拟场景内的相对位置关系和真实场景一致，提供与真实物理空间一致的本地多人协同内容体验。

③ 大空间解决方案。小蜜蜂（vrBee）是国产自主研发、独创的新一代 VR 大空间解决方案，无论是功能、技术还是价格，该系统相比传统的大空间解决方案都有非常大的优势。小蜜蜂包含六大系统：交互追踪系统、内容播控系统、主机渲染系统、无线推流系统、头戴现实系统、VR 引擎，从应用创作、管理、体验方面形成了一体化的解决方案。该解决方案采用"VR 头盔＋控制器＋大空间 VR 定位系统"的模式，多名受训学员各自携带演练装备，进入大空间实训室，在同一区域内同时自由行走；系统配合领先的实训系统，学员仿佛置身在另外一个真实的世界，协同作战，实现体验、参与、交互、忘我、挑战、突破的培训需求；动态多变的模

拟环境，充分提高受训者的协作水平、应变能力、决策能力。

④ 5G 云推流软件。将云计算的理念及技术引入 VR 业务应用中，借助高速稳定的承载网络，云端的显示输出和声音输出等经过编码压缩后传输到用户终端，实现 VR 业务的内容上云、渲染上云。较好的用户体验大多依赖高性能设备做本地渲染，FlyVR 让用户无须购置昂贵主机或高端 PC 即可轻松享受各种 VR 业务，将促进 VR 业务的普及。

⑤ VR 智慧中控系统。VR 智慧中控系统是以人工智能、物联网、云交互、流媒体、分布式控制等先进技术为支撑构建的新一代智慧化教室管理系统。通过该系统，师生可对教学、科研、实验等设备进行开关、课件分发、资源整合、教学监控、视频传输等，让实验室数字化资源得到充分优化利用。该系统可实现从设备环境（虚拟现实大屏、电脑、GSpace）、教学资源（如虚拟现实内容、视频、课件等）到应用（包括教、学、管、训等）的全部数字化、智能化，在原有的虚拟现实实验室基础上构建一个智慧的数字中控，提升整个实验室的管理、运行效率，扩展实验室的管理功能，最终实现教学过程的全面智能化，从而提高实验室管理水平，进而推进了智慧化管理和虚拟现实教学的深度融合。该智慧中控系统由智能硬件管理模块、教学资源管理模块、教学互动模块、物联网控制模块四部分构成，如图1-32 所示。

图 1-32 VR 智慧中控系统效果图

⑥ 虚拟现实内容平台软件。VRBOX 含智慧课堂教学管理功能，提供 VR 课程资源、数据管理与分析的教学管理综合平台，以课程为中心，打通课堂教学前、中、后的全环节，满足教学考评全流程。一键适配 VR 多终端教学环境，构建开放、共享、社交和个性化学习的教与学应用生态，变革和创新 VR 课堂教学的结构和模式，如图 1-33 所示。

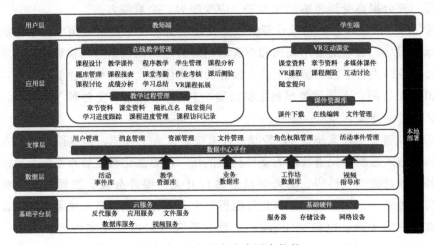

图 1-33 虚拟现实内容平台软件

（3）虚拟仿真实训中心硬件规划

① 3D LED 沉浸式交互大屏。采用一体化产品设计，秉承"all in one"的设计理念，集模块化箱体、供电系统、控制系统于一体，无须外配视频处理器、发送卡等传统外设，免去复杂布线与调试，通电即用，使用更轻松。巨幕高清显示，采用标准分辨率和显示比例，静态及高动态画面精细无损，自然均匀呈现。低亮高灰，亮度可灵活调节，在复杂光线环境下，准确还原画面色彩。轻量化构造设计，采用压铸铝箱体设计，精度高，散热好。支持全前维护，有效节约空间。LED 具有更快的响应速度，采用 LED 快速响应技术，消除液晶在处理快速动态画面时出现的拖尾等问题，确保动态画面呈现高效、便捷、人性化操作，多种功能快速上手。内置安卓系统，具备可视化菜单，无须配备专业技术人员，即可快速上手使用。支持电脑、手机、平板无线传屏、分屏显示，最多支持 4 台设备画面同时显示，让沟通更加高效立体显示，具有偏光式 3D、主动式 3D 产品可选择。

② 桌面虚拟交互教学一体机。通过内置追踪系统识别用户操作和头部移动，将传统的 2D 画面升级为更具立体感与真实感的 3D 画面，实现 AR/VR 交互操作，给用户带来更具沉浸感的视觉体验。桌面虚拟交互教学一体机采用视点追踪技术的3D 交互眼镜，以及光学追踪交互笔设备，用更加轻量级的交互方式替代传统的键鼠操作，带来更加自然的虚拟交互形式，打破用户与虚拟世界的物理隔阂，实现真正的虚实结合交互。

③ 智能 VR 头盔。大空间精确追踪，带来高对比度的绚丽色彩显示和如临现场的沉浸式听觉享受。高分辨率屏幕，带来丰富的色彩和高对比度，令人目不暇接。头戴式设备和耳机，结合 3D 立体空间音效，打造如临现场的沉浸式听觉盛宴。性能强大的放大器能驱动高阻抗耳机，创造音景，撼动听觉体验。双麦克风支

持主动降噪功能，并提供提醒模式和对话模式。沉浸在虚拟世界时，无须摘下头盔仍能听见周围声音。采用自上而下佩戴设计，符合人体工程学的舒适度。重量均匀分布，以实现均衡的重心。适用于不同的头部尺寸，可根据不同的瞳孔距离进行调节。可达 100 米的空间定位追踪，可通过添加定位器来追踪更大的交互空间，扩大物显视野。使用 4 个定位器 2.0 可支持 10 米×10 米的空间定位追踪，使用 2 个定位器可支持 5 米×5 米的空间定位追踪。

（4）虚拟仿真实训室建设——以无人机技术应用专业为例

① 功能介绍。无人机虚拟仿真实训室面积为 200 平方米左右，由图形工作站、VR 头盔、教学一体机、无人机模拟遥控器、无人机专业虚拟仿真课程资源（无人机认知，无人机测绘、植保、摄影，无人机拆装等课程资源组成）、无人机虚拟仿真实训区、无人机组装调试区、无人机室内拉网试飞区等区域组成，满足学生在"装、调、飞、修"四个模块内的具体实训要求，如图 1-34 所示。

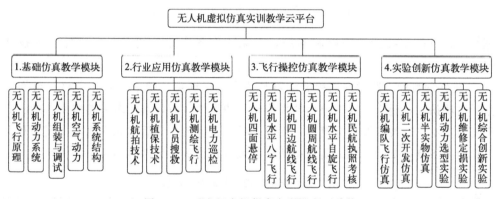

图 1-34 无人机虚拟仿真实训室主要功能

无人机应用仿真飞行训练以无人机应用场景及应用任务为驱动，设计以学、练为主的教学方法，通过课堂引导、学生研讨、示范指导、岗位操作、考核评价等方式，辅以纯虚拟、半实物仿真训练，让学生在岗位实践中习得无人机应用技术基础知识，凸显"能力本位、工学结合、任务驱动、行动导向"的教学理念。以无人机系统的构造、勤务操作为主线，在无人机系统构造理论知识的基础上，重点学习及练习各种不同应用场景（无人机基础操控、电力无人机应用、安防无人机应用、测绘无人机应用）及应用操作基本流程，加强岗位操作训练教学内容，培养学生动手操作设备的实践技能。注重实践性教学环节的组织与实施，鼓励学生互帮互学，培养学生良好的学习方法，充分调动学生的学习积极性、主动性和创造性。无人机虚拟仿真实训室效果图如图 1-35 所示。

在内容的编排上以无人机应用仿真飞行训练系统操作的实际工作过程为基础，课程基本知识的学习与操作技能的训练贯穿每一个任务的学习中，加深学生对系统

图 1-35　无人机虚拟仿真实训室效果图

理论知识及操作技能的理解和掌握，为无人机各专业后续课程提供扎实的技能支持。

② 课程目标。通过本课程的学习与仿真飞行训练，学生建立无人机飞行操控基础方法认知，建立无人机遥控器操作动作协调性效应，掌握多种类型无人机及应用场景基本飞行技能及作业流程，形成基础业务能力，为后续无人机实飞训练及实习作业打下良好基础。无人机虚拟仿真实训课程实践环节课时如表 1-23 所示。

表 1-23　课程实践环节课时一览表

课程名称	总学时	实践学时	虚仿认知类学时	虚仿实训类学时
无人机操控应用技术	128	96	32	64
无人机组装与调试	64	32	8	24
无人机摄影与摄像技术	96	64	16	48
无人机测绘技术	64	32	8	24
无人机农林植保	64	32	8	24

（5）大型虚拟仿真实训基地建设成效

① 服务地方产业，引领技能创新型人才培养。建成对接企业真实生产环境、岗位真实任务的一体化综合性虚拟仿真实训基地。按照育训结合、长短结合、内外结合的要求，面向在校学生、企业职工及社会成员开展职业培训。主动服务地方经济发展，企业主动参与职业教育发展。基于服务区域产业目标，探讨技能创新型人才培养模式。以党建为抓手，整合学校实训室资源、虚拟仿真资源、企业资源，明确学生学习目标，培养学生学习兴趣，激发主观能动性。培养"理论—应用—实

践"的能力结构，增强学生解决实际工作问题的能力。依据学校特色学科，紧跟国家战略需求和新时代人才需求，形成特色鲜明的技能创新型人才培养模式，助力国家建设。

② 融合全新技术，发挥基地示范引领作用。适应 5G 时代及 VR/AR 技术应用带来的教育教学场景可视化、立体化、可交互的发展，引入"互联网＋""5G＋"理念与技术，建成对接行业新技术、新装备、新规程、新规范，参照国家专业建设标准，采用总体设计，系统优化，打造集实践实训、教学科研、技能竞赛、技能鉴定、社会服务"五位一体"的智能化虚拟仿真实训基地，使布局安排职业化、设备设置系统化、管理运行规范化。基地建成后具有示范性，并力争成为省级虚拟实践实训示范基地，为培养技能创新型人才提供强有力的支撑。

③ 优质资源共享，赋能产业协同创新发展。借助基地虚拟仿真资源共享优势，丰富职业院校专业实训资源。利用云存储、大数据、共享管理平台的技术优势，将虚拟仿真资源进行数字化共享，立足行业岗位技能要求，结合实训教学的难点、痛点，校企协同，联合开发虚拟仿真实训资源。并通过平台进行分享，提高数字资源的使用效率，为教学资源短缺地区的学校提供信息化资源手段和线上教学资源，促进职业教育的地区公平。

发挥基地社会化服务功能和专业群的教学资源优势，利用实训基地对行业企业在职员工进行技能提升培训。更新职业教育理念，促进专业建设，提升办学水平，提高人才培养质量，提高社会服务水平。通过社会服务活动，提升专业群的辐射带动水平，扩大专业影响力。助力地区经济发展，提升企业岗位人员的技能水平和职业竞争力，提供人才保障，并实现基地的综合经济效益。

④ 统一平台管理，实现数据互融、运用互通。通过本项目的建设，统一学校各平台门户、用户空间，解决各学校、学院、专业各自为政和数据孤岛的问题，转为统一规划、统一管理。智慧实训云平台充分发挥管理、交流、服务功能，服务课程开发、教学设计、教学实施与教学评价。建立健全共建共享平台的资源标准和推广机制，进一步扩大优质资源覆盖面，强化优质资源在教育教学中的实际应用。结合平台建设和多项目管理架构，采用"平台＋项目"的多维协同管理模式，实现智慧实训云平台与虚拟仿真实训之间的分工协作、信息共享，成为职业院校服务于智能制造专业群的智慧教学典范。

二、智能制造专业共享型实训基地运营探索

2020 年，国家发展改革委等 16 部门联合发布《关于推动公共实训基地共建共享的指导意见》，明确提出通过推动公共实训基地共建共享，进一步健全就业公共服务体系，完善终身职业技能培训制度，提供技能人才支撑。随着我国产业升级的

不断加快，新技术、新工艺的不断投入，对智能制造专业人才培养提出了更高的要求。智能制造专业人才培养离不开专业实训，从 20 世纪末开始，我国各地纷纷投入建设公共实训基地，促进了智能制造专业的跨越式发展。

截至 2021 年，全国已建成并投入使用的公共实训中心（基地）超过 220 家，能够满足区域内学生实训的需要，大多数实训基地是由政府投资兴建的。投资建成后如何运营管理发挥效益的最大化，一直以来是众多学者所关注的焦点。目前国内职业教育实训基地运营模式主要有以下几种。

天津、江苏等国家职业教育实训基地主要由政府出资建设，建设完成后作为独立的事业单位开展公益性社会化培训，面向职业院校、企业开展培训，以公益性为主，保证实训基地的正常运营。部分实训基地是由政府投资建设，政府为职业院校投资建设实训基地，院校运用实训基地开展社会化培训。由于高职院校属于公益二类型事业单位，因此在实训基地建设过程中也常采用政府出资一部分，院校自筹一部分资金共建实训基地的情况，建成后的实训基地主要满足高职院校学生实训的需要。随着混合所有制试点的全面铺开，近年来混合所有制下校企共建实训基地的数量也在不断增加。通过校企共建实训基地，可以吸引社会资源参与职业教育，促进了实训设备的转型升级。

（一）智能制造实训基地运营的主要问题

目前，我国职业教育共享实训基地的管理者主要是政府和院校，这些单位都属于非营利性单位，实训基地的设备资产属于国有资产。在没有政策支持的情况下，目前国内的共享型实训基地存在管理机制不畅、使用率较低等问题，极大限制了实训基地的可持续发展，某些地市建设的实训基地没有"造血"功能，设备更新换代较慢，运营较为困难。

1. 实训基地管理机制僵化

共享型实训基地姓"政"还是姓"企"的问题一直是争论比较久的话题。从实训基地定位上来说，实训基地应该输出一定的产品和服务，获得一定的收入报酬来更新设备，保证实训基地的运营。从属性来说，部分实训基地都是由政府牵头进行建设，建设过程中使用的是国有资本，实训基地的资产设备也属于国有资产，如何使用国有资产进行营利性活动，目前没有明确的文件规定。通过调研发现，我国目前能够独立运营实现可持续发展的实训基地不多，大部分实训基地的功能作用较为单一。很多高职院校的实训基地主要面向本校学生的实训，服务社会经济能力不足。

2. 实训基地运营模式陈旧

由于国内共享型实训基地大部分都是政府投资的事业单位，实训基地的人员经费、工资薪酬、实训设备及实训耗材都是由政府部门托底，因此目前国内实训基地运营模式较为陈旧。实训基地的运营管理人员没有生存压力，实际运营过程中动力不足。通过调研发现，大部分实训基地的管理缺乏成本意识、质量意识，造成实训基地运用过程中对耗材的消耗管理较为粗放，提供培训的质量不高，许多培训内容较为陈旧，已经无法满足培训者的培训需求。

3. 产品研发能力弱，难以提供服务

由于中小企业很难投入大量的经费添置相应的设备，因此许多地市新建的实训基地为中小企业开展产品定制开发服务，中小企业在实训基地开发的产品以政府购买服务的方式买单，为中小企业解决发展中的困难。但是在实际操作过程中，实训基地人员素质不高、研发能力不强，产出的产品无法满足市场要求的情况比较突出，制约了实训基地的运行。

4. 缺乏保障制度

和高职院校实训室建设类似，职业教育实训基地建设也存在重建设、轻管理的现象，缺乏相应的制度保障。智能制造专业群实训基地建设需要大量的资金和场地支持，国内很多实训基地在建设过程中投入了大量的资金，但后期运营过程中难以获得长期稳定的资金支持。智能制造使用的实训设备目前几乎八年就需要进行更新换代，但是大多数实训基地很难持续获得资金，造成许多实训基地设备总值很高，设备陈旧，无法正常开展实训。同时，共享型实训基地应该面向不同学校、企业开展各级各类的培训，但实训基地作为一个事业单位，很难打造一支高水平的师资队伍，教师的技能水平与市场的实际需求差距较大，造成了服务能力不足的现象。

（二）智能制造实训基地运营探索

1. 深化校企合作、产教融合

造成实训基地运营困难的主要原因是现有的管理模式无法满足实训及可持续发展的需求。和国有企业改制一样，需要通过校企合作、产教融合的方式引进企业管理的先进理念，改变实训基地的管理模式。首先要树立成本意识，改变粗放管理模式，所有参加培训的教师要计算培训成本、设备损耗成本、水电气暖成本等，考虑实训基地可持续发展的需要，提升自身的造血能力。积极拓展区域经济内的培训资源，扩大自身的服务能力和服务范围。

2. 打造高品质培训品牌

树立品牌意识，打造高品质培训品牌。共享型实训基地应该发挥自身在培训方面的优势，完善自身培训资源，打造高品质培训品牌。实训基地运营应该抓内涵建设，组织基地教师开发培训项目，编写培训教材，与社会评价组织合作拓展培训渠

道，面向大学生、中小学生、企业职工、新市民等开展多种项目的培训。对接相关企业开展员工入职培训、职工技能大赛等活动，拓展品牌的影响力，服务区域经济的发展。

3. 增强激励机制，构建"产、学、研、用"一体化管理体系

实训基地应该完善激励机制，提升产品研发能力，打造"产、学、研、用"一体化的管理体系，强化实训基地服务企业的能力。通过引进企业高技术人才，对提供产品研发服务的教师给予物质和精神上的激励，打破现有的"大锅饭"制度，激发实训基地教师参与"产、学、研、用"开发的热情，促进实训基地服务能力的提升。

职业教育共享型实训基地运营管理是决定实训基地能否可持续发展的关键。目前国内共享型实训基地在运营上与国外发达国家相比还存在不小的差距。随着混合所有制的不断完善，各类社会资源参与职业教育的热情不断高涨，先进的管理模式和管理手段的提出，或有效提升共享型实训基地的运营与管理能力。

三、智能制造专业实训室建设与管理研究

实训室建设是智能制造专业群建设的重要内容，高职院校主要培养技术技能型人才，对学生的实践技能要求较高。实训室是培养学生实践技能、专创融合能力、综合素养的重要场所，对智能制造专业群而言大部分专业课程都是在实训室完成的，因此实训室建设和管理的质量决定了专业建设的质量。尽管教育部按照专业大类明确了不同专业实训室的建设标准，但教育部的建设标准是开设专业的最低标准，与智能制造技术的发展还存在一定的差距。近年来高职院校不断扩招，专业更新速度加快，对于高校实训室建设的财政投入也越来越大，但是从建设和管理水平来说，我国与国外发达国家还存在着不小的差距。通过对各高职院校提报的实训室统计数据可以看出，高职院校对实训室建设和管理的力度不足，从事实训室管理的专兼职教师队伍配备不足，缺乏科学的管理机制体制，重建设、轻管理的现象较为突出，进而造成新建实训室使用率不高、资产极大浪费的现象时有发生。

（一）高职院校实训室管理的主要问题

随着高职院校的不断扩招，各高职院校专业增设的频率不断加快，新兴专业的兴起也打破了传统专业间的界限，跨学科、跨界专业的出现也增加了各高职院校实训室建设的难度。通过调研国内相关高职院校，目前在实训室管理方面遇到的问题主要有实训室重复建设、新建实训设备落后、实训室负责人缺乏设备采购论证经验、建成后实训室管理不完善等情况，这些问题已经制约高职院校实训室建设的良

性发展，具体问题如下。

1. 实训室重复建设

通过调研发现，实训室重复建设是各高职院校实训室建设中最为突出的问题。国内高职院校大部分实训室的建设主要由二级学院进行，在实训室建设过程中大多只站在本学院的立场上考虑实训室建设情况，缺乏全局意识，造成许多实训室重复建设的情况。由于建设实训室时考虑不周，主要为满足本学院学生的实训需求，而没有考虑其他学院学生的实训需要，造成建成的实训室分散在不同的二级学院，无法统一进行调配，同时建设的规模较小，无法实现资源的共享。通过调研发现，很多高职院校不同专业的实训条件差异较大，一部分专业的实训设备充足，造成设备的闲置，另一部分专业的实训设备严重不足，无法满足教学需求，造成了局部实训设备不均衡的现象。

新兴的跨界专业也为实训室建设增添了较大难度。例如，近年来兴起的人工智能专业，该专业底层课程是电子技术、自动化，顶层课程主要是编程语言、指令开发，同时在教学过程中又离不开传感器的应用等内容。作为新兴专业，需要建设与人工智能相关的实训室，但是该专业实训设备与学校原有的微电子、传感器有很多重叠，已有实验室也能满足专业学习的需要，如果不经过充分的论证就会造成实训室重复建设的现象，造成实训资源极大的浪费。

2. 实训设备建设滞后

高职院校的专业建设需要不断迭代更新，以满足社会对高素质技术技能人才的需要，专业的更新也造成实训室建设相对滞后的现象。随着高职院校专业设置的下放，高职院校兴办新专业的热情较为高涨，实训室建设已经很难跟上专业建设的步伐。高职院校的实训设备主要按照年限折旧法进行折旧换代，智能制造专业群的大型加工设备的使用年限在 10 年左右。目前高职院校部分设备老化现象严重，已经不能满足新专业实训教学的需求，影响人才培养质量。同时，建设相应的专业实训室对场地有一定的要求。现在高职院校的办学场地较为紧张，老化的设备不能及时报废，也造成实训室建设场地较为紧张的情况。通过对 2021 年各高职院校上报的实训设备统计信息可以看出，很多高职院校上报的实训设备总值较高，也能够达到教育部生均实训设备值的要求，但是很多实训设备已经无法在实训教学中使用，严重影响了实训教学的顺利开展。

3. 实训室负责人缺乏专业论证

高职院校在实训室建设过程中主要由各专业负责人和相关专业教师完成，在实训室建设过程中缺乏专业论证。专业教师一方面对本专业目前企业所使用的设备和技术了解不足，另一方面对教学设备厂家提供的设备是否满足要求了解不足，也很少有时间和精力对相关院校的实训室建设情况进行专门的调研，导致实训室建设过程中论证不够充分。调研了解到，部分高职院校教师关于建设实训室的论证意见主要来源网络，信息渠道较为单一，在论证阶段很难见到实际采购的设备，对实训设备的相关功能、能满足哪方面实训要求论证不足，造成采购设备无法满足教学需要的情况。

4. 重建设、轻管理现象严重

实训室建设只是实训室建设管理的第一步工作，实训室管理质量决定了实训室的使用上限。因此高职院校应该健全组织结构，构建完善的实训室管理制度，提升实训室管理质量。高职院校实训室重建设、轻管理的现象比较突出，大多数高职院校实训室建设和管理都隶属于二级学院负责，缺乏实训资源整合管理的能力，在管理机构组成上相互关系不是很明确。国内高职院校的实训室管理有些隶属于教学系统，有些隶属于后勤系统，管理的组织构架不健全也造成实训室管理的推诿现象比较明显。每年高职院校的办学经费中会拿出部分经费用于添置实训设备，但是配套实训设备的管理却很难跟得上。由于不同实训室隶属于不同的二级学院，在资源调配上也存在很大的难题。实训室的使用还涉及配套的耗材、工具、量具等消耗品的使用，在制度不健全的情况下很难进行统一调配。在实训室使用过程中出现的设备故障、损坏等问题，由使用部门维修还是由负责部门来维修也难以确定责任归属，出现有故障无法及时维修解决，造成了实训室管理上的漏洞。长此以往，各二级学院不愿意将实训室外借给其他部门使用，也造成了实训资源的浪费。

5. 实训室管理人员不足

高职院校实训室管理人员不足也是造成实训室建设管理困难的重要原因。随着高职院校的不断扩张，师资紧张问题一直是困扰高职院校发展的关键问题。专业课教师增长的数量与学生扩招的数量不匹配，处于教辅岗位的实训室管理人员不足也是目前国内各个高职院校的普遍现象。大部分高职院校采用的都是专业课教师兼职作为实训室管理人员。据不完全统计，目前高职院校专业课教师平均的周课时量在12节以上，还不包括备课、批改作业、教学研究等其他工作的时间，因此在实训室管理工作上往往力不从心。兼职实训室管理人员很难有时间和精力参与实训室的管理，造成实训设备使用维护不及时、实训设备出现故障维修不及时等现象，影响实训课的正常开展。同时对兼职参与实训室管理的人员也缺乏相应的激励机制，许多实训室管理人员参与实训室管理，在薪酬待遇、考核评优、职称评定上没有体现出相应的激励机制，也造成专业课教师参与实训室管理的热情不高的现象。通过对高职院校上报的实验室信息统计可以看出，大部分高职院校实训室管理人员不足，需要对实训室管理人员进行补充，完善实训室管理队伍。

6. 实训室管理人员素养参差不齐

按照教育部相关要求，实训室管理人员在学历层次上应由博士、硕士、本科等学历层次的教师组成，但是在实际调研过程中发现，博士、硕士学位的教师是高职院校教学的主力，很少有硕士以上学历的教师担任专职实训室管理人员。高职院校大部分专职实训室管理人员是本科或者专科学历，这部分实训室管理人员在实践、动手、现场教学指导方面具有丰富的实践经验，但是从管理角度来说，在实训任务开发、实训准备及实训教学管理方面还存在一定的不足。智能制造专业主要面向加工生产领域，设备一般采用高精度的数控加工设备及工业机器人装置，需要实训室管理人员具有电气、机械、自动化等设备的维护保养能力，实训室管理人员这部分能力比较薄弱，难以达到高职智能制造专业实训室管理人员的要求。

7. 实训课程与实训室建设不匹配

实训课程与实训室建设不匹配也是造成实训室建设管理困难的重要原因，按照高职专业建设标准，实训室建设是滞后于专业人才培养方案和课程标准的。目前高职院校的实训室建设与实训课程不匹配问题也较为常见，很多高职院校建设的实训室主要根据实训设备供货商提供的实训设备开设相应的实训项目，专业负责人和实训室负责人缺乏实训任务开发的能力。很多高职院校教师根据设备厂家提供的实训任务指导书进行授课，并没有深入研究具体实训任务是否满足课程目标、教学要求。专业教师没有潜心研究实训设备的结构、原理，功能模块的作用，无法根据专业教学要求灵活设计实训任务，也是目前实训教学的难点和痛点。

（二）加强高职院校实训室管理的方法

1. 建设实训室管理体系

学生是高职教育教学的主体，一切教学活动都围绕着学生开展，因此实训室管理制度的建设必须落实学生的主体地位。在实训室立项建设过程中，要关注学生对实训教学的需要，既要关心实训室实训设备的投入，又要注重对实训室软环境的建设，同时注重对实训室文化氛围的营造，突出学院自身特有的校园文化，以实训室文化为媒介落实"三全育人"的德育培养目标。

（1）建立实训室管理队伍　实训室建设与管理涉及高职院校教学、后勤、资产管理等多个部门的职责，同时在使用过程中也经常遇到跨学院使用与管理，因此为保证实训室建设的平稳运行，应该建立从学院到实训室的多级管理制度，健全实训室建设管理工作小组。实训室建设管理工作小组主要负责全院实训室、实训中心的整体建设规划，组织论证实训室建设可行性方案，监督实训设备采购与管理工作。工作小组在工作过程中应该整合学院全部实训教学资源，建设实训室过程中要组织多方论证，严格控制实训室的使用率，以避免实训室的重复投资、重复建设，造成资源和设备的浪费。在实训室建设立项过程中要及时审阅专业负责人提报的实训室建设立项报告，对拟立项建设实训室的设备、资金使用提出指导性意见和建议，最终确定实训设备的技术路线和经费使用办法。同时参与实训室的日常督导和评价，对建成实训室的使用情况、实训室负责人的工作情况进行督导和评价。

（2）提升实训室建设的质量　高职院校应该具有质量意识，改变以往实训室建设随意性较大、质量不高的状态，积极提升实训室建设的质量。实训室管理人员要牢记质量意识，构建专兼职合理、职称学历合理的实训室管理队伍，严格按照质量管理标准对实训室进行日常管理。高职院校实训室负责人更应该摒弃粗放式的管理模式，走实训室精细化管理的模式，注重实训室的建设内涵发展。一方面落实实训室文化、制度建设，实现实训室环境育人、文化育人的新风尚，另一方面提升专业教师的职业道德和责任感，转变授课教师观念，实训室的使用者也是实训室的管理者，要积极参与实训室的建设与管理。同时加强实训安全的教育，树立生命安全意识，保障师生在实训过程中的安全。只有树立了全员的质量意识，才能促进实训室建设与管理的可持续发展。

2. 完善实训室管理制度

实训室管理制度主要包含人、财、物三个方面的内容，对于高职院校来说分别为实训团队建设、经费保障运行机制和实训室建设。

（1）实训团队建设　高职院校在人才招聘过程中应该专门设置实训指导教师岗，补充实训室管理师资队伍。从学历层次上应该由硕士、本科以及其他多种学历的教师组成实训室管理师资队伍，职称层次上应该是高级到初级各占相应的比例。实训室管理虽然是学院的教辅部门，但是其人才组成也应该包含各个层次的教师。由于实训室负责人也要参与实训课教学工作，因此企业招聘的工程师、技术人员、学院的"双师型"教师都是实训室管理的中坚力量。对招聘的实训室管理人员应该定期组织培训，使其掌握相应的急救、消防等安全知识，鼓励教师考取注册安全工程师证书，促进师资队伍的良性发展。

建立实训室管理责任清单，制订实训室管理的各个方面的实训室管理责任清单，明确各个层级的实训室管理人员的工作职责和岗位要求，压实实训室管理团队的主体责任。激励实训室管理人员积极投入实训室管理、实训任务开发、实训设备维护保养工作中，对教师参与实训室管理工作给予相应的物质和精神奖励。让实训室负责人全程参与实训室的调研、论证、立项和建设工作，充分发挥实训室负责人的主人翁意识，将实训室建设当成教师自己的事情，促进实训室管理团队的快速成长。

（2）制订实训室建设流程　根据实训室建设管理过程中遇到的问题，应该制订实训室建设相关工作流程，按照工作流程的要求完成实训室的申报、立项、建设及验收过程。各二级学院在实训室申报前要先对现有实训室的情况进行调研，对急需要规划建设的实训室需要提报拟建设实训的设备价值、面向学院学生的数量、实训室开设课程的情况、每学期实训室的使用率，以及该实训室生均设备价值等数据，实训室建设管理领导小组根据二级学院提报的信息确定是否立项建设该实训室。实训室建设立项以后，由立项实训室负责人提报调研方案，根据实训室建设的需要调研企业和院校的情况，并根据调研结果提供调研报告。实训室建设管理领导小组根据实用性原则，在满足当前实训教学要求的基础上尽力节约经费，保证实训室建设的可持续发展。

（3）建立实训室建设绩效考核评价体系　建立实训室建设绩效考核评价体系可以控制实训室建设过程中重复建设、使用率不高、国有资产浪费等问题，有效保证实训室建设有章可循、有法可依。对实训室建设绩效考核评价应该分为建设和使用管理两部分进行，如图 1-36 所示。

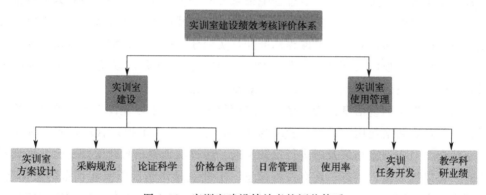

图 1-36　实训室建设绩效考核评价体系

实训室建设使用经费较多、责任较大，涉及实训室的环境建设、文化建设、实训设备招标采购、实训室配套管理制度等内容，还涉及学院教学、后勤、资产管理以及二级学院等多个部门，因此在实训室建设过程中必须科学论证、多方研判。从实训室立项到实训室完全建成周期较长，中间要经历多个环节和步骤，任何一个步骤出现问题都会影响整个实训室的建设。实训室验收是整个实训室建设最重要的环节，验收付款也是整个实训室建设过程中最容易出问题的环节。有些高职院校为了规避实训室验收的风险，将实训室验收全部推给校外专家进行，这种做法也是不合时宜的。校外专家可以从设备参数、中标价格、功能达成程度对实训室建设过程进行评价，但是对实训室建设需要满足哪些实训课程的教学，在实训教学过程中需要达到哪些要求并不是很了解，造成实训室建设完成后尽管符合相关技术参数的要求，但是教师在使用过程中仍然存在使用难的现象，影响了实训室建设的信度。实训室建设评价指标如表 1-24 所示。

表 1-24 实训室建设评价指标

序号	评价指标	分值	评价内容
1	实训室建设方案	20	实训室建设方案合理,满足实训教学要求
2	采购过程	30	采购过程规范,符合采购流程
3	论证过程	30	专家论证过程科学合理
4	采购价格	20	采购价格合理,没有出现价格偏离的问题

实训室使用过程的评价主要包括实训室日常使用管理、实训室建设完成后的使用率、实训室负责人开发实训任务书情况以及相关实训室教学科研业绩。实训室日常使用管理主要评价实训室负责人对实训室的日常管理情况,管理的实训室设备的完好率、实训室日常的卫生情况是否合格。实训室使用率的评价主要对实训室的立项使用率和实际使用率进行对比,实训室实际使用率应该高于实训室立项时的使用率,如果低于立项申报时的使用率,需要实训室负责人写出书面说明。实训任务书的开发是实训室负责人日常教学过程中很重要的一项工作,实训室负责人应该按照人才培养方案的要求,对照实训室建设申报书中所开设的实训课程,在实训室建设完成投入使用之前,对照专业课程标准开发实训任务书。实训室教学科研业绩主要考察实训室参与技能大赛辅导、创新创业比赛、横向课题,以及社会化培训的成果,考核实训室建设过程中产生的经济效益和社会效益。

(4)建设实训室信息化管理平台 采用信息化技术手段建设实训室信息化管理平台,实现实训室使用、维护、管理的 TPM(全员生产维护)管理,实时统计实训室状态,对实训室结果及时进行反馈沟通。通过实训室信息化管理平台,实训室负责人可以查询实训状态、现有设备信息、实训室排课情况以及实训室的使用率,实训室建设管理工作小组可以实时查看实训室绩效考核评价指标、实训室的安全预警等内容。通过建设实训室绩效评价管理平台,可以有效提升实训室管理的效率和绩效,促进实训室管理水平的提升。

搭建实训室预约平台。为解决不同二级学院实训室不互通和不共享的现象,在线搭建实训室预约平台,全校任课教师可以通过预约平台对其他学院空闲实训室进行预约,从而实现了全校范围内实训资源的共享,解决了实训室重复建设的问题。同时添加实训设备管理和维修模块,对于需要维修保养的实训设备通过线上审批的方式简化办事流程,提高管理效率。

(5)加强实训室安全管理 实验实训安全是学院安全工作的重要一环,为了保证实训室管理的科学化,必须加强对实训室的安全管理。国外发达国家多年来形成了完善的实验室安全管理及应急制度,将实验室安全教育落实到每一位学生,要加强学生的生命意识和安全意识教育,从自身防护上做起。加强实验室安全要借鉴企业安全管理的相关经验,积极张贴安全信息看板,在醒目的地方张贴安全信息警示牌，同时要联合学院的安全保卫部门开展安全演练，使安全意识落实到每一位学生的心里，对有危险的实训室要建立实训室准入制度。

实训室负责人要定期开展培训，养成危机管理意识。严防实训室安全事故，保证实训教学的顺利开展。近年来，国内多所高校发生了严重的实训室安全事故，主要是安全监管不到位引起的。实训室负责人应该时时树立实训室安全意识，保证实训教学的顺利开展。在实训室安全责任方面，坚持"谁主管、谁负责，谁使用、谁负责"的原则，及时自查自纠，消除安全隐患。实训室管理部门要制定相应的实训室内部管理制度，减少实训室的安全隐患。目前各二级学院都建立了实训室管理三级机制，形成了由学院分管副院长到职能部门负责人、二级学院负责人到实训室负责人的三级管理机制，层层抓落实，充分调动各实训室负责人的积极性。按照教育部高等学校实验室安全管理规定，各高职院校应建立实训安全应急预案，及时处理实训过程中出现的突发情况，保证全院的实训室安全工作不留漏洞、不出纰漏。

高职院校实训室建设责任重大，既是保证实训教学顺利开展的重要保障，又是实现国有资产保值增值的重要手段。因此在进行实训室建设过程中，必须立足全院视角，面向当地区域经济的需要，广泛论证、积极调研，确保实训室建设的每一笔经费用到实处，切实为高职院校人才培养保驾护航。

四、智能制造专业"互联网+"线上教学模式研究

青岛工程职业学院积极开展"互联网＋"线上教学研究与实践，对学生在前期线上学习的情况进行了问卷调查，了解线上教学期间教学存在的问题及不足。学生的实际学习情况反馈如图 1-37 所示。

图 1-37　线上学习情况反馈

通过问卷可以看出，有 65％的同学认为对前期线上教学的内容非常了解，能够非常顺利地掌握教师教学的理论知识和实践内容，有 27.5％的同学认为对学习

的知识有点了解，还有 7.5％的同学对知识掌握的情况感觉一般。总体的教学效果与课堂教学比起来还存在一定的不足。为了提升教学质量，我们就线上教学学生重点关注的问题进行了问卷调查，得到的结果如图 1-38 所示。

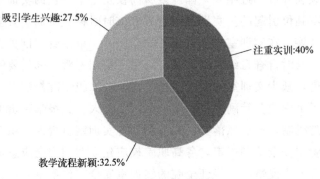

图 1-38　线上教学反馈

学生给出的改进线上教学的三个建议是：注重实训、教学流程新颖、吸引学生的学习兴趣。这也是目前参与线上教学的老师普遍的痛点。对于进行专业课教学的教师，在线教学模式目前无法进行实训车间的现场教学，存在纸上谈兵的现象，无法保证学生的技能水平。

（一）线上教学微课程建设

本例中提到的"微课程"与传统意义上的微课有所不同，与以往的课堂教学相比，"微课程"的教学内容是将传统的教学项目进行进一步分解的知识单元。与教材给出的项目任务相比，该教学内容更加碎片化、精细化，便于学生在学习过程中将内容进行有序的排序、动作分解和模仿。数控外轮廓铣削加工项目线上微课程框架如图 1-39 所示。

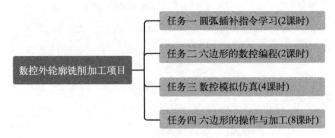

图 1-39　线上微课程框架

在传统的教学模式下，教师在教学过程中可以随时干预学生的学习情况，学生实训过程中有实习指导教师参与实训教学，许多教学细节都在实际教学互动中解决和完成，教师教学设计是按照教学场地进行任务分类的。在线学习无法获得线下学习的那种沉浸式体验，为此我们对项目任务进行"微课程"分解，利用更加细小的"微课程"实现动作技能分解。学生通过掌握微课程的内容，最终完成项目所需的技能训练。分解后的数控外轮廓铣削加工项目微课程如图1-40所示。

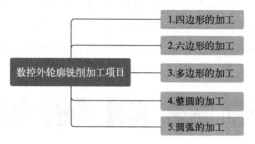

图 1-40 分解后的微课程

任务分解后共有23个微课程，每个微课程的内容大约为10分钟，既能使学生保持学习的注意力，又能准确阐述该微课程模块中单一的知识和动作技能，满足在线教学的知识更少、输出节奏更灵活的特点。

（二）实施过程

确定了"微课程"的教学内容以后，利用"翻转课堂"进行教学实施的过程。按照专业课教学的需要，利用企业微信对学生分组，满足小组学习的需要。每一个项目组作为一个学习的单元，由小组内部自行完成微课程的学习情况。微课程学习后的学习结果上传全小组学习的网盘，便于及时复习和查看，由组长组织本小组微课程的学习时间和学习内容，并将学习成果及时上报，如图1-41所示。

图 1-41 学习成果上报

在线学习与传统学习的最大不同在于学生缺乏沉浸式、体验式教学，无法体验实训的过程。对于进行在线教学的教师而言，配备合适的教学资源是保证实训教学的关键。为了保证学生学习质量，教师应该提前将教学过程中的关键技能制作成微课，帮助学生学习、体验微课程中包含的技能点，加深学习体验。

基于微课程的特点，教师开发"技能训练"微课程视频，每一个视频包含关于动作技能的一个核心知识点或技能点。视频的时间在 10 分钟以内，视频大小不超过 30M，方便学生在线学习、传播，满足学生在线学习需求，如图 1-42 所示。

图 1-42　微课程教学资源

以"微课程十五 数控机床的对刀"为例，该微课程视频时长只有 3 分钟，包含了 X 轴、Z 轴对刀的全部动作过程，每一个动作的先后顺序及操作要求都在微课程视频中有详细的介绍。学生通过观看微课程视频，可以清晰正确地了解对刀操作步骤。Z 轴对刀视频如图 1-43 所示。

图 1-43　Z 轴对刀

教师在课堂教学实施过程中采用"翻转课堂"教学法，督促学生在预习、自学的基础上筛选出难点和疑点，然后再进行有针对性的辅导。每一个微课程的教学环节都包含图 1-44 所示的几个环节，保证项目小组的学生学习。

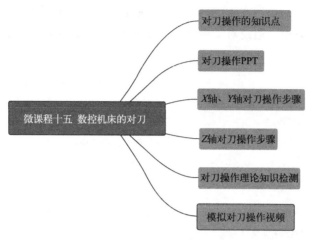

图 1-44　微课程线上教学环节

小组组长组织本小组成员完成对刀操作学案的制作，一位小组成员根据对刀操作学案制作课件，并对小组成员进行授课，讲解本次微课程的内容。其他小组成员根据学案、课件填写对刀操作工艺卡片，将对刀操作的过程分解为动作技能，详细描述对刀操作的动作。操作工艺卡片如表 1-25 所示。

表 1-25　操作工艺卡片

操作工艺卡片		零件名称	零件图号	计划数量	材料	
序号	工序	工序内容			生产设备	备注
1						
2						
3						
编制		校对		日期 年 月 日	审核	

通过上述三个部分的学习，学生真正掌握该微课程应该学习和掌握的技能训练要求和操作步骤。在学生自主学习过程中教师要参与其中，及时解答学生学习过程中遇到的问题和难点，保证学生操作必须规范并符合工艺要求。

学生完成自主学习后，利用在线学习平台自主答题、自主检测。在线学习最大的问题是无法实现实训教学。尽管学生没有机床、刀具等实训设备，但是学生仍然可以拍摄模拟机床对刀的视频，并在直播间进行直播，从而实现了在线的技能训练。项目小组成员作为观察员观看模拟操作过程，查找错误和不足，纠正学生在模拟操作过程中存在的不规范的地方，提高了学生的技能水平。

（三）实施效果

微课程的时间都控制在 10 分钟左右，使学生在学习过程中不易产生倦怠，学生的注意力比较集中。通过对学生学习情况的调查，学生满意度有了较大的提升，如图 1-45 所示。

在教学活动中，学生的参与度如何？ [单选题]		
选项 ⇕	小计 ⇕	比例
非常积极	30	75%
积极	9	22.5%
一般	1	2.5%
不积极	0	0%
本题有效填写人次	40	

图 1-45　学生学习满意度调研

五、基于小规模线上教学的管理模式与创新

线上教学区别于线下授课模式，在教学环境上由教师班级授课转换为学生居家授课。线上教学缺乏传统的师生互动，同时对学生的自律性也提出了更高的要求。教师需要提供更多的线上教学资源，帮助学生完成各种教学任务。由于线上教学对教学环境、空间、设备等有较高的要求，因此探索线上教学的新管理模式尤为迫切。

（一）国内外线上教学研究的现状

国外的线上教学研究主要集中于保障线上教学质量的方法、教学全面质量标准的界定、教学质量保证体系的构建。教师会借助多种媒体及互联网工具来支持教学活动，尤其是交流的同步和异步空间。教师作为学习的引导者，帮助学习者共同参与学习任务，同时支持学生之间的差异，并注重学生之间在学习内容上的知识分享与互动。可汗学院（Khan Academy）通过在线图书馆收藏了 3500 多部可汗老师的教学视频，向世界各地的人们提供免费的高品质教育。该项目由萨尔曼·可汗给亲戚的孩子讲授的在线视频课程开始，迅速向周围蔓延，并从家庭走进了学校，甚至正在"翻转课堂"，被认为显露出"未来教育"的曙光。薛成龙研究了线上教学改革的四个方向，教育资源从分割向共享转变，学生学习从线性向非线性转变，课程改革从结构化向非结构化转变，教育技术从辅助手段向与教学深度融合转变；刘振天总结了应急性在线教学的优点与可发展之处；胡小平和谢作栩两位学者调查了全国57所高校的线上教学质量状况，分析了疫情下高校线上教学的优缺点；贾文军利用词频统计和聚类分析方法，在微博平台上搜集关于大学生线上课程的体验评论进行分析，总结了大学生线上学习感受。

（二）线上教学管理实施策略

1. 树立线上教学质量意识

高职院校线上教学管理必须树立质量意识，线上教学管理既是管理也是服务。线上教学管理的目的是查找问题，帮助师生及时排除线上教学困难，同时应该帮助师生转变教育教学观念，在保证质量的前提下保证学生的学习质量。

线上教学工作检查是高职院校教学质量监测的重要步骤，是保证"停课不停学"教学质量管理的重要组成部分。在线上教学运行过程期间，必须对教学平台、教师的教、学生的学、课堂参与度等进行监测。与传统教学比起来，线上教学目标、教学计划、教学过程和教学辅助都是在线上完成，无法按照传统的听课评课、教案检查、学生分组评价等方式对线上教学过程进行评价，因此我们选取线上教学管理工作、教师教学质量和学生学习质量三个维度进行评价。通过线上问卷、观看线上教学视频、线上答题等方式，利用线上教学评价工具，进而规范教师教学过程，使线上教学工作进一步科学化、规范化、全面化。

2. 重新厘定教学目标

教学目标是教师教学工作的指南，尽管线上教学与线下教学有相通性，但在很多方面也有其特性。由于线上教学的学生是独自完成学习任务，因此在设定教学目标过程中应该充分发挥学生的主体地位，保证学生在学习过程中能够独立完成学习任务和学习目标。在设定学习目标时要全方面考虑，考虑不同学生之间的差异性。高职院校线上教学对象主要为一个班级或者是一个专业的学生，教学目标应该根据线上教学的特点、相关专业的特点及授课学生的学习背景进行定制。在进行教学之前，应当对学生的情况进行调研，对学生的学习素养和教学平台使用的熟练程度等进行分析，将大的线上教学目标分解制定成可以操作、实施的线上教学目标。运用"翻转课堂"等教学模式、将学生的学习前移到线上教学的准备阶段，建立师生互动交流平台，学生可以随时表达自己的想法和状态，便于教师设定教学目标时具有可行性、针对性，尽量考虑满足不同学生的学习需求。高职院校在进行线上教学管理时，应该注重学生的自律能力、信息化平台使用能力等的管理。

3. 完善线上教学质量管理组织系统

线上教学课程管理主要提供技术保障，建设线上精品，开发新型的适合的线上教学任务、考试方法、监督反馈、评价体系，通过建立线上教学课程管理保障线上教学顺利进行，等等。高职院校线上教学管理人员应具有较高的教育教学管理素质和能力，这决定了线上教学管理的好坏。首先应该加强线上教学管理人员的服务意识，线上教学是为师生提供服务，提供线上教学保障，同时要求能够根据线上教学的实际情况对线上教学进行评价、反馈和指导，切实提升线上教学质量。

4. 构建线上教学评价机制

完善的高职院校线上教学质量评价分为定性评价和定量评价两种。教学评价是对整个教学环节的一个控制、反馈和持续改进的过程。评价指标和评价内容是目前各高职院校重点设计和研究的问题，评价指标应该面向专业定位，不同专业的评价指标应该具有差异性。评价体系应该公正客观，减少线上评价过程中的主观性因素，客观评价教学过程及教学质量。加强过程性评价，线上教学评价过程性评价比重应该大于结果性评价，同时教学质量管理应该注重反馈的时效性。

（三）制定线上教学管理办法——以青岛工程职业学院为例

学院成立以教学分管副院长为组长，教务处处长为副组长，各二级学院（部）及相关职能部门负责人为组员的线上教学管理工作领导小组。具体工作由教务处负责落实。

开课单位对线上教学课堂管理负主体责任，组织教师和学生有序开展线上教学，及时掌握线上教学过程中师生反馈的意见和建议，多措并举保障线上教学运行；加强线上教学管理，推进线上及线上线下混合式课程建设。

任课教师对线上教学课堂管理负直接责任，规范课堂秩序，丰富教学手段，夯实教学内容，增强教学实效；深入推动教学改革和课堂革命，及时将优秀的教学课程转化为线上或线上线下混合式教学成果。

教务处、教学督查组对线上教学课堂负管理监督责任，统筹规划全院线上教学活动以及线上和线上线下混合式课程建设，为线上教学提供质量保障与技术支持，对线上教学全过程进行督导评估及信息反馈，确保线上教学质量。

开课单位应对线上开放课程的内容实行严格的意识形态审查、内容审查和质量监督，确保课程正确的政治方向和价值导向，符合科学性、适用性要求。不得选用内容陈旧、质量差的在线开放课程。对选用的在线开放课程配备课程负责人，全面负责课程教学服务与管理。

各开课单位组织教师参加各级各类线上教学技能培训，使教师掌握方法、提升技能。开课单位组织、指导任课教师根据课程性质、教学特点，并结合学生实际情况和教学平台功能，制定适合本课程的线上教学方案。

任课教师课前充分准备，将学习资料发布到教学平台，及时通知学生预习；制定完善的教学方案并在开课前告知学生，以确保正常顺畅开展线上教学活动。

各二级学院（部）组织学生进行各级各类线上学习技能培训，使学生熟练掌握在线学习的方式方法，并制订相应的学习计划，做好线上学习准备。

任课教师必须坚持以习近平新时代中国特色社会主义思想为指导，始终坚定正确的政治方向，恪守《新时代高校教师职业行为十项准则》。在线上教学各环节中遵守法律法规和学术规范，传播优秀思想文化和专业知识，充分渗透"滴灌式"教育理念，挖掘"三全"育人功能，积极发挥课程思政价值引领作用，全面落实立德树人根本任务。

任课教师围绕课程教学目标和课程标准要求，结合课程性质和教学特点，充分利用优质在线课程资源，积极探索线上教学新方法、新手段；强化线上教学全过程管理，课前、课中、课后三者并重，注重提升线上课堂的教学质量与效果；加强线上授课各环节教学设计，通过互动讨论、在线测验、问卷调查等形式调动学生积极参与教学活动；课后及时填写教学反馈，总结线上教学经验；根据学生的意见反馈及时调整教学方式，持续提升线上教学质量。

任课教师要制定与线上教学模式相适应、面向在线学习全过程的课程考核模式，合理设置在线学习时长，以及课堂互动表现、练习、作业、测验、考试等多元考核评价体系与指标权重。在开课第一周公布在线学习纪律和课程考核要求，充分调动学生在线学习热情，综合考查学生在线学习成效。

任课教师要积极利用超星平台功能开展课程互动，也可在班级学习群中开展实时答疑等多种教学活动，进行课程互动。

教务处对造成教学事故的线上课程教师或课程负责人，根据学院相关规定给予相应处分。

学生根据课程表的时间安排，提前进入课程的教学平台或教学群进行签到，做好上课准备，不迟到、不早退、不旷课，认真完成在线学习任务。

学生应服从任课教师的管理，课前主动预习课程学习资料，课中认真听讲，积极参与在线互动交流，课后按时完成教师布置的学习任务；本着对自身学业负责的态度，积极发挥个人主观能动性，充分利用优质在线课程资源开展自主学习，深度阅读，独立思考，积极交流。

学生严禁出借个人学习账号给他人使用，严禁通过非法软件或委托第三方提供的人工或技术服务等方式获取学习记录和考试成绩的"刷课""替课""刷考""替考"等行为，严禁以任何形式传播课程考试内容及答案。

学生在学习和考试中的违规违纪行为一经查实，学院将根据相关管理规定严肃处理，取消课程成绩及补考机会，视情节严重程度给予相应处分，并记入学生档案。对参与组织"刷课""替课""刷考""替考"等行为并构成违法的学生，学院将移送有关部门依法追究法律责任。

学院教务处、教学督查组等部门及开课单位采取多种形式和途径对线上教学活动各个环节进行检查与评估，推动教育理念更新，促进课程资源建设，深化课堂教学改革，保障线上课堂教学质量。

任课教师自觉接受检查评估，协助配合检查评估人员进入教学平台或教学群开展线上听课；在教学过程中积极开展即时性评价和自我评价，不断提高线上教学水平。

任课教师要严格规范学生学习过程和考试监管，要将学生学习过程和参与情况纳入成绩考核中，教务处负责安排监考教师强化考试监督。

充分发挥学生干部群体参与信息搜集和质量反馈的积极作用，加强教师与学生、学院与家庭之间的沟通，促进线上学习效果提升。

广大师生应树立正确的网络安全观，加强安全风险防控，增强知识产权意识。教师承担网络安全防护责任，学生依法依规自律参与，共同打造清朗的网络空间和健康的育人环境。

强化网络安全法治教育，增强网络安全防范意识。对因开展线上教学而建立的微信群、QQ 群、企业微信群等在线群组，任课教师负有管理责任，要严格实行身份验证和实名入群制度，严格核实所有成员身份，杜绝陌生人随意入群现象。如遇网络安全突发事件，任课教师应立即固化证据，清理相关人员出群，并及时报告开课单位。开课单位和有关部门按照应急预案及时处置上报。

学生参与线上教学活动，应遵守国家和学院关于学生行为规范的有关规定，尊重教师，举止文明，上课期间不参加与课程无关的活动，不讨论与课程无关的内容，不发布与课程无关的信息。充分尊重教师的知识成果，未经教师许可，课堂上禁止以任何方式录课，更不得将视频、课件、资料等分享给他人或其他网络平台谋取利益。

（四）线上教学管理取得的成效

1. 平稳完成了秋季学期线上教学任务

2022 年秋季学期，我校线上教学运行了 4 周，首次组织开展为期 4 周的线上教学，制定 9 项管理方案及规定，开展线上课程共计 121 门，涉及教师 148 人、学生 3188 人。2023 年 5 月，教务处组织开展学院"十佳网课"评选活动，通过教学督查组评分及 1100 人次的学生满意度调查，综合评选出 8 门专业课程和 2 门公共课程为学院 2022 年"十佳网课"。

2. 有效提升了任课教师线上教学素养

为适应线上教学的需要，教务处积极组织教师参加各种教学比赛，以提升教师在线教学水平。结合线上教学要求，先后组织教师开展线上教学设计比赛、微课制作比赛等活动，提升教师的线上教学素养。教师对线上教学软件的使用、在线签到等操作的熟练程度持续提高，如图 1-46 所示。特别是学院提出的"互联网＋"技能训练的实训教学管理模式，帮助教师解决了线上教学无法真实进行技能训练的短板，有效保证了学院线上教学期间实训教学的质量。

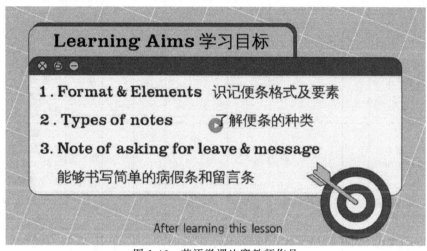

图 1-46　英语微课比赛教师作品

3. 营造了良好的教学氛围

通过制定线上教学实施方案，明确了各类课程线上教学期间的举措。学院线上教学期间教学氛围良好，学生积极参与线上教学，教务处及时对线上教学情况进行督察反馈，每日组织填写《线上线下教学秩序巡查记录表》，并形成《青岛工程职业学院××（二级学院/部）线上线下教学秩序巡查日反馈总结》。通过问卷调查，学生对线上教学满意度超过 95%。线上教学结束后，能够按照教学计划实现线上教学与线下教学的衔接，如表 1-26 所示。

表 1-26　青岛工程职业学院线上线下教学秩序巡查记录表

序号	授课课程	上课节次	授课班级	授课教师	会议号	班级人数	实到（含网课人数）	巡课教师	教学秩序及教学优点
1	汽车电工电子技术	12	22 汽修 3、新能源 3 班	万××		80	78	仕××	有课堂测验，习题讲解，讲课有激情
2	汽车液压传动	34	21 汽修 3 班	万××	352-489-348	34	31	吴××	
3	数字电子技术	12	21 电气 1 班	公××		36	33	郝××	教师准备充分、条理清晰、讲解透彻、秩序好

续表

序号	授课课程	上课节次	授课班级	授课教师	会议号	班级人数	实到(含网课人数)	巡课教师	教学秩序及教学优点
4	数字电子技术	34	21机电2班	公××	907 198 389	38	36		
5	单片机技术应用	12	21电气2班	丁××	290-728-752	33	33	张××	班级一开始去做核酸,核酸结束后课堂秩序良好,教师充分准备,上课有激情,合理布置练习题目与学生互动
6	PLC技术基础应用	12	21电气3班	袁××				张××	班级去做核酸,核酸结束后教学正常进行,教师充分准备,上课有激情
7	动力电池管理及维护技术	1234	21新能源1、2班	孙××		72	70	任××	教师备课充分,PPT精美,秩序良好
8	电工技术基础	34	22级工业机器人1、2班	宋××	884 846 592	78	78	吴××	上课有激情,板书清晰
9	智能产品制作与调试	12	21智能产品开发与应用1班	邱××		35	35	郝××	学生核酸检测
10	智能产品制作与调试	34	21智能产品开发与应用2班	邱××		38	38		
11	城市轨道客运服务英语	12	21城规运营3班	时××		38	38		
12	城市轨道交通车辆机械	34	21城规车辆1班	时××		37	37		
13	电子CAD绘图	34	21智能产品1班	郝×		34	34		
14	城市轨道交通车辆技术与维护	12	21城轨车辆1班	霍××	648-754-973	37	37	赵××	正常开课,巡查时学生做核酸
15	城市轨道交通车站设备	12	21城轨运营1班	孙××		38	38	赵××	正常开课,巡查时学生做核酸
16	城市轨道交通车辆机械	12	21城轨车辆2、3班	高××	719 729 966	76	76	赵××	正常开课,巡查时学生做核酸
17	电工与电子技术基础	12	22城市轨道车辆应用技术1班	张××	196 486 738	37	37	赵××	正常开课,巡查时学生做核酸

第二章 ▶▶ 教材开发

第一节 · 岗课融合的新型活页式教材开发

一、智能制造专业新型活页式教材开发路径与方法

教师、教材、教法是"三教"改革的重要内容，教材是教师教学的载体，在教学过程中起到指导和规范作用。2019 年 10 月 9 日，教育部职业教育与成人教育司发布《关于组织开展"十三五"职业教育国家规划教材建设工作的通知》提出，倡导使用新型活页式、工作手册式教材并配套开发信息化资源，要求按岗位任职需求作为主体内容编写教材。2019 年 12 月 16 日，教育部印发《职业院校教材管理办法》，要求职业院校教材应图文并茂，编排合理，要符合应用型人才的成长规律和认知特点，利用"企业岗位的典型工作任务及工作过程知识"作为教材主体内容，突出如何借助"学习任务"实施职业教育教学，提供丰富、适用和引领创新作用的多种类型立体化、信息化课程资源，实现教材多功能作用。

因此，新型活页式教材作为一种新型的教材组织编写模式，成了目前高等职业教育教材开发的主要内容。活页式教材源于职业典型工作任务，基于工学一体、能力本位的人才培养模式，服务于企业用人需求，满足学习者职业生涯发展需求。活页式教材在内容选择方面，按照工作过程的顺序和学生自主学习的要求进行教学设计并安排教学活动，实现理论教学与实践教学融通合一、能力培养与工作岗位对接合一、实习实训与顶岗工作学做合一。为了推进学院"三教"改革，促进教师积极开发新型活页式教材，青岛工程职业学院教务处组织骨干教师开展新型活页式教材开发与实践，通过三年的研究，目前取得了一定的教学成果。

（一）新型活页式教材开发的意义

1. 提升实训教学质量

职业教育作为一种类型教育与普通教育不同的就是强化"产教融合、校企合作"，因此在高等职业教育教学过程中实训教学占有非常高的比重。随着国家制造业的转型升级，行业企业对人才培养质量的要求也越来越高，现有的职业教育教材已经不能满足高素质技术技能人才的培养需求。为了提升活页式教材开发质量，我们调研了区域内多家制造业企业、高职院校、出版社以及技工院校来了解目前国内工科类职业技术院校专业教材开发建设的情况，为下一步的教材建设开发提供思路和方法，努力提高实训教学质量。

2. 实现教材编写由书本到活页的改变

传统教材按照知识体系的结构进行编写，教学内容和知识框架都已经固定，在教学过程中缺乏变通性，与职业教育教学解决生产实际问题的要求有一定的差距。活页式教材最大的优点就是活页更加开放，可以将学生的学习体验、教师补充的学习材料及学习过程中的评价呈现在教学之中，方便教材编写者将企业的新工艺、新方法及新理论及时添加到教材之中。活页式教材大多采用图片、表格、案例等形式进行编排，增加了教材的趣味性以及可读性，深受学生的喜爱。

（二）国内外活页式教材研究现状

1. 国内研究现状

2019 年 1 月，国务院发布《国家职业教育改革实施方案》，提出建设一大批校企"双元"合作开发的国家规划教材，倡导使用新型活页式、工作手册式教材并配套开发信息化资源。同年 4 月，教育部职业教育与成人教育司发布的《职业教育与继续教育 2019 年工作要点》里提到了启动建设"十三五"职业教育国家规划教材，倡导使用新型活页式、工作手册式教材并配套信息化资源。

国内对新型活页式教材的研究也一直有条不紊地进行。华东师范大学职业与成人教育研究所徐国庆教授指出，新型活页式教材适用于专业核心课程和专业拓展课程，新型活页式教材的开发思路是建立职业能力清单，教材的组织单元从项目、任务下移到能力，能力是教学内容的最小组织单元。教育部职业技术教育中心研究所研究员姜大源教授提出，用学习领域课程方案取代了沿用多年的以分科课程为基础的综合课程方案，在指导思想上有别于学习内容分割的模块化而追求学习与工作的一体化，在课程结构上摒弃了学科结构系统化的原则而提出了工作过程系统化的思想。国内学者在新型活页式教材开发过程中注重对学生职业能力和职业素养的培养，提升了学生的专业能力和专业素养。

2. 国外研究现状

国外发达国家从 20 世纪 70 年代起就进行新型教材的开发，目前在国外比较流行的开发模式主要有德国的行动领域教材、澳大利亚的 TAFE（Technical and Further Education，技术与继续教育）培训包和英国的 NVQ 等。

（1）德国行动领域教材开发模式　行动领域指的是在职业、生活和公众有意义的行动情境中相互关联的任务集合。行动领域体现了职业的、社会的和个人的需求，职业教育的学习过程应该有利于完成这些行动情境中的任务。对当今和未来职业实践的行动领域进行教学论反思与处理，就产生了框架教学计划中的"学习领域"。德国各州文教部长联席会议对学习领域的定义是：学习领域是一个由学习目标描述的主题学习单元。每个学习领域由能力描述的学习目标、任务陈述的学习内容和总量给定的学习时间（基准学时）三部分构成。德国的行动领域研究构建了一套完整、标准化的职业教育教材开发模式，是目前德国内应用较多的教材设计开发方案。

（2）澳大利亚 TAFE 培训包开发模式　从 1997 年开始，澳大利亚通过开发培训包的模式取代了全国性的课程教育模式，为现代职业教育和培训项目提供了教学的基本内容，学生的学习灵活性得到了明显的加强。TAFE 培训包是由全国行业培训顾问委员会（ITAB）和其他行业团体共同开发，以满足不同行业尤其是特殊行业的培训需求。到 2001 年，全国性的 TAFE 培训包大约有 71 个。澳大利亚的 TAFE 培训使职业教育的教学内容与行业标准紧密结合，有效提升了教学质量。学生对于培训的满意程度也在不断提升，90％的学生对 TAFE 培训包的学习内容表示满意，认为对今后工作有利；89.7％的学生对他们获得的学历资格给予了高度评价；90％的学生对总体的培训质量表示满意。

（3）英国 NVQ 国家职业资格证书　NVQ 是英国的国家职业资格证书"National Vocational Qualification"的英文缩写，是 20 世纪 80 年代中期英国政府为打破职业"资格大杂烩"现状，鼓励终身学习，培养更多有竞争能力、应变能力的劳动者而推行的国家职业资格证书制度，时为英国《就业——对民族的挑战》白皮书。

英国 NVQ 职业标准采用功能分析法，以职业岗位需要的能力为基础，由国家职业资格委员会（NCVQ）和产业指导机构共同制定。前者管政策，后者一般是代表产业界、雇主利益和声音的行业性民间机构，具体负责本行业国家职业资格标准的制定、维护、改进和完善，与英国的经济发展和产业结构结合紧密，与资格证书配套一致。一个国家职业资格证书由 14～25 个能力单元组成，每个能力单元由 2～5 个能力要素组成，各个能力要素又由具体的操作标准组成。按由低到高逐级攀登，分为重复性的熟练操作岗位标准、技术操作岗位标准、技术管理岗位标准、企业管理岗位标准和科学研究岗位标准五个技术难度等级，覆盖了所有职业数千个职位技能要求。

NVQ 最大的革新在于建立以工作现场为依据的考评体系。它不管被考者的年龄、身份和表面的成绩，重点关注被考者在工作中的表现是否符合岗位的要求、实际工作成果如何，考评性质只具有达标性。为了保障考评工作的公开和公平，NVQ 制度制定了严格而详尽的考评步骤：确定考评计划—收集证据—判断证据、做出考评结论—反馈意见—考评记录。由政府授权的考试中心负责考评的组织实施，由根据国家职业标准获得资格受聘的内部督考员和外部督考员负责考评过程和考评结果的监督与检查，保证了整个考评程序、考评标准、考评人员、考评实施和考评结果的鉴定都体现公平、公开、全面和科学。

（三）活页式教材开发路径与方法

1. 国内实训教材遇到的主要问题

（1）教材编写不满足职业教育需求　目前高职教材与本科教材存在一定的重合性，以课程理论体系进行编写，教材多是文字性知识的灌输，缺乏典型的工作案例、实训任务的描述；教材没有体现职业性、生产性的特点，没有突出职业特色和职业素养的培养，难以达到行业企业对职业教育人才培养的需求。实训课程没有展现企业实际生产过程，教学内容较为陈旧，教材中给出的教学案例和模型往往是10 年之前甚至更早的案例，对最新的工艺、技术及方法的应用较少体现。教材编写过程中没有突出学生的主体地位，不注重学生实际学习的需求，难以吸引学生的学习兴趣。

（2）立德树人的思政元素不足　立德树人是教育教学的根本任务，教材在编写过程中应该充分挖掘教材内容中的思政元素，切实解决"为谁培养人、培养什么人、怎样培养人"这一根本问题，实现正确的价值导向。职业教育教材更应该注重学生工匠精神的培养，体现我国劳动者的素质和精神风貌。青岛工程职业学院提出职业教育培养的学生应该是"生活人、经济人、技能人、创业人、合格公民"的集合体，既掌握精湛的专业技能，又会创新、懂生活。目前高职院校教材在思政元素的挖掘上还存在较大的不足，很多教材没有在设计教学内容时考虑思政元素，过分强调对学生技能的培养。部分教材只是简单地提出一个思政模块，讲一个思政故事或者案例，思政内容与教学内容没有关联性，难以吸引学生的学习兴趣，反而起到了不好的效果。

（3）现有活页式教材适用性不高　高等职业教育教材的编写与本科教材编写的思路和方法上存在很大区别，同样的机械制图课程，在本科教学和高职教学过程中的教学目标存在着较大区别。因此这两种教育类型在教材编写过程中的思路和方法是不一样的。同时，高职院校的教师很多没有企业实际工作经验，对企业人才需求的理解也存在一定的偏差，因此编写的活页式教材仍然与企业的实际需求不一致。通过对现在市面出版的活页式教材调研发现，目前出版的活页式教材很少被评为规划教材或者大批量地投入使用。分析其原因主要是目前的活页式教材大多只是改变了教材装订的形式，采用活页式装订，但是在教材内容、任务案例、教学方法上仍然是传统的教学模式，没有体现出活页式教材的先进性和优越性。因此如何撰写符合我国职业教育特色的活页式教材仍需要不断地实践和探索。

2. 活页式教材开发思路

（1）体现新技术成果　随着科技的飞速发展，工科领域的新技术、新工艺、新方法更新换代的速度越来越快。学生在校期间学习的技术、工艺，毕业后企业可能已经淘汰，高职院校教材开发和教学资源建设跟不上技术的迭代层次，选取的教学内容落后于企业使用的技术标准，难以满足技术革命的要求。同时信息技术革命使学生对信息的接收已经从文字输入到网页信息浏览，再到如今的短视频，因此教材的教学资源应该顺应时代发展的要求，制作配套的短视频教学资源，吸引学生的学习兴趣。

（2）完善校企合作开发教材机制　目前高职院校的教材大多是职业院校教师自己进行开发，开发过程往往是在原有教材基础上进行修订或者改造，在教材编写过程中很少有企业工程师参与教材的编写，缺乏学校和企业之间的深入沟通与交流合作的机制。一方面，企业技术人员只是站在企业自身角度去思考教材如何编写，是否满足本企业的用人需要，缺乏全局视野，不能站在教育的视角考虑教材开发，很难真正地参与到教材编写中去。另一方面，国家缺乏校企合作编写教材的机制，企业技术人员参与职业教育教材的编写没有相应的激励机制，很难动员企业技术人员积极参与职业教育教材的编写，难以对教材结构、内容、教学方法等深入研究和探索。目前校企合作开发的教材存在应用面窄、流通性差等问题。

（3）充分体现学生的主体地位　现有的高职院校教材在编写过程中更注重教师如何去教，对学生的主体地位把握不足，没有充分体现学生学习的主体地位。活页式教材最重要的一个特性就是活页，提供给学生的活页式教材便于学生及时撰写自己的学习过程、思考问题的流程及学习评价内容，是笔记与教材的统一。因此在进行活页式教材开发过程中应该充分体现学生的主体地位，教材设计上应该以问题和任务为引领，学生通过自主回答问题完成工作任务等方式，自主完成整个学习过程，真正实现职业教育的教材与高等职业教育以就业为引领、以能力为导向的人才培养方式相匹配。

3. 活页式教材开发方法

活页式教材以综合职业能力培养为目标，采用设计导向的职业教育思想，以典型工作任务为载体，采用学习领域课程开发模式，采用行动导向的教学组织，采用以学生为中心的开发原则。

（1）开发结构设计　活页式教材的装订格式与传统教材不同，主要采用活页式进行装订。活页式教材的结构应该具有完整职业功能的典型工作任务，确定工学一体化的学习任务，再按照工作过程组织活页形式，依据教学任务的难度进行项目的排列，最终指导学生根据难度要求完成任务的学习。

（2）引导任务页　引导任务页是活页式教材中最具特色的一种功能。通过引导任务页，教师按照引导文教学法设计相应的引导任务，学生在学习过程中通过完成引导任务页的学习，评价自己学习的过程。和传统教材不同的是，引导任务页也在教学过程中起到了教材与笔记的过渡作用。同时，引导任务页也可以设计创新任务，让学生在学习完成后，通过完成创新任务来锻炼学生运用所学的知识解决实际问题的能力。对于高职教育课程思政落地比较困难这个难点，也可以在引导任务页中增加思政目标的模块。引导任务页可以随意添加或者删减，符合学生个性化学习的需要，激发学生的求知欲和好奇心，突出学生学习的主体地位。

（3）课堂笔记页　笔记页主要用于做课堂笔记。由于学生的学习背景和学习基础不同，因此每个学生在学习过程中记录的笔记是不一样的。高职院校的学生大多没有做学习笔记的习惯，学生在上课的时候不带纸笔的情况较多，通过在教材中设计笔记页，可以有效督促学生养成做课堂笔记的习惯。笔记页也是学生日常学习过程中过程性评价的重要组成部分，教师在每个学习任务完成后应该检查学生笔记页的记录情况。笔记页不一定是一张完整的空白页，也可以是教材某一页中的一部分内容。同时笔记页也是师生互动交流的平台，在日常教学实践过程中，教师鼓励学生将学习的难点和不会的问题记录在笔记页上，教师可以集中进行解答。笔记页是活页式教材中除了引导任务页外重要的组成部分，教师在教学过程中应该用笔记页。

（4）活页式教学资源　活页式教学资源是活页式教材的一部分，目前教育教学的方式、方法以及理念都在发生变化。建设教材配套的数字化教学资源已经是教材编写中的一部分内容。结合前文讲过的内容，活页式教学资源应该是由一个个微课程资源组成的，微课程内容应该对应岗位群内的具体的可以操作的实训任务，微课程呈现的是实训任务的操作过程和操作规范。随着短视频平台的兴起，目前教材配套的教学资源应该以视频的方式呈现，更符合学生的学习习惯和学习兴趣，激发学生的学习热情。

4. 活页式教材呈现形式

通过活页式教材设计开发，一个典型的活页式教材应该由内容页、任务页、笔记页三部分组成，兼具活页式教材和课堂笔记的双重功能，并配有相应的教学资源作为教学任务的补充和指导。教材内容要符合高职学生的认知规律和学习需求，难度由低阶任务向高阶任务过渡，彰显职业教育特色。目前高职实训教学大多采用三段式教学法，教材一般分为课前预习、课上探究、课后拓展三个模块部分。下面以数控铣床对刀操作为例，展示活页式教材的呈现形式。

任务二 · 数控铣床对刀

学习情境描述：对刀是数控机床的重要操作，能否正确进行对刀是能否加工出正确零件的关键。

学习目标：①了解如何建立工件坐标系。②掌握四面分中法对刀的工作原理。③能够正确进行对刀操作。

学习重难点：

重点：掌握四面分中法对刀的原理。

难点：能够正确进行对刀操作。

实训任务：掌握数控铣床对刀的方法，能够区分数控车床和铣床对刀的不同。任务分工表如表2-1所示。

表 2-1 任务分工表

班级		组名		指导老师	
组长		学号			
组员	姓名				
	学号				
	小组评价				
	教师评价				
组员分工					

一、获取信息

引导问题1：小组合作完成，计算下图中长方体上表面中心点坐标，如图2-1所示。上表面中心点坐标为（   ，   ，   ）。

引导问题2：根据图示操作，总结四面分中法对刀的工作原理，如图2-2所示。

_____

_____

二、工作计划

引导问题3：操作数控机床的刀具，记录 X 轴、Y 轴、Z 轴坐标的坐标值

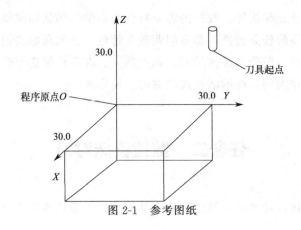

图 2-1　参考图纸

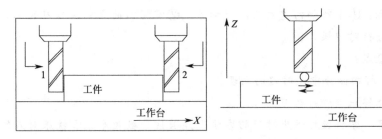

图 2-2　对刀示意图

在表 2-2 中。

表 2-2　坐标值

坐标轴	数值	数值
X 轴		
Y 轴		
Z 轴		

三、进行决策

引导问题 4：如何验证对刀正确？

① 选择机床模式 。

② 刀具参数的输入或更改 与 。

③ 将数值输入 G54 中。

④ 选择机床模式 。

⑤ 选择程序 PROG 。

⑥ 输入。

四、任务实施

引导问题 5：将计算后数值输入机床 G54 坐标。

引导问题 6：运行对刀检查程序，观察对刀操作是否正确并拍照，将照片粘贴于图 2-3 框内。

图 2-3　对刀照片粘贴处

五、消化与创新

引导问题 7：小组讨论，如果在机床工件不动的情况下更换刀具是否需要重新对刀，并说明理由。

_____

_____

六、知识拓展

对刀的准确程度将直接影响零件加工的位置精度，因此，对刀是数控机床操作中一项重要且关键的工作。对刀操作一定要仔细，对刀方法一定要与零件的加工精度要求相适应，生产中常使用百分表、中心规及寻边器等工具。

按 X 轴、Y 轴移动方向键，使刀具圆周刃口接触工件的左（或右）侧面，记下此时刀具在机床坐标系中的 X 坐标 x_a。然后按 X 轴移动方向键使刀具离开工件左（或右）侧面。

用同样的方法调整移动到刀具圆周刃口接触工件的前（或后）侧面，记下此时的 Y 坐标 y_a；最后，让刀具离开工件的前（或后）侧面，并将刀具回升到远离工件的位置。

Z 轴对刀需要加工所用的刀具找正。可用已知厚度的塞尺、滚动的标准刀柄或 Z 轴设定器作为刀具与工件的中间衬垫，以保护工件表面。将基准刀 2 号到 Z 向所对应的零点机械坐标存至零点偏置 G54～G59 中。Z 轴设定器是用于设定 CNC 数控机床工具长度的一种五金工具。设定高度为 50.00±0.01 毫米，如图 2-4 所示。

图 2-4　刀具找正

加工中心所使用的对刀装置种类很多，从其功用上可划分为以下三种类型。测量类包括百分表、千分表、杠杆表，主要用于确定工件及夹具定位基准面的方位。目测类包括电子感应器、偏心轴、验棒等，主要用于确定工件及夹具在机床工作台的坐标位置。自动测量类主要包括机床的自动测量系统。

通过以上活页式教材的案例可以看到，在实训教学过程中，教师通过任务页的引导任务指导学生根据要求完成项目任务的学习。在教材中教师会预留空白的笔记页用于记录学习情况或者呈现学生的学习效果，安排课后的任务拓展环节。学生通过阅读文字材料和观看教学视频，可以增加实际操作过程中的经验和处理问题的方法，提升学生综合运用知识的能力。教师课后要及时检查引导页和笔记页的完成情况，对学生的学习评价进行反馈。

（四）活页式教材开发效果

目前国内高职工科类专业新型活页式教材开发领域在政策、机制等方面尚不健全，缺少参考学习的模式。通过我们的实践研究目前取得了如下成果。

新型活页式教材设计及应用研究充分体现出职业教育转型升级对教材的新要求，按照"以学生为中心、学习成果为导向、促进自主学习"的思路进行教材开发设计，将"教学材料"的特征和"学习资料"的功能完美结合，通过教材引领，构建深度学习管理体系。在专业课教学中突出技术技能和能力训练、工作过程训练和创新训练，为实现高职"三教"改革提供专业课教材改革范本。

新型活页式教材设计及应用研究系统性解决目前教材存在的主要问题，利用企业岗位的典型工作任务及工作过程知识作为教材主体内容，突出如何借助"学习任务"实施职业教育教学，提供丰富、适用和引领创新作用的多种类型立体化、信息化课程资源，实现教材多功能作用，提高教材对学生学习的吸引力，提高学生自学能力和创新能力，提高教育质量。

新型活页式教材设计及应用研究主要以职业典型工作任务为根本，基于工学一体、能力本位的人才培养模式，服务于企业用人需求，满足学习者职业生涯发展需求。活页式教材在内容选择方面，按照工作过程的顺序和学生自主学习的要求进行教学设计并安排教学活动，实现理论教学与实践教学融通合一、能力培养与工作岗位对接合一、实习实训与顶岗工作学做合一，全面提升学生的综合素养。

二、基于岗位融合智能制造专业工作任务设计与创新

（一）德国学习领域课程研究

"lernfeld"是一个专业范畴的德语词，在德语中"lernen"表示"学习"的意思，"feld"表示"领地、领土和范围"的意思。两个词结合就构成了学习的范围和范畴，在我国翻译的德语著作中称之为"学习领域"。德国各州文教部长联席会议于 1996 年 5 月 9 日颁布了新的《职业学校职业专业教育框架教学计划编制指南》，用学习领域课程方案取代了沿用多年的分科课程方案。学习领域课程方案在课程结构上摒弃了学科结构系统化的原则，提出了"工作系统化"思想。学习领域课程进入中国后，受到许多专家和学者的欢迎，目前已经成为国内进行课程、教材及教学改革的行动指南。

（二）国内学习领域课程研究

姜大源认为，学习领域是为职业教育的教学而进行教学论加工的行动领域，是指向职业任务和行动的主题单元，由目标表述、学习内容和学习时间构成。学习领域以职业能力开发为目的，将与职业教育相关的职业、社会和个人的关系连接起来，指向学生的生活空间。赵志群认为，学习领域是以一个职业的典型工作任务为基础的专业教学单元，它是从具体的"工作领域"转化而来，常表现为理论与实践一体化的综合性学习任务。通过一个学习领域的学习，学生可完成某个职业（或专业）的一个典型工作任务，处理一种典型的"问题情境"。通过若干体系化学习领域的学习，学生可以获得某一职业小类或多个岗位的职业资格。

尽管学习领域主要是作为一种新兴的职业教育教学模式来进行研究的，但是学习领域的课程建设观念仍然为我们进行活页式教材开发提供了行动指南。职业教育实训课程的教材开发是基于工作过程中的典型工作任务进行的，注重对工作过程中典型工作任务进行提炼，进而形成学习任务。每一个学习领域都是一个独立知识体系范畴，既包含了该领域内的知识，又具有独特的逻辑关系，因此每个学习领域由若干"学习情境"组成。

学习情境是学习领域内的一个子集，一个学习领域的课程是由若干个学习情境组成的，学习情境展现的是一个典型工作场景下需要完成的工作任务。例如，学生

进入车间从事生产实训，第一个学习情境应该是进入车间前的准备工作，像工业生产的车间在进去之前需要更换工作服、穿好防护鞋、做好安全检查等工作，这就是生产加工学习领域下的一个学习情境所包含的内容。所以可以看到，一个学习领域内往往有多个学习情境，在一个学习情境内往往又包含了多个学习任务，具体的包含关系如图 2-5 所示。

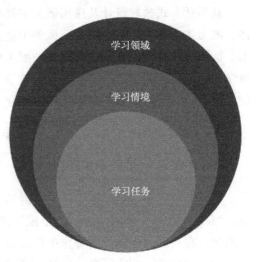

图 2-5 学习领域关系

上面介绍了学习领域主要由学习任务和学习情境组成，按照德国职业教育关于学习领域的设定，一个完整的学习领域包括对学习目标的能力描述、对学习内容的任务陈述和对学习时间的总量给定。职业院校的学生通过一个或若干个学习领域课程学习可以达到某一职业的职业资格或能力，而每一个职业教育的课程都可以由若干个学习领域组成。从结构上说，一个学习领域主要包含了学习领域编号、学习领域名称、学习时长、职业行动领域描述、学习目标、学习内容这六个基本元素组成。区别于国内的课程设计，在学习领域课程研究过程中增加了职业行动领域描述和学习领域编号两部分内容，体现了德国"双元制"职业教育的特色，展现了德国职业教育校企深度合作的特点，这也是我国在进行学习领域课程、教材及教法改革的难点。学习领域课程组成如图 2-6 所示。

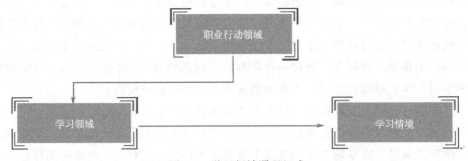

图 2-6 学习领域课程组成

职业行动领域主要描述该内容适应哪个岗位的哪个职业范畴，对应着哪个职业岗位的哪个标准，应该达到什么要求。学习领域是基于行动领域提炼出来的岗位核心能力，由此设计相应的学习情境进行实训教学。

（三）学习领域课程开发与实践

1. 基于职业行动领域的学习领域设计开发

（1）学习领域的设计　德国对学习领域课程设置主要包含以下几个方面。首先分析专业课程的职业领域，分解职业工作过程，找到职业教育和工作过程之间的内在联系和逻辑关系。其次要了解实现工作过程所需要的设备条件。然后根据实际所具备的设备条件，确定可以开展实训活动的职业领域有哪些。最后根据行动领域确定所需要的职业资格，将所选择的行动领域转换为学习领域配置。扩展描述学习领域，主要是根据各州文教部长联席会议指南的内容，对各个学习领域进行扩展和描述。扩展表述学习情境，主要是通过行动领域定向的学习领域具体化来扩容和表述学习情境。

（2）学习情境的设计　学习情境的设计是在确定了学习领域以后，对学习领域包含的内容进一步细化，也是将面向岗位的职业能力转化为校本课程的过程。学习领域是一门课程或者是一门课程的一个章节的内容的抽象描述，而学习情境则是实施教学的关键，只有完成了学习情境的设计，才能真正地将学习领域与实训教学连接起来。借鉴德国职业教育专家的研究经验，在进行学习情境的设计时，主要考虑如下几个方面：一是确定职业行动领域所对应的专业；二是确定学习任务的目标；三是选定任务重点；四是寻求学习情境；五是制订实训任务安排；六是进行评价反馈。

由此可见，学习情境在设计过程中和我们日常进行课程设计是有相似之处的，我们仍然要按照教学目标、重点难点、教学方法进行设计，当然还需要根据学习领域确定适当的教学情境。以德国的电工技术课程为例，将电机的正反转控制这部分教学内容设计成学习情境——电动门设计，将现实的工作场景与教学内容相对接，加深学生对学习任务的理解。

2. 学习领域课程的实施

从 20 世纪 90 年代起，学习领域课程方案已经运行了 30 多年时间，促进了德国"双元制"职业教育体系不断完善以满足德国工业 4.0 的要求。德国学习领域课程模式的有效实施，也得益于职业学校及多个部门能够快速灵活地针对行业需求作出反应，国家能够以最便利快捷的方式提供保障措施。这也就直接要求职业院校里的学习领域课程能够反映职业活动所需要的最新知识和技能，其教学内容和实施保障都是与时俱进的。

三、智能制造专业活页式教材设计开发案例

德国学习领域课程、教材开发模式开始于制造业的转型升级，最先是从加工制

造类专业兴起的。我国学者引入吸收课程领域教学也是从加工制造类专业开始。因此我们在进行活页式教材设计开发过程中，以工科类相关专业为例，借鉴国内加工制造业头部企业的典型案例进行教材开发。下面我们以数控铣削编程与操作为例，展示我院在工科类专业活页式教材开发的成果。

《数控铣削编程与操作》活页式教材开发，选择的是高职数控技术应用专业的一门专业核心课程。该教材是一本典型的校企开发教材，通过对海信模具有限公司模具数控加工岗位进行分析，了解模具行业数控加工岗位的岗位标准和技能要求，将专业人才培养方案中数控铣削编程与操作、数控机床故障诊断与维修课程的教学内容进行整合，设计模具行业数控加工岗位的学习领域。根据学习领域的要求，设计相应的学习情境，结合学院现有的实训设备，开发满足学习情境下的学习任务，最终完成《数控铣削编程与操作》活页式教材的开发。

（一）坚持以综合职业能力培养目标为原则

教材是指导教师"教"和学生"学"的主要材料，职业院校的教材主要是对学生综合职业能力进行培养，重点训练学生运用所学的知识解决实际问题的能力。因此在进行活页式教材开发过程中，应该将培养学生综合职业能力作为开发教材的重要原则。德国学习领域课程开发研究中提出了职业关键能力的概念。职业关键能力和职业技能是两个概念。职业关键能力考察的是学生的基本素养，主要包含职业道德、工匠精神、口语表达、团队协作以及文字处理等能力。结合国内教材开发的特点，职业关键能力贴近我们在教学目标中的素质目标。在以前的教材开发过程中，素质目标往往难以通过实际来考察达成程度，在活页式教材开发时要设计专门的任务来训练学生相关的职业关键能力的培养。

基于新型活页式教材开发原则，将《数控铣削编程与操作》设计成学习领域、职业行动领域、学习情境和学习任务四部分内容。通过对海信模具有限公司模具数控加工岗位进行调研和分析，目前在模具公司的数控加工岗位上主要掌握的职业技能有生产岗位安全培训、制造业现场的 5S 管理、数控铣削常用的刀具、加工过程中常用的量具、数控编程的基础知识、数控铣床日常维护与保养、数控加工工艺的制定、数控铣床的基本操作八个岗位的核心技能，因此在《数控铣削编程与操作》活页式教材开发过程中我们主要设计了八大学习领域，如图 2-7 所示。

（二）活页式教材设计开发步骤

1. 确定学习领域下的职业行动领域以及教学目标

根据海信模具有限公司的岗位能力和岗位技能标准，我们对数控铣削编程与操作岗位学习领域进行分析整理和开发。通过确定学习领域所需要的技能标准和岗位

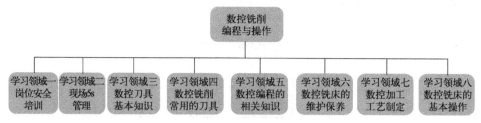

图 2-7　数控铣削编程与操作学习领域

标准，我们对学习领域下的职业行动领域进行描述，并确定该学习领域的教学目标及要求，如表 2-3 所示。

表 2-3　职业行动领域开发

学习领域	职业行动领域	教学目标
学习领域一 岗位安全培训	1. 能够掌握企业安全教育手册的要求以及内容 2. 了解数控加工岗位的风险点和环保风险点 3. 能够学会生产急救知识，根据救护要求开展急救 4. 按照企业着装要求，生产而佩戴劳保用品	知识目标： 1. 熟练掌握企业安全教育手册的知识和内容 2. 通过生产加工前的安全知识考试 3. 领取相应的劳保用品 能力目标： 1. 能够及时预判生产过程中可能出现的风险 2. 能够对操作设备的风险点和环保风险点进行预防 3. 掌握急救的基本技能 素质目标： 1. 具有风险防范意识，在生产中预防安全事故 2. 能够对班组中出现的安全事故进行处理 3. 具有较强的安全意识和生命意识，强化企业安全生产责任

2. 分析确定学习领域内的学习情境

学习情境是学习领域的组成部分，学习领域可以当作是一门完整的学习课程，而学习情境代表的就是课程内的章节。一个学习领域内可以有一个学习情境，也可以有多个学习情境，因此在确定了学习领域后要对学习领域内的学习情境进行细分。在分析和确定学习情境的过程中，一是要参考职业行动领域对该学习领域的技能的总体要求，二是要根据现有的设备和学生的学习背景来进行设置，学习情境一般是按照从易到难进行编排，符合学生的认知规律。例如，学习领域四"数控铣削常用的刀具"，该学习领域下学生应该掌握工件的装夹、刀柄的选择、刀具的安装方法、常见垫铁的使用、完成零件加工过程中的准备及刀具的对刀等操作。这个学习领域下共分为五个学习情境，如图 2-8 所示。

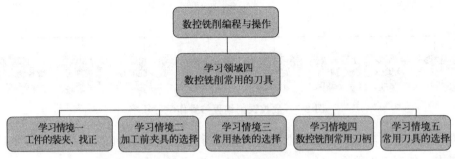

图 2-8　学习领域下的学习情境

学习情境是新知识学习的起点，学生通过教师对学习情境的描述，可以了解本节课所学的内容在工作岗位中的用途，以及该部分内容可以解决的实际问题。常见的学习情境的描述主要分为陈述型、故事型、设问型及案例型等几种常见的方式。陈述型学习情境主要是描述该学习情境主要学习的内容及重要的知识技能；故事型学习情境一般教师会设计一个和学习内容相关的故事引出学习的内容；设问型学习情境一般教师根据前面所学的知识背景设计问题，引导学生带着问题去学习；案例型学习情境一般引入一个案例，通过学习案例举一反三，进而掌握所学的知识。案例如下。

案例一：电气自动化

情境描述：某伐木工人在使用电锯伐木的过程中，电锯突然出现故障，停止运转。该工人按下电锯的启动按钮后，电锯没有反应。该工人有很重的伐木工作任务要做，请你尽快帮助他修好电锯。

案例二：三维零件设计

情境描述：本项目通过平口虎钳装配实例操作，使学生熟悉中望 3D 的构建部件装配的工具，并掌握虚拟装配。通过装配设计的讲解，学生可以了解中望 3D 产品装配的一般过程及步骤，掌握中望 3D 的虚拟装配及装配功能，能应用装配操作完成平口虎钳部件装配。

案例三：数控加工案例

情境描述：同学们，我们刚刚看过了大国工匠陈行行的故事，从故事中我们可以看到陈行行在加工零件时追求极致的工匠精神，我们要带着陈行行的这种精益求精、追求卓越的精神，完成零件的设计与加工。

案例四：数控维修案例

情境描述：上节课我们介绍了数控机床切削液水泵故障，按照上节课讲解的内容，同学们将切削液水泵的电路进行了检查，并测量了水泵电机的相序，我们是否已经排除这个故障了呢？让我们一起进行测试。

以上四个案例展示了日常设计学习情境常用的四种方法，在实际教材开发过程中，我们应该根据职业行动导向的具体情况进行设计，选择最适合的学习情境描述方式，加深学生对学习情境的体悟和理解。一个完整的学习情境除了上述内容外，还应该包括项目要求和具体描述，具体如以下电锯维修案例所示。

学习情境：电锯维修

情境描述

某伐木工人在使用电锯伐木的过程中，电锯突然出现故障，停止运转。该工人按下电锯的启动按钮后，电锯没有反应。该工人有很重的伐木工作任务要做，请你尽快帮助他修好电锯。

学习目标

知识目标：掌握电锯自锁电路的控制原理，能看懂自锁电路的电路图，掌握自锁电路采用的电器元件。

能力目标：能够对照电路图查找电锯的故障，会用万用表检查自锁电路，能够对电锯故障进行排故。

素质目标：掌握电气设备故障维修的方法，掌握自锁电路的应用范围，做到举一反三，能够解决电气设备的简单故障。

项目要求

根据电锯的实际应用，要求按下启动按钮电锯启动可以正常工作，按下锁定按钮电锯持续运动，按下停止按钮电锯停止工作。

3. 设计学习任务

开发基于课程领域的活页式教材最重要的工作是设置典型的工作任务。典型工作任务是该工作领域中最典型的技能，代表着一个岗位的技能水平。典型工作任务应该具有典型性，不应该局限于某一个公司，而是从事这个职业必须掌握的能力。确定典型工作任务，首先要加强校企合作，邀请企业专家、技术人员参与典型工作任务的开发，根据企业从业人员多年来的工作经验，校企共同讨论归纳出典型工作任务；对设计的典型工作任务要进一步研究在该任务下需要完成的工作过程、工作中使用哪些工具、完成工作所需要的知识和技能、采用哪种工作方法来实施工作任务，最终完成教学任务设计。

对于上文中学习领域四数控铣削常用的刀具，我们进行了学习情境的分解，涉及数控铣削常用的刀具的学习情境主要分为工件的装夹、定位，以及加工前夹具的选择等学习情境。根据学习情境的要求进行学习任务的分解，确定每个学习情境下都有哪些学习任务。通过到海信模具有限公司进行现场调研，了解数控加工班组在日常操作过程中对刀具的需求和使用，最终在企业导师的建议下确定了不同学习情境下的学习任务。我们带着梳理的典型工作任务到其他的数控和模具相关的公司进行调研，如果我们设计的教学任务能够满足其他公司的岗位需求，那就认定设计的教学任务是典型工作任务，如果不能满足就重新设定。

　　此外，由于不同的加工制造类企业生产的产品不同，面向的客户群体不同，因此在实际加工过程中企业制定的标准还存在一定的差异。通过多年来的校企合作我们发现，职业教育实训教学和企业对人才的实际需求还是存在一定的差异。日常教学过程中我们较为关注学生加工产品的精度和难度，而企业对员工基本技能和基本功的要求反而是最高的。企业更希望得到一个基本功扎实、有可塑性的员工，而不想得到一个各项技能都不熟练的员工。因此在设计典型工作任务的过程中，我们加重了对学生基本功和基本技能的训练，旨在提升学生的基本技能水平。一个典型工作任务的设计流程如图 2-9 所示。

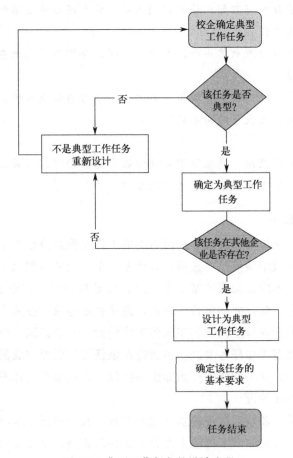

图 2-9　典型工作任务的设计流程

　　根据上述流程对学习情境下的学习任务进行分解，最终确定了每一个学习情境下的学习任务，至此完成了整个活页式教材撰写大纲的设计。以"工件的装夹、找正"学习情境为例，该学习情境下设计的工作任务如表 2-4 所示。

表 2-4　工件的装夹、找正的典型工作任务

学习领域	学习情境	典型工作任务
学习领域四 数控铣削常用的刀具	学习情境一 工件的装夹、找正	1. 平口钳的装夹
		2. 工艺板的装夹
		3. 电极的装夹
		4. 分中棒找正
		5. 型腔类零件的找正
		6. 型芯类零件的找正
		7. 异型类零件的找正

结合数控铣削加工课程标准，选取"平口钳的装夹"作为"工件的装夹、找正"的典型工作任务。典型工作任务分析与描述如表 2-5 所示。

表 2-5　典型工作任务描述

课程名称	数控铣削编程与操作	学习领域	数控铣削常用的刀具
学习情境	工件的装夹、找正	工作任务	平口钳的装夹
典型工作 任务描述	例如：平口钳是数控铣削加工过程中常用的一种夹具，在使用平口钳对工件进行装夹过程中，要了解平口钳的各项参数，选择合适量程的平口钳进行装夹。同时应该先将平口钳安装在数控机床上进行找正，再将工件安装在平口钳上		
工作内容分析	工作对象：1. 安装平口钳 　　　　2. 对平口钳进行找正 　　　　3. 安装工件 　　　　4. 对工件进行找正		
	工具：1. 平口钳 　　2. 百分表 　　3. 工件		
	工作要求：1. 能够根据工件尺寸选择合适规格的平口钳 　　　　2. 能够正确安装平口钳并进行找正 　　　　3. 能够正确安装零件并进行找正		

由于设计的工作任务都是生产实践过程中最常见的工作任务，与传统的实训教学过程中训练的实训任务有很大的不同。例如上文中平口钳的安装与找正，以前学生进入车间实训时，平口钳都是直接安装在机床上的，不需要学生动手进行安装和找正。同时教师也担心学生找正能力不足，拆卸后机床精度受很大影响，因此很少有高职院校训练学生安装夹具的能力。对企业来说，由于加工的产品是多种类型的，夹具的安装和更换是最基本的一项技能，但学生在校期间没经过这方面的训练。根据企业调研，学生进入企业后训练夹具安装这项技能往往要半个月的时间，造成了企业用人成本增加。因此我们选择这种职业基本技能作为学生实训的典型工

作任务，以提升专业教学的适应性。为了帮助学生解决实操过程中的难点，我们在活页式教材中引入企业相关标准，创新设计了作业指导书，作为教学辅助材料帮助学生进行实训，如图 2-10 所示。

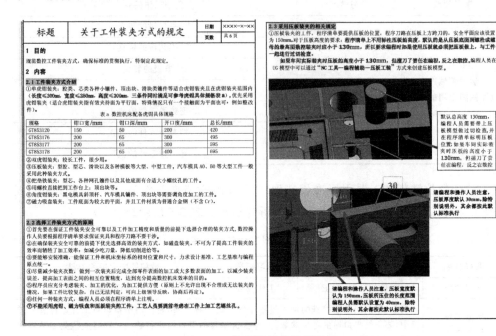

图 2-10　作业指导书部分示例

4. 确定教学目标

完成教学任务的设计后，需要确定该任务的教学目标。由于设计工作任务过程中大多是校企合作完成，重点关注的是学习过程中典型的技能和工作任务，因此在实施教学活动开始前仍然需要教师对学习目标进行设计。学习目标包含了除技能训练外学生还应该在该技能条件下掌握的知识能力和职业核心素养。近年来，我国的三维教学目标的描述发生过多次变化，目前大家比较统一的教学目标是知识、能力和素质三维目标，教学目标的设计应该满足学生的认知能力。根据奥苏贝尔认知结构迁移理论，学生工作任务的学习应该经历四个层次：再现、重组、迁移和应用，四个层次从低到高，分别描述三个类型的学习目标——知识、能力和素质。具体教学目标如表 2-6 所示。

表 2-6　教学目标

教学目标	学习情境一　G 指令的用法
知识目标	1. 掌握数控编程常见 G 指令的用法 2. 熟练掌握 G 指令的指令格式 3. 掌握常用固定循环指令的用法

续表

教学目标	学习情境一　G 指令的用法
能力目标	1. 能够熟练运用 G 指令进行编程 2. 能够完成固定循环指令的编程 3. 能够查找程序中的错误进行修正
素质目标	1. 具备独立完成数控编程的素质 2. 具有数控编程所需要的分析和编辑能力 3. 具备数控程序的纠错和修正能力

5. 设计引导任务页

引导教学法是德国学习领域课程开发常用的一种教学方法，在进行学习领域的活页式教材开发过程中，设计引导任务页来推进教学内容的编写是其中非常重要的一个任务。活页式教材在教学内容选择上主要基于典型工作任务，每一个工作任务之间不像传统教材那样具有完整性和逻辑性。因此活页式教材的教学内容大多片段化，在教材编写过程中无法按照传统的逻辑进行编写，目前国内的活页式教材大多采用引导任务页来串联整个教学过程。在开发教材过程中需要注意的是，引导问题与传统试题的形式相似，但其功能却有很大的区别。它的主要功能是引导学生自主探究，学生是在解决问题的过程中完成任务的学习。

引导问题还应按照学习目标的具体要求设定，整合或打散学习目标的知识点和技能点，确保引导问题能全部覆盖目标的知识点和技能点，问题应集中在学习目标的再现、重组与迁移层面，少用或不用应用层面的问题。除了依照学习任务和学习目标，引导问题还需要考虑学生特点，遵循职业成长的逻辑发展规律设计。

除引导任务页外，我们在教材开发过程中还设计了资源拓展环节，将与学习任务相关但是教材中没有直接体现的部分知识采用资源拓展的方式介绍给学生。由于智能制造技术的飞速发展，因此教材中呈现的知识、技能只是当下比较流行的技能。但是企业技术的更新换代的速度远远快于教材开发的速度。因此在资源拓展环节还应该增加新技术、新工艺以及新方法的使用，尽量选取一些较为超前的技术进行讲解。例如在数控铣削常用的刀具环节，我们除了介绍常用的标准化铣刀外，在资源拓展环节还增加了热套刀具、激光切割等新型特种加工的介绍，使学生对所学专业和技术的发展方向有所了解，为以后企业技术升级、改造做好铺垫。下面以汽车变速器维修为例，介绍引导问题的设计。

案例：汽车变速器的组成与分类

（1）手动变速器分类及组成

① 如图 2-11、图 2-12 所示，手动变速器按轴的数量不同通常可分为_____和_____。

② 手动变速器包括_____和_____两部分。

（2）变速器结构认知

① 仔细观察图 2-11，判断它是什么类型的手动变速器，并将空白框补充完整。

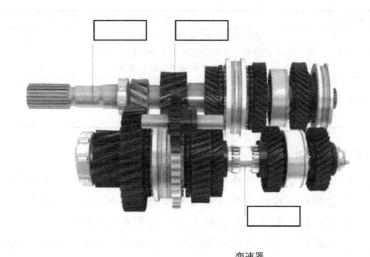

_____ 变速器

图 2-11　手动变速器 1

② 仔细观察图 2-12，判断它是什么类型的手动变速器，并将空白框补充完整。

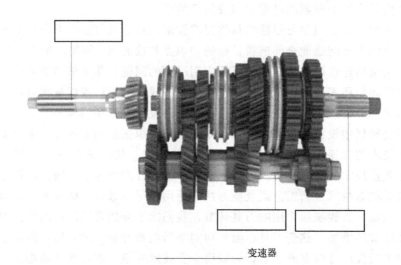

_____ 变速器

图 2-12　手动变速器 2

通过汽车变速器维修案例可以看到，引导问题之间不一定有完整的系统性和逻辑性，在问题设计上尽量采用多种形式进行，图文并茂，吸引学生学习知识。试题类型尽量选择连线、填空、画图、思维导图等多种方式，以增加学生的学习兴趣。

6. 开发数字化教学资源

基于学分制要求的教学模式，满足学生个性化学习的需求，活页式教材必须配套开发数字化教学资源。随着短视频平台的兴起，学生的知识来源已经从文字资源向数字资源转变，活页式教材以典型工作任务为基础，以引导任务页为纽带，串联了专业的教学内容。由于活页式教材的系统性、逻辑性与传统教材相比存在一定的差异，因此需要相匹配的数字化教学资源来辅助学生的学习。目前在活页式教材中常用的数字化教学资源主要有微课视频、动画、课前预习题、课后问卷等，通过配套相应的数字化教学资源，教材内容更加丰富、立体。为了帮助学生更好地使用数字化教学资源，降低活页式教材的成本，我们采用在教材中增加二维码的形式进行嵌套，学生在学习过程中通过扫码就可以下载相应的数字化资源。

三维零件设计是一门软件课，学生在进行建模过程中需要一定的模型素材，教师将提前准备的教学素材上传到网盘，学生在学习过程中直接下载相应的素材进行学习，简化了教师的劳动过程，提升了活页式教材的丰富性。

（三）活页式教材编写体例

我们以《汽车底盘检测与维修》活页式教材编写为例，介绍常见的活页式教材编写的体例。一本完整的活页式教材，首先要描述典型教材而向的职业岗位情况以及教材所包含的工作任务、课程性质、课程目标、工作学习内容、学习组织形式与方法、学习情境设计、学习评价等，如表 2-7 所示。

表 2-7 教材描述

描述项目	内容
课程性质	《汽车底盘检测与维修》面向高职汽车检测与维修专业核心课程"汽车底盘"。本教材采用学习领域课程开发原则，选取了汽车底盘维修过程中常见的典型工作任务，通过本课程的学习，学生可掌握汽车底盘维修的核心技能 适用专业：汽车检测与维修 开设时间：第三学期 建议课时：72 学时
课程学习目标	通过本课程的学习，学生应该能够： 1. 胜任汽车底盘检测与维修工作 2. 熟练掌握汽车底盘维修的工艺 3. 熟练地对汽车变速器、发动机等故障进行诊断 4. 了解不同汽车底盘的结构与工作原理 5. 形成善于合作、严谨、踏实的工作作风 6. 养成追求卓越、精益求精的工匠精神
学习领域一 汽车变速器的诊断与维修	汽车变速器是汽车的三大核心部件之一，常见的汽车变速器主要有自动变速器和手动变速器两种，其中自动变速器又分为 AT、CVT 等多种形式。本学习领域主要是掌握汽车底盘检测与维修中汽车变速器的故障诊断与维修方法。通过学习，学生可以掌握汽车变速器常见的机械结构、汽车变速器的电气原理，掌握汽车变速器的常见故障，能够选择合适的工具对出现的变速器故障进行诊断和维修，掌握汽车变速器日常保养的原则和方法

续表

描述项目	内容
学习情境一 汽车变速器的结构与组成	通过学习,掌握手动变速器和自动变速器的结构及组成原理,能够了解汽车常见的变速器的功能,掌握汽车变速器的拆装方法,正确对各种常见的汽车变速器进行拆装
学习任务一 手动变速器的拆装	通过任务的学习,掌握手动变速器的拆装工艺,选择合适的工具对离合器、齿轮箱等结构进行拆装,掌握拔销器等工具的使用方法,能够严格按照手动变速器的工艺进行拆装,学会使用各种量具对装配完成后变速器的间隙进行检测

在教学实施过程中,我们采用六步教学法推进教学任务的实施,利用资讯、计划、决策、实施、评估、检测完成项目任务的学习和训练。教学过程中采用小组教学的方式,增进学生在学习过程中小组协作能力和团队合作意识。

1. 资讯

资讯环节主要提供本节课所学的知识及素材,引导学生学习本节课工作任务所需要储备的专业知识及方法,使学生了解学习任务。

2. 计划

计划主要是制订工作计划,学生根据资讯阶段收集的信息,结合本节课要完成的典型工作任务,小组设计本组的工作计划。在教学实践过程中主要采用头脑风暴的方式进行。由于教师设计的题目是开放性的,因此在计划阶段小组给出的方案并不唯一,通过制订计划可以激发学生想象力和创造力,激发学生创新的火花。

3. 决策

决策阶段需要学生从多个方案中找出最优工作方案,一般在决策阶段需要学生对自己设计的工作计划进行小规模限制性在线课程(Small Private Online Course,SPOC)分析,找出计划的优缺点并根据要求进行阐述。教师应该对学生制订的计划进行点评,对学生在思考问题时疏忽遗漏的地方进行补充,最终帮助学生改进工作计划,做出合理决策。

4. 实施

实施阶段主要是对工作任务进行实践,学生按照决策阶段的工作计划实施项目任务。实施过程中教师要提供相应的学习资料,帮助学生按照工艺规范要求进行实践。在任务实施过程中教师要加强指导,保证学生实训过程的安全。

5. 评估

任务实施完成后,学生分组对任务实施过程进行评估。评估阶段主要在学生小组内部完成,主要实现学生任务的自我评价及小组评价。在教学实践过程中评估是非常重要的一个阶段，小组不光要对自己任务实施的过程进行打分，还需要写出任务实施的报告，点明评估过程中做得不够的地方，哪些部分在以后工作中可以修改。评估阶段可以训练学生的评价反思意识，通过此环节的活动，强化学生的质量意识。

6. 检测

检测环节主要是完成教师评价。教师根据任务的具体要求，运用测量工具对学生的产品进行检测。检测过程是对学生最终的学习成果进行评价，因此教师尽量采用客观的、可测量的指标对学生进行评价，确保评价结果的公正性。下面以检查与更换减震器为例进行展示。表 2-8 为教学基本信息。

任务三 · 检查与更换减震器

表 2-8　教学基本信息

活动名称:检查轮胎及换位		学时:	班级:	
学生姓名:	学生学号:	任务成绩:		
实训设备:捷达底盘台架一台、常用工具一套、轮胎气压表		实训场地:理实一体化教室		日期:
车型:	VIM:	发动机型号:		
生产日期:		行驶里程:		
客户任务描述:一辆捷达轿车行驶到 10000 千米需要例行维护,必须进行轮胎检查与换位				
任务目的:请根据故障现象制订工作计划,利用设备和仪器确定故障位置,并对故障部件进行修复或更换				

一、资讯

1. 车轮功用

车轮与轮胎是汽车行驶系统中的重要部件，它们的功用包括以下几点：_____；缓和由路面传来的_____，通过轮胎同路面间存在的附着力作用来产生_____和_____；汽车转弯行驶时产生平衡离心力的_____，在保证汽车正常转向行驶的同时，通过车轮产生的自动回正力矩，使汽车保持直线行驶方向；承担越障和起到提高_____等。

2. 轮胎类型

① 请将各类轮胎的英文代码（PC、MC、TB、OTR、AG、ID、LT、AC）填入图 2-13 所示的方框中。

图 2-13　轮胎类型

② 请在图 2-14 横线上填写轮胎的名称。

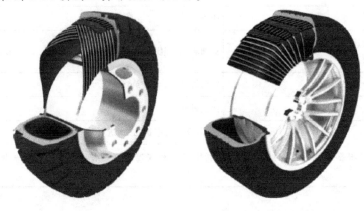

图 2-14　轮胎名称

③ 子午线轮胎结构：丰田卡罗拉轿车采用的是子午线轮胎，其结构主要由帘布层、_____、_____、胎肩和胎圈组成，并以带束层箍紧胎体。

④ 轮胎规格标记方法：请写出图 2-15 所示的轮胎宽高比公式。

3. 轮胎异常磨损的常见形式与原因

轮胎异常主要表现：轮胎的中央部分早期磨损，轮胎两边磨损过大，轮胎的一边磨损量过大；轮胎胎面出现锯齿状磨损；个别轮胎磨损量大；轮胎出现斑秃形磨损。如图 2-16 所示。

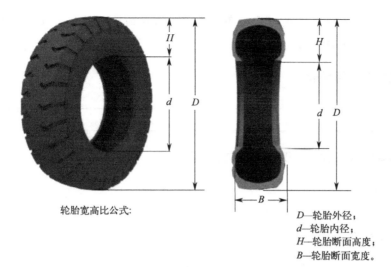

轮胎宽高比公式：

D—轮胎外径；
d—轮胎内径；
H—轮胎断面高度；
B—轮胎断面宽度。

图 2-15　轮胎规格

图 2-16　轮胎异常磨损

请结合上述轮胎异常磨损的现象，简述各现象的成因。

_____

_____

_____

_____

4. 轮胎的类型与使用要求

_____

_____

_____

二、计划

请根据任务要求，每 6 人一组，每组选出一名组长，组长对小组成员进行任务分配。组员按组长要求完成相关任务，确定所需要的检测设备、仪器、工具及用具，制订详细的实施计划。

1. 技术要求与标准

_____

_____

2. 需要的检测设备、仪器、工具及用具

_____

3. 填写表 2-9 小组成员分工

表 2-9　小组成员分工

姓名	主要职责及任务

三、决策

小组讨论确定本组的工作计划，将详细工作安排和小组分工上传到学习平台。

四、实施

① 车轮安装及换位作业有哪些步骤？需要哪些设备、器材？

_____

_____

② 拆卸轮胎作业有哪些步骤？需要哪些设备、器材？

_____

_____

③ 轮胎的磨损是如何产生的？

_____

_____

1. 拆卸轮胎

① 按照举升机操作规范举升车辆至操作的合适高度。

② 检查前轮轮毂轴承是否松旷，转动是否正常。

③ 选用气动扳手、21毫米气动扳手套筒，正确使用工具依次拆卸前车轮固定螺栓，然后取下车轮，放置于轮胎存储区中。

④ 检查后轮轮毂轴承是否松旷，转动是否正常。

⑤ 选用气动扳手、21毫米气动扳手套筒，正确使用工具依次拆卸后车轮固定螺栓，然后取下车轮，放置于轮胎存储区中。

2. 检查车轮

① 按照维修手册规定选用＿＿＿＿＿＿＿＿＿旋具，检查轮胎花纹中是否有石子等异物，如有则使用＿＿＿＿＿＿＿＿取出。

② 目视检查轮胎花纹是否有磨损、异常损坏等现象，目视检查车轮轮辐、轮辋等是否有损坏等现象。

检查前后轮胎花纹深度需要用什么工具？测量轮胎气压要用什么工具？

＿＿＿＿＿＿＿＿＿＿＿＿＿＿＿＿＿＿＿＿＿＿＿＿＿＿＿＿＿＿＿＿＿＿＿＿＿＿＿

＿＿＿＿＿＿＿＿＿＿＿＿＿＿＿＿＿＿＿＿＿＿＿＿＿＿＿＿＿＿＿＿＿＿＿＿＿＿＿

轮胎的胎压及花纹深度有何要求？

＿＿＿＿＿＿＿＿＿＿＿＿＿＿＿＿＿＿＿＿＿＿＿＿＿＿＿＿＿＿＿＿＿＿＿＿＿＿＿

＿＿＿＿＿＿＿＿＿＿＿＿＿＿＿＿＿＿＿＿＿＿＿＿＿＿＿＿＿＿＿＿＿＿＿＿＿＿＿

③ 按照维修手册规定选用轮胎花纹深度，检查轮胎花纹深度是否正常归零。

④ 正确使用工具依次检查前后轮胎花纹深度是否正常，记录花纹深度值，与维修手册中的值对比，如果不符合规定，则更换新的轮胎。卡罗拉花纹深度极限值为＿＿＿＿＿＿＿＿毫米。

⑤ 按照维修手册规定，正确使用工具检查轮胎气压值是否在维修手册的规定范围内，如不正常，则重新调整轮胎气压，达到维修手册规定值。捷达轮胎标准气压值：前轮为＿＿＿＿＿＿＿＿千帕；后轮为＿＿＿＿＿＿＿＿千帕。

3. 车轮换位

如何对车轮进行换位和检查？

＿＿＿＿＿＿＿＿＿＿＿＿＿＿＿＿＿＿＿＿＿＿＿＿＿＿＿＿＿＿＿＿＿＿＿＿＿＿＿

＿＿＿＿＿＿＿＿＿＿＿＿＿＿＿＿＿＿＿＿＿＿＿＿＿＿＿＿＿＿＿＿＿＿＿＿＿＿＿

① 将前后车轮进行互换。

② 将车轮对正前车轮安装位置后，用于安装车轮固定螺栓。

③ 按照维修手册规定，选用21毫米套筒、接杆、棘轮扳手，然后使用工具预紧车轮固定螺栓。

④ 将车轮对正后车轮安装位置后，用于安装车轮固定螺栓。

⑤ 按照举升机操作规范降下车辆。

⑥ 按照维修手册规定，选用21毫米套筒、接杆、扭力扳手，调整扭力扳手力矩，正确使用工具，按照规定顺序紧固前车轮固定螺栓。

⑦ 按照同样的方法紧固后车轮固定螺栓。

4. 检查

① 目视轮胎花纹中是否有异物，检测轮胎气压是否正常。

② 检查安装轮胎所需的螺栓是否都安装上，是否已紧固。

③ 零件、工具、油污是否落地。

五、评估

请根据任务完成的情况，对自己的工作进行自我评估，并提出改进意见。

① _____

② _____

③ _____

六、检测

教师对学生工作情况进行评估，并进行点评。

_____

_____

学生本次任务成绩：_____

（四）活页式教材设计开发总结

新型活页式教材解决了目前职业教育教材内容与工作岗位要求相脱节的现象，通过校企合作，提炼工作过程中典型的工作任务，实现教材开发与岗位能力要求相一致。根据德国学习领域研究课程开发模式，在开发活页式教材过程中采用从高到低的顺序进行开发，先确定开发教材的职业面向以及教材面向的工作岗位，对工作岗位进行分析，确定学习领域，根据学习领域的内容确定职业行动领域，再由职业行动领域设计出相应的学习情境，将学习情境进行分解，提炼每个学习情境下的典型工作任务，实现了活页式教材"学习领域—学习情境—学习任务"的逻辑关系。确定的学习任务需要教师根据实际教学要求设立教学目标，由于同一学习情境下包含多个学习任务，不同的学习任务之间是并列或者递进关系，缺乏传统学科制体系教材的系统性和逻辑性。因此在不同教学任务的教学内容编排上我们采用引导任务页为纽带，通过引导问题将教材中的教学内容串联起来，形成学习任务书。活页式教材在编写体例上应该具有一致性，因此教材体例设计采用了六步教学法，每一个实训任务都包含资讯、计划、决策、实施、评估、检测六个环节，保证教材在编写体例上的一致性。

为了突出新型活页式教材的新颖性，在教材内容上增加知识拓展环节，用于补充教材在逻辑性和知识性上的不足，对企业在生产中用到的新工艺、新技术、新方法进行讲解，提升学生对新技术的了解。同时积极开发数字化教学资源，通过设计微课视频、动画、教学素材等配套的数字化教学资源，增强活页式教材的交互性、趣味性，满足不同学生的学习需要。

第二节 · 赛课融合的实训教学改革

一、 技能大赛融入实训教学改革与创新

参加职业院校技能大赛是目前高职院校实训教学中非常重要的一环，通过参加各级各类职业院校技能大赛，可以检验高职院校人才培养质量、师资队伍及专业建设水平。近年来，职业院校技能大赛试题难度不断加大，考核内容不断与生产实际相结合，对教育教学的促进作用越来越明显。技能大赛的获奖选手技能水平高、业务能力强、心理素质过硬，深受用人单位的好评。将大赛选手培养融入专业教学，能够促进高职院校人才培养质量，促进专业教师成长。将大赛的试题与学生日常的实训项目相结合，可以促进教学内容与生产实践相结合。同时，参加职业院校技能大赛也对教师实验、实训管理、实训任务统筹能力起到促进作用。因此研究技能大赛与实训教学改革一直以来都是职业教育改革创新的热点。

通过对近几年全国职业院校技能大赛的试题进行分析，可以发现，大赛试题越来越体现新技术、新专业的发展。例如，汽车检测与维修赛项已经随着新能源汽车技术的发展衍生出新能源汽修赛项，传统的财会专业的比赛也从手工记账转化为智能财税，大赛试题体现了企业在技术上的转型升级。作为全国性质的技能大赛，大赛试题起到了风向标的作用，为各个专业修订人才培养方案指明了方向。专业教师应该潜心研究技能大赛的比赛内容、评分标准、考核重点，进而学以致用，将大赛的内容进行消化吸收，应用到日常教学当中，实现技能大赛以赛促学、以赛促教、以赛促训的目的，切实提升人才培养质量。通过对技能大赛成果进行转化，目前技能大赛对实训教学的促进作用主要有以下几点。

（一）以赛促学，促进专业教学改革

技能大赛最重要的任务是以赛促学，促进高职院校的专业教学改革。大赛专

家大多来源于院校、行业企业，专家对职业教育有着深刻的理解，因此大赛设计的实训任务都是面向生产实践的真实任务，贴近行业企业的发展现状。部分赛项的试题直接来源于生产，实现了职业教育与行业的对接。例如数控机床装调与维修赛项，该赛项的试题包含了低压电气柜接线，学生使用的电路图与实际数控机床的电路图相一致；需要完成机械部件的组装与调试，任务来源于数控机床组装岗位；学生还需要对机床的可编程序控制器（Programmable Logic Controller，PLC）进行编程和设计，这部分内容来源于机床调试工程师岗位，难度与工程师岗位相一致，符合高职院校人才培养定位。通过大赛的引领，为高职院校人才培养方案设置和专业修订指明了方向。每年新设立的大赛赛项主要面向我国人才紧缺的行业、产业，也具有一定的导向性。通过组队参加技能大赛，为各个院校的人才培养质量提供了检验标准，便于企业遴选合格的专业人才。同时大赛提供的设备、工具、量具也为高职院校进行专业实训室建设提供了借鉴。工科类专业技能大赛主要体现的是真实的工作任务，难度贴近企业高素质技术技能人才标准，参赛后将比赛中的题目设置、评价标准引入日常实训教学中，实现了教学与岗位相对接，必然可以提升学院的实训教学质量。技能大赛促进教学改革主要体现在以下几个方面。

1. 促进教学模式改革

技能大赛和日常实训教学的最大不同在于技能大赛具有时效性，实训教学对时间的要求不像技能大赛要求得那么紧迫，学生在学习过程中往往对时间不太注重。目前实训教学大都采用小组教学的模式，因此在小组间开展技能比赛可以激发学生的学习兴趣，促进学生拥有沉浸式的学习体验。

2. 转化教学内容

大赛的考试任务和项目更贴近生产，因此在实现大赛成果转化过程中，应该将大赛的考试任务分解成适合学生实训的实训项目，以提升学生实训的有效性。例如，工业产品设计赛项近年来比赛的题目都是与生活相关的，设计装配订书机、电子产品、MP3 等，这些项目都贴近生活，学生对设计绘制此类产品非常感兴趣。同时在绘制过程中涉及的建模、拉伸、放样以及装配等知识，都是在学习三维零件设计中必须掌握的知识。通过将大赛的题目分解到日常实训项目中，有效提升了教学效果。

3. 转变教师教学观念

技能大赛提升了教师教育的质量意识，技能大赛的评价标准是严格按照实训质量来进行评判的。像数控加工赛项很多任务的公差范围在 0.02 毫米，如果加工超过公差要求的范围，此项任务不得分。以前在实训教学过程中教师质量意识不强，设计的公差范围在 0.1 毫米甚至更大，学生加工出来的零件与产品实际要求差距甚远，造成了学生入职后无法加工出正常的产品。通过引入大赛的评价机制和评价标准，有效提升了教师的质量意识。以前是考虑如何加工出合格的产品，现在要求是切实加工出合格的产品，实现了实训教学的有效性。

（二）以赛促教，提升教师专业能力

2022 年 10 月 25 日，教育部办公厅发布的《关于做好职业教育"双师型"教师认定工作的通知》（教师厅〔2022〕2 号），首次明确提出了"双师型"教师认定的方法和标准。职业教育要切实提升教学质量师资队伍的建设水平，教师辅导学生参加技能大赛，教师自身的专业技能、专业水平必须要过硬。通过对职业院校大赛辅导教师进行调研和分析，获奖选手的辅导教师大多是在技能大赛中获过奖的教师。教师想在技能大赛中取得好成绩，就必须潜心对竞赛的规则、样题、重点、难点进行研究，只有自己学会摸透了，才能够辅导学生完成比赛。

为提升教师的技能水平，近年来学院积极组织校级教师技能大赛，比赛面向全校所有的专业教师，要求大家全员参与比赛，同时学院邀请技能大赛的评委命题，赛前一个月教务处发布教师技能竞赛规程，教师根据规程备赛。比赛过程由大赛评委对教师的表现进行打分，最终对教师的比赛成绩进行公示。2021 年，学院组织了 17 个赛项的教师技能比赛，涵盖全院 102 名专业教师，最终通过比赛评选出 4 名学院技术能手。通过比赛，教师看到了自身和全国技能比赛水平的差距，找准了成长的方向，促进了学院教师队伍的建设与发展。

（三）以赛促研，提升教师的教学研究能力

大赛有效地促进了教师的教育科研能力。在知网以"技能大赛"为关键词进行搜索，可以看到以"技能大赛"为关键词的论文有 9828 篇，以"职业技能大赛"为关键词的论文有 4103 篇，以"职业院校技能大赛"为关键词的论文有 1543 篇。具体论文分布情况如图 2-17 所示。

通过对论文的摘要和关键词进行检索可以看出，赛课融通、课程体系构建、产教赛融合、创新人才培养等词语是论文中的高频词语。由此可见，职业院校技能大赛有效提升了参赛教师的教育研究能力。同时，在参赛过程中教师为取得好的比赛成绩，对赛题进行研究、对加工工艺进行改进等专业性研究更是结出了累累硕果。对山东省内高职院校进行调研发现，专业教师的专利成果大多出自大赛成果的转化，尤其是在实训教学设备改造方面，取得了良好的社会效益和经济效益。

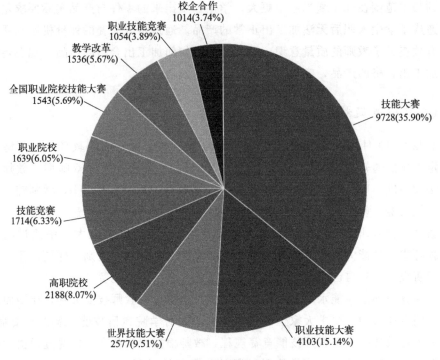

图 2-17　知网关于技能大赛的论文

（四）以赛促改，改革实训教学管理模式

实验实训室建设是高职院校基本办学条件的重要组成部分，实训设备的使用和管理也是高职院校实训教学管理的重要组成。随着"中国制造 2025"的发展，各行各业都迎来了技术的转型升级，各种新技术、新工艺、新材料和新标准的迭代速度不断加快，因此职业院校的实训设备的升级速度也在不断加快。随着国家越来越重视职业教育的发展，各种职业教育配套经费也较为充足。如何合理地建设实训室，使其既可以满足学生的实训需求，又能够保证国有资产的保值升值，是每个高职院校面临的难题。在技能大赛管理中，每一个赛项都制定了《全国职业院校技能大赛设备与设施管理办法》，通过管理办法对职业院校技能大赛使用的设备平台、软件平台、比赛使用的工具、量具等都作出了明确的指示和要求。技能大赛的设备供应模式越来越完善，高职院校以比赛设备为参照，结合学院自身的水平和人才培养要求进行实验实训室的建设。为了满足技术升级换代的要求，在购置实验设备过程中既要满足基本教学需求，又需要具有一定的超前性。同时为提升设备的使用率，教师应该按照比赛的规定和要求做好各项实训设备的维护和保养，提高设备的平均无故障工作时间，保证实训教学的顺利进行。通过学生大赛的集训，也可以提高学生实训的时间，增加实训设备的使用率。

　　技能大赛也促进了实训教学管理的科学与规范化，实验室管理以及实验室安全是高职院校安全保障的重中之重。近年来，我国高校实验室安全事故时有发生，究其原因与实验实训室管理的不规范有很大关系。实验实训室管理水平的高低，不仅反映了实验室管理人员的能力和水平，也反映了学校内部管理的水平。职业院校技能大赛更贴近生产实践，对实验实训的安全要求和等级要高于学校的日常实训，所以在技能大赛与实训教学融合过程中，更需要提升高职院校对实验实训室的管理水平。实验实训室负责人要认真研读技能大赛的操作工艺和操作规范，在进行实验实训过程中严格按照规范要求进行操作，在实验实训准备阶段也要保证实验实训设备能够满足具体的实训要求，确保实验实训设备使用、耗材的领用与登记、仪器设备的维护、实验实训室的安全防护与卫生清扫等工作满足实验实训室管理要求，促进实验实训室管理水平的提升。

（五）以赛促评，提升教学评价水平

1. 以赛促评，吸收国赛的评价内容

　　工科类技能大赛的赛题都是采用工作过程系统的项目进行设计，在考试内容上除了对工作的技艺技能进行评价外，还包含了职业素养、着装、清洁整理等内容。在日常实训过程中教师往往关注的是学生的操作过程和操作步骤，对实训过程中行为习惯、素质养成方面的内容考核不足。通过借鉴吸收大赛在这些方面的考核内容，在日常实训过程中应该增加个人素质考核的模块，在实训过程中增强学生行为习惯及职业素养的培训。通过借鉴大赛的评价内容，我们在实训项目评分表中增加了这部分内容，作为考核评价的一部分，如图 2-18 所示。

2. 促进教学过程性评价实施

　　职业院校技能大赛是由多个任务组成的，在比赛过程中学生完成一个任务的比赛，裁判会对当下学生的学习任务进行评判和打分。有些赛项的任务是递进式的，学生只有完成第一个赛项的任务才可以进行下一个任务的操作。因此在比赛过程中，对学生的评价都是采用过程性评价的方式进行，学生各个任务的分数汇总就得到了自己在该项目上的得分。职业教育是一种类型教育，主要目的是培养学生的职业技能，因此在职业教育教学过程中要求师生有互动的过程，学生在进行技能训练过程中教师要实时地进行指导。近年来，随着技能大赛的不断改革，以往由学生单人参赛的赛项已经逐步转化为团队比赛的形式，这也符合职业教育实行小组教学的需要。团队比赛可以促进学生的团队协作意识，增强学生的集体荣誉感。借鉴技能大赛的评价模式，目前我们在进行教学评价过程中注重对学生的过程性评价，增加了学生自评、小组评价和教师评价，采用多种模式促进教学评价的改革。

考核评价

图纸编号		SC-008		操作时间	60 分钟	学生自测	教师检测	得分	备注
序号	项目	内容及要求	配分	评分标准					
1	直径	$\Phi46_{-0.025}^{0}$	10	每超 0.01 扣 5 分					
2	直径	$\Phi40_{-0.025}^{0}$	10	每超 0.01 扣 5 分					
3	内孔	$\Phi30_{0}^{+0.021}$	10	每超 0.01 扣 5 分					
4	长度	$\Phi20_{0}^{+0.03}$	10	每超 0.01 扣 5 分					
5	长度	$\Phi10_{-0.03}^{0}$	10	每超 0.01 扣 5 分					
6	长度	$50_{\pm0.05}$	10	每超 0.01 扣 5 分					
7	螺纹	M24×1.5	10	超差不得分					
8	表面质量	Ra1.6 两处	5	超差不得分					
		倒角五处，去除毛刺飞边	5	错、漏 1 处扣 1 分					
9	加工时间	加工时长 60 分钟	5	每超时 5 分钟扣 5 分					
10	安全文明生产	1.遵守机床安全操作规程 2.刀具、工具、量具放置规范 3.设备保养，场地清洁	5	酌情扣 1～5 分					
11	工艺合理	1.工件定位、夹紧及刀具选择合理 2.加工顺序及刀具轨迹路线合理	5	酌情扣 1～5 分					
12	程序编制	1.指令正确，程序完整 2.数值计算正确，程序编写表现出一定的技巧，简化计算及加工程序 3.刀具补偿功能运用正确、合理 4.切削参数、坐标系选择正确、合理	5	酌情扣 1～5 分					
13	合计（总分）		100		总得分				
14	开始时间		加工时间		教师签字				
	结束时间								

图 2-18　职业素养考核内容

职业院校技能大赛作为考核评价高职院校教学质量的重要手段，在高职院校专业建设、师资培养、实验实训室建设、教学评价方面有着指向性作用。随着我国制造业转型升级和"中国制造 2025"的来临，新技术对高职院校人才培养质量提出了更高的要求。高职院校应该顺应时代潮流，及时根据技能大赛试题的变化，不断地修订专业人才培养方案，积极实现大赛成果的不断转化，吸收借鉴技能大赛的新技术、新工艺和新方法，切实提升学生的专业技能水平。

专业教师更应该将职业院校技能大赛与实训课教学相互融合，真正地将培养大赛选手转换为培养高素质技术技能人才，将培养小批量的大赛选手转化为培养大批量的高质量学生，从而真正达到以赛促教、以赛促学、以赛促研、以赛促评的目的，实现学生技能水平、职业素养、团队协作意识的高质量培养，为提升学生的可持续发展打下坚实的基础，实现为社会主义培养建设者和接班人的伟大理想。

二、技能大赛试题的实训教学任务转化

职业院校技能大赛试题是由行业企业专家、职业院校专家等进行共同研讨设计的。大赛试题的命题人一方面对职业教育有深刻的理解，另一方面熟悉行业、企业对新技术、新工艺和新方法的应用，因此实现技能大赛试题的实训教学任务转化是教材开发的捷径。下面以多轴数控加工赛项为例，介绍如何实现技能大赛试题到教学任务的转化。

数控技术应用专业是一个典型的工科类专业，目的是培养具有数控机床加工、编程、工艺制定、零件检测、机床维护等多种技能于一身的高素质技术技能人才。该专业也是中职和高职都设置的专业，其中中职要求学生掌握数控车、数控铣两种数控机床的编程与加工；高职定位于学生能够完成多轴数控加工中心的操作、编程、工艺制定等任务。按照高职的大赛赛项多轴数控加工的试题和评分标准，我们对技能大赛试题进行了实训任务的转化，实现了技能大赛的训练项目在数控加工专业实训的使用。

按照德国学习领域课程的要求，我们对多轴数控加工课程的内容进行实训任务开发，主要的工作如下。

（一）基于技能大赛的学习领域课程的开发

1. 确定课程的学习领域

根据竞赛试题，多轴数控加工赛项主要完成的实训任务一共分为 8 项，具体分类如表 2-10 所示。

表 2-10　多轴数控加工赛项实训任务

序号	任务名称
1	任务 1　数字化工艺编制
2	任务 2　复杂部件造型
3	任务 3　数控多轴联动仿真加工
4	任务 4　辅助部件数控编程与加工
5	任务 5　数控多轴联动加工
6	任务 6　零件创新设计加工
7	任务 7　零、部件装配与调试
8	任务 8　职业素养与安全操作

这 8 项比赛任务确定了多轴数控加工所包含的工艺制定、零件设计、数控仿真、数控编程、多轴加工、零件装配以及职业素养等工作内容。根据德国基于工作过程学习领域课程开发的原理，我们将 8 项比赛的实训任务开发为不同的学习领域，如表 2-11 所示。

表 2-11 多轴数控加工赛项学习领域

序号	多轴数控加工学习领域
1	学习领域 1 零件造型与设计
2	学习领域 2 数控加工数字化工艺制定
3	学习领域 3 简单零件的数控编程加工
4	学习领域 4 多轴零件的数控编程与加工
5	学习领域 5 零件创新设计与加工
6	学习领域 6 零件的检测与质量控制
7	学习领域 7 零件的装配与调试
8	学习领域 8 职业素养与安全操作

通过对大赛试题的研究与设计，将多轴数控加工赛项的比赛任务设计成了 8 个学习领域。由于学生参赛时已经掌握了比赛所要求的全部知识和技能，学生实训过程是一个知识学习的过程，因此按照人才培养方案中课程的先后顺序，结合学生的认知规律，对学习领域课程的顺序进行调整。

2. 设计学习情境

确定了多轴数控加工赛项课程的 8 个学习领域后，需要对课程领域下的学习情境进行设计。设计过程中需要根据大赛试题的相关要求和任务，对学习领域下的学习情境进行创新设计。例如，大赛的第一个项目是制定数字化加工工艺，需要考生利用现场提供的 CAPP 软件进行数字化工艺编制。

① 按照后附图纸（DZ0001-DZ0006）的零部件规划设计加工生产工序、刀具的配置、切削条件、加工效率等，然后在 CAPP 软件"加工工艺过程卡片""加工工序卡片"等模板中填写相关内容。要求按规范填写，可以选择插入工程标注符号。

② 按照后附图纸（DZ0000）的装配要求，规划设计装配工艺过程，然后在 CAPP 软件"装配工艺卡片"模板中填写相关内容。要求按规范填写，可以选择插入工程标注符号。

③ 填写"封面""加工目录清单"模板。

④ 完成以上全部内容后，将所有完成的工艺文件保存在计算机"U 盘：\ 2022 复杂部件数控多轴联动技术 \ 场次－赛位"文件夹下，文件名称为"工艺文

件.cxp"。

根据赛项要求，该学习领域下设置的相关学习情境如表 2-12 所示。

表 2-12 数控加工数字化工艺制定

学习领域	学习情境
学习领域 2 数控加工数字化工艺制定	学习情境 1 CAPP 工艺排程软件的使用
	学习情境 2 加工工艺的设置和填写
	学习情境 3 加工工序的制定和填写
	学习情境 4 装配工艺的制定和填写
	学习情境 5 加工工艺的检查与核验

在日常实训教学过程中，教师对学生的日常素养和职业素养的教育比较欠缺。在技能大赛中职业素养和安全操作是比赛的一项考核项目，对职业素养和安全操作内容的考核，可以借鉴和学习大赛关于职业素养和操作规范的要求。在多轴数控加工赛项中关于职业素养和安全操作的考核内容描述如下。

考核选手在比赛过程中表现出的职业素养、操作规范等。

① 选手分工合作合理，工作细心细致；

② 执行自行设计的生产工艺步骤；

③ 操作设备规范，生产效率较高；

④ 正确使用工具、量具；

⑤ 合理利用原材料及装配过程中正确消耗材料；

⑥ 处理废弃物符合环保要求；

⑦ 现场安全，文明生产。

根据考核内容对职业素养和安全操作学习领域进行细化，确定了关于职业素养的学习情境，如表 2-13 所示。

表 2-13 职业素养与安全操作学习情境

学习领域	学习情境
学习领域 8 职业素养与安全操作	学习情境 1 合理制定加工工艺
	学习情境 2 规范操作实训设备
	学习情境 3 正确使用各种量具
	学习情境 4 节约使用毛坯材料
	学习情境 5 保证安全,不发生安全事故

3. 增加创新设计模块

技能大赛与传统实训教学的区别在于，大赛更注重对学生创新的能力和运用专业知识解决实际问题的能力的培养，在大赛中设置了零件创新设计与加工模块，重点考核学生综合运用知识的能力。

如图 2-19 所示，大赛除了设计指定的加工任务之外，还预留了创新零件设计区，用于考查学生的实际水平，学生需要根据所学的知识和技能完成创新零件的设计。在日常实训教学时，教师也应该转变思想观念，改掉教师包办所有内容的情况，根据学生的实际能力设计相应的创新设计项目，以培养学生的综合能力。

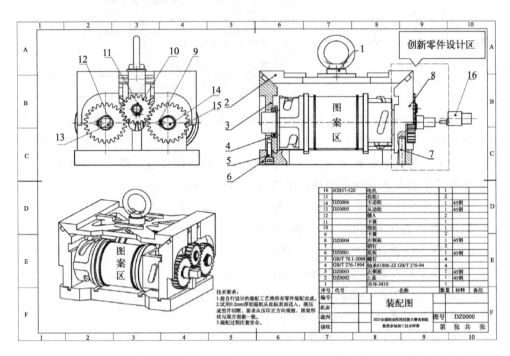

图 2-19　大赛创新设计模块

从大赛的题目可以看出，学生要想完成这部分实训任务，必须掌握机械零件中联轴器的相关知识。学生要了解各种类型的联轴器，选择合适的联轴器进行设计。在设计过程中需要学生确定联轴器在轴上固定的方式，这又涉及键连接、螺钉固定等知识，同时在设计过程中也应该考虑实际的设备能否满足零件的加工要求。在确定了联轴器的形状、连接方式后，要考虑产品的材料，以及公差要求是否合理。对于联轴器零件，两部分零件的同轴度要求较高，因此在加工过程中需要一次装夹同时加工。由此可见，专家在设置创新题目过程中考虑了多种因素，通过一个创新题目的设计考察了学生机械零件、机械设计、数控编程、工艺设计等多种能力的综合运用。

因此教师在实训项目设计过程中，除了设计必做的模块以外，还需要对部分实训内容做创新设计，以提升学生综合运用知识的能力。通过对大赛的成果进行转化，在设计日常实训项目时增加了实训任务的生活气息，尽量让设计的实训项目贴近日常生活，又增加了创新设计的模块，以提升学生的学习兴趣和能力。例如我们在数控外轮廓铣削加工项目中设计了如图2-20所示的日晷数控加工项目。

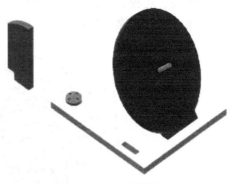

在设计日晷数控加工这个项目时，日晷的底座、分度盘在加工过程中是必做项目，教师给定学生相应的尺寸和要求，学生需要按照实际的尺寸和公差要求，完成日晷底座和分度盘零件的加工。为了提升学生运用知识解决实际问题的能力，要求学生自主完成日晷盘零件的加工，如图2-21所示。

图 2-20　日晷数控加工

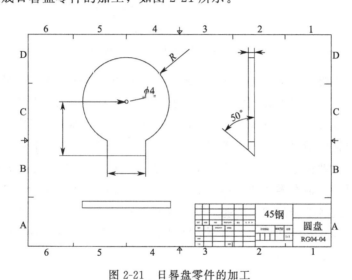

图 2-21　日晷盘零件的加工

对于日晷盘零件的加工我们设计一个创新的操作任务，日晷盘底部和底座安装的角度需要学生自主思考，查阅资料进行加工。日晷是利用太阳的阴影进行计时的仪器，在计时过程中日晷盘的角度应该和当地的纬度相一致。学生要完成日晷盘零件的加工首先要查阅资料，设计日晷盘底部的角度。由于当地的纬度是38°，不是一个常用的角度，因此学生需要掌握万能角度尺的使用方法，才能够正确地在零件中画出相应的角度。采用数控铣削的方式加工零件不是最优的方案，学生应该设定加工工艺，采用线切割的方式进行，从而通过一个实训任务训练了学生多种知识和能力的综合运用，达到了技能大赛创新设计模块考核的目的。

4. 设计大赛成果转化的学习任务

多轴数控加工赛项是加工一套箱体类零件，如图2-22所示。该装置主要由上盖、左侧板、底板、右立板、主动轴、从动轴和轮廓等部分组成，根据大赛的零件加工要求，我们将多轴数控加工的实训任务进行分解。

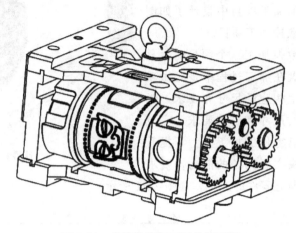

图 2-22　多轴数控加工零件装配图

　　上盖零件主要考核学生对内外轮廓的加工，要求学生采用多种刀具，对零件的外轮廓进行加工，同时完成沉头孔和螺纹孔的加工。左侧板主要考核学生对孔加工中心距的控制以及零件中不同孔的相对位置。底板是整个零件的底座，需要保证安装螺纹孔的位置要满足左、右立板的安装要求，考核学生对位置度公差的控制能力。从动轴和主动轴主要考核学生多轴加工能力，在 A 轴上进行槽类零件的铣削能力，同时要满足轴类零件的同轴度要求。三种轮廓的加工是对学生综合能力进行考验，考核学生多轴铣削加工的能力以及薄壁类零件加工的能力。整个项目实现了对学生多种技能的训练和考核，结合大赛试题我们对学习任务进行了分解，分解后的学习任务如表 2-14 所示。

表 2-14　多轴数控加工学习任务

学习领域	学习情境	学习任务
学习领域 3　简单零件的数控编程加工	学习情境 1　数控铣削加工	学习任务 1　外轮廓的数控加工
		学习任务 2　内轮廓的数控加工
		学习任务 3　键槽类零件加工
		学习任务 4　孔类零件加工
		学习任务 5　螺纹孔的加工
		学习任务 6　汉字的加工
	学习情境 2　数控车削加工	学习任务 1　外圆的加工
		学习任务 2　内圆的加工
		学习任务 3　孔的加工

续表

学习领域	学习情境	学习任务
学习领域 4 多轴零件的数控编程与加工	学习情境 1 多轴数控加工	学习任务 1 轴上六边形的加工
		学习任务 2 轴上键槽的加工
		学习任务 3 轴上零件孔加工
	学习情境 2 薄壁类零件的多轴加工	学习任务 轴上薄壁类零件的加工

通过对技能大赛的试题进行分解可以看到，技能大赛的试题尽管难度较大，不易于直接在实训过程中使用，但是比赛中考核的知识点和技能点都是典型工作任务。按照德国学习领域课程建设和开发模式，我们对技能大赛的试题按照典型工作过程的方式进行设置，确定的实际工作任务与我们在校企合作开发的工作任务基本一致，可以证明运用大赛试题开发课程和教材的研究路径是行得通的。

（二）建构基于大赛试题的评价体系

为保证技能大赛评价结果的公平性，职业院校技能大赛采用的是裁判组评判的方式对参赛选手的比赛成绩进行评判。在对学生实训教学评价过程中，可以借鉴和参考技能大赛的评价方式，实现对实训教学的过程性评价。

如图 2-23 所示的数字工艺评分卡，在实际比赛时该部分任务的分值为 25 分，为总分数的 25%，选手每完成一个零件加工工序卡片的填写就得到相应的分数，裁判根据选手实际的表现在分值范围内进行赋分。为保证评价结果公正客观，每一项由四个裁判进行评价，取平均分。在日常实训教学过程中，我们采用小组评价的方式，由小组的每一位同学互相评价，替代裁判组打分，保证了实训教学评价结果的公平性。

数字化工艺编制（25%）						
评分内容	评分标准	配分	裁判	打分	得分	备注
加工目录清单	清单内容：6 个图纸零件加装配图	1	A			裁判进行 1～10 分打分，结果按比例换算
			B			
			C			
			D			
			E			
机械加工工艺过程卡片	1. 工序内容按照比赛加工情况编写，各零件加工安排齐全，顺序合理 2. 工序内容中具有图形元素与特征描述 3. 夹具选择合理，定位基准符合基准选择原则	3	A			
			B			
			C			
			D			
			E			

图 2-23

评分内容	评分标准	配分	裁判	打分	得分	备注
零件 1 加工工序过程卡片		3	A			
			B			
			C			
			D			
			E			
零件 2 加工工序过程卡片		3	A			
			B			
			C			
			D			
			E			
零件 3 加工工序过程卡片	1. 工序卡片编号与工艺卡片对应,基本信息无误	3	A			
			B			
			C			
	2. 工步内容完整,每一步加工的对象具有形状特征描述,并说明加工要求		D			
			E			
零件 4 加工工序过程卡片	3. 刀具号、刀具规格前后对应,主轴转速与切削速度按照 $V_c = \pi D n / 1000$ 进行计算,进给量与切削深度根据实际情况合理选择	3	A			裁判进行 1~10 分打分,结果按比例换算
			B			
			C			
			D			
			E			
零件 5 加工工序过程卡片		3	A			
			B			
			C			
			D			
			E			
零件 6 加工工序过程卡片		3	A			
			B			
			C			
			D			
			E			
装配工艺卡片	1. 装配卡片编号与工艺卡片对应,基本信息无误	3	A			
			B			
			C			
	2. 装配过程完整,顺序安排合理		D			
			E			
合计						
裁判签名:						

图 2-23　数字工艺评分卡

在数字工艺制定具体评价环节,主要对学会制定的工艺卡片进行评价。在设计数控加工实训项目的时候,如何设计与生产实践相一致的技术文件是教师遇到的一个难题。由于企业对技术文件有保密的要求,因此专业教师很少能接触企业实际的技术文件,即使见到了也无法直接拿来使用。技能大赛的评价标准给教师设计工艺卡片等技术文件提供了借鉴和模板，如图 2-24～图 2-26 所示。

工序号	工序名称	工序内容	定位基准	夹具	备注
1	下料	备料尺寸，200×160×22　　下料尺寸			
2	铣	加工上盖正面，加工内容包括平面、槽、倒角等	毛坯的三个直角面	平口虎钳	
3	铣	加工上盖背面，加工内容包括平面、槽、倒角等	正面、两侧面	平口虎钳	
4	去毛刺	大概加工特征	根据定位情况判断		
5	检验				

图 2-24 机械加工工艺过程卡片

根据工艺工程卡片填写

零件图号	ZD0101	图纸名称	上盖			
工序号	2	工序名称	上盖正面加工	数控加工程序号	1	
材料	2A12	夹具	平口钳	加工时间	30min	

工步序号	工步内容	刀具号	刀具规格	主轴转速 r/min	切削速度 m/min	进给量 mm/min	切削深度 mm
		T21	⌀32	3000	301.44	1000	1
		T13	⌀6.6	1500	31.086	150	25
		T15	⌀7.8	1500	36.738	150	25
		T17	⌀8.3	1300	40.035	150	05
		T04	⌀12	3000	113.04	1000	5
7	使用⌀8立铣刀补加工⌀20内圆、⌀11沉孔等，预留余量0.2mm	T02	⌀8	3000	75.36	1000	5

图 2-25　加工工序过程卡片

装配图号	ZD0100	装配名称	轴配图	工位	1
工序号		工序名称	装配	装配数量	1
工艺装备		装配时间	30min		
工步序号	装配工艺编制		调试记录		备注
1	将四个轴承分别装置左右立板⌀42内圆中		调整到合适位置		
	根据装配图与零件图，先安装主动轴、从动轴与左右侧板，调整间隙，再装底板，调整位置安装销钉和拧紧螺栓，然后安装上盖，调整位置安装销钉和拧紧螺栓，接着安装吊环，最后安装齿轮，通过试压，调整齿轮的相对角度，最后试压完成				
			1.有划伤，无下凹现象		
			2.试压铝箔纸，完成最后装配		
			3.按要求完成2片铝箔纸试压		

图 2-26　装配工序卡片

　　数控加工工艺制定过程中主要需要学生填写加工工艺过程卡片、加工工序过程卡片及装配工序卡片三个常见的技术文件。多轴数控加工技能大赛给出了三种工艺卡片的模板，教师可以根据给出的模板设计自己的加工工艺卡片。日常实训教学过程中，教师对工艺要求往往不够严格，对于加工所使用的刀具的转速、切削速度、进给量以及背吃刀量的确定没有严格按照技术手册的要求来设置。对技能大赛的评分标准进行研究，为教师实训教学的改革起到了示范和指导作用。

　　职业院校技能大赛对教学评价的另一个导向作用是对职业素养和安全操作规范进行评价，该部分评价内容占 15 分，在技能大赛中占较高的分值。日常实训教学过程中，教师也设置职业素养和安全操作模块，但该模块如何对学生进行评价，从哪些维度进行评价，对实训教师来说是不太容易把握的。可以借鉴技能大赛的评价标准对学生的职业素养进行评价，如图 2-27 所示。

职业素养与安全操作（15%）

评分内容	评分标准	现场记录	配分	得分
职业素养	工具摆放整齐、规范、不重叠	整齐□　一般□　差□	5	
	护目镜佩戴规范	规范□　不规范□	5	
	工作服、工作帽、工作鞋穿戴规范	规范□　不规范□		
	遵守安全操作规程	遵守□　一般□　不遵守□	5	
	文明礼貌。尊重裁判	不服从裁判□　一般□　好□		
	事故状态	**过程记录**	**扣分**	
现场记录	1. 轻微事故：如刀尖损坏、违反操作规程者，给予警告 2. 一般事故：撞机但不影响后续加工，一次扣 1 分 3. 严重事故：相撞致工件移动或掉落、铣削钳口等，一次扣 2 分 4. 重大事故：报裁判长视情况扣分（一次最多 5 分），如造成机床不能短时修复或情节特别严重者，经竞赛监督许可报总裁判长后，可终止比赛，直至取消成绩 5. 其他事项			
	合计			
本参赛队对本表所填内容已经认真审阅，确认所填内容属实，无异议。参赛队代表签字（按手印）： _____年____月____日				
裁判员签字：		现场裁判长签字：		

图 2-27　职业素养与安全操作评价

　　通过对技能大赛的评价标准分析可以看到，职业素养评价主要从工具摆放、护目镜佩戴、工作着装、安全操作规程以及对裁判的文明礼仪五个维度进行评价，分别考核了学生的工具使用素养、安全意识的养成及操作规范三个方面的职业素养。因此我们在设计日常学生实训任务时也应该从这几个维度进行设计、赋分，实现职业素养的量化管理，促进学生行为习惯、文明礼仪、职业态度等方面的养成。对于操作过程中出现的撞刀、安全事故等问题，教师也应该在教学过程中给予相应的评价，强化学生的安全意识。

职业院校技能大赛已经成为我国一项传统性的国家级比赛，有效地提升了职业院校的综合育人水平，大赛获奖的学生都逐步成长为企业的技术骨干或者技术能手，普教有高考、职教有大赛也已经成为多数职教人的共识。举办职业院校技能大赛不是为了仅仅培养几个参加大赛的学生，而是应该发挥技能大赛的导向作用，促进职业院校专业教学改革。近年来"岗、课、赛、证"相融通成了职业教育改革的一个新的热点和方向，通过我们开展的基于技能大赛的课程实践与改革可以看出，通过技能大赛的课程改革和通过企业岗位实践的课程改革，最终达到的目的是一致的，校企合作开发的活页式教材和基于大赛试题开发的实训任务，在训练模式及教学评价模式上存在一致性，如何用好技能大赛的指挥棒，做好大赛成果的转化是一个需要长期研究的问题。

三、基于 1+X 证书轮岗实训模式创新与实践

《国家职业教育改革实施方案》明确提出要推进国家资历框架建设，探索实现学历证书和职业技能等级证书互通衔接，同时要求开展 1＋X 证书制度试点工作。2019 年 4 月，教育部等四部门联合印发《关于在院校实施"学历证书＋若干职业技能等级证书"制度试点方案》，明确提出职业教育向多元协同办学格局进行转变，公开招募并择优遴选第三方培训评价组织参与职业院校的职业技能培训。近年来，教育部将 1＋X 证书制度试点和进行专业复合型技能人才培养模式改革作为职业院校的重要任务，各地方教育行政部门、行业企业、培训评价组织、试点院校积极参与，扎实推进 1＋X 证书制度的各项试点工作。

1＋X 证书试点工作的核心内涵是学历证书加若干职业技能等级证书，目前高职院校的专业与企业的生产岗位存在一定的不适应性，为此国内很多专家提出了相应的研究理论和研究成果。比较典型的是"宽基础、活模块"的课程开发与管理模式，也成了目前 1｜X 证书试点的理论基础。1＋X 证书试点邀请了企业等第三方教育评价机构，基于企业的岗位标准开发职业技能等级证书，在同一专业内不同企业可以开发多个职业技能等级证书。学生可以根据自己的实际需要选择合适的 1＋X 证书考取，通过后获得相应的职业技能等级证书，如图 2-28 所示。

我院参与了第一批 1＋X 证书试点工作，通过三年的试点工作可以看出，第三方评价机构对开展 1＋X 证书试点的愿望非常强烈。目前在装备制造大类下开展试

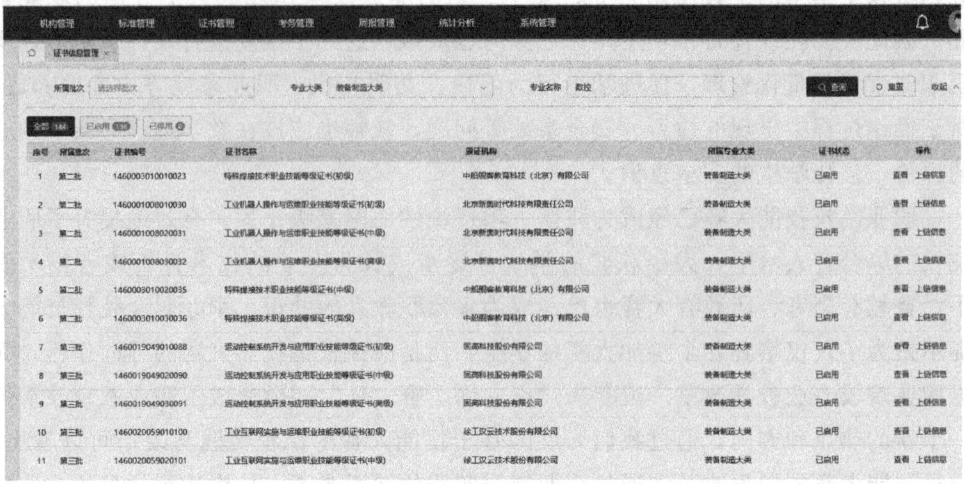

序号	所属批次	证书编号	证书名称	颁证机构	所属专业大类	证书状态	操作
1	第二批	1460003010010023	特殊焊接技术职业技能等级证书(初级)	中船舰客教育科技（北京）有限公司	装备制造大类	已启用	查看 上链信息
2	第二批	1460001008010030	工业机器人操作与运维职业技能等级证书(初级)	北京新奥时代科技有限责任公司	装备制造大类	已启用	查看 上链信息
3	第二批	1460001008020031	工业机器人操作与运维职业技能等级证书(中级)	北京新奥时代科技有限责任公司	装备制造大类	已启用	查看 上链信息
4	第二批	1460001008030032	工业机器人操作与运维职业技能等级证书(高级)	北京新奥时代科技有限责任公司	装备制造大类	已启用	查看 上链信息
5	第二批	1460003010020035	特殊焊接技术职业技能等级证书(中级)	中船舰客教育科技（北京）有限公司	装备制造大类	已启用	查看 上链信息
6	第二批	1460003010030036	特殊焊接技术职业技能等级证书(高级)	中船舰客教育科技（北京）有限公司	装备制造大类	已启用	查看 上链信息
7	第三批	1460019049010088	运动控制系统开发与应用职业技能等级证书(初级)	固高科技股份有限公司	装备制造大类	已启用	查看 上链信息
8	第三批	1460019049020090	运动控制系统开发与应用职业技能等级证书(中级)	固高科技股份有限公司	装备制造大类	已启用	查看 上链信息
9	第三批	1460019049030091	运动控制系统开发与应用职业技能等级证书(高级)	固高科技股份有限公司	装备制造大类	已启用	查看 上链信息
10	第三批	1460020059010100	工业互联网实施与运维职业技能等级证书(初级)	徐工汉云技术股份有限公司	装备制造大类	已启用	查看 上链信息
11	第三批	1460020059020101	工业互联网实施与运维职业技能等级证书(中级)	徐工汉云技术股份有限公司	装备制造大类	已启用	查看 上链信息

图 2-28 机械专业 1+X 证书

点工作的 1+X 证书有 225 种，如何在众多证书中选择合适的证书开展试点工作，如何满足不同学生的学习需求，帮助学生考取适合自己的 1+X 证书，是摆在试点院校面前的一道难题。

开展 1+X 证书试点工作的目的是实现自立框架下学生的个性化学习需求，适应学生毕业后从事不同工作岗位的需要。因此，教师在专业教学过程中就需要考虑不同岗位学生的学习需要，面向不同岗位设计教学和实训任务。我们在智能制造装备技术中开展了基于 1+X 轮岗实训的教学实践，并取得一定的效果。

（一）基于 1+X 轮岗实训教学产生的主要原因

智能制造装备技术专业的前身是高职的数控机床故障诊断与维修专业，该专业主要面向数控机床、加工中心等设备的故障诊断与维修，以及数控加工设备的日常保养。随着工业技术的不断转型升级，工业机器人、智能制造产线的不断投入，该专业因为就业面较窄、从业人员需求量不足，所以改为智能制造装备技术专业。由于专业内涵源于数控机床故障诊断与维修专业，在新的专业背景下如何保证学生的就业是专业活下去的前提，因此需要对传统的教学模式进行改革。为了保证教学改革与行业企业发展相适应，我们对专业进行相关调研。

1. 相关行业产业调研

机械装备制造业作为国家的支柱性产业，是国家综合国力的重要体现，而数控技术是装备制造业发展的核心技术，是制造业现代化的基础。“十三五”期间，青岛市数控机床产业步入快速发展期。过去几年间，青岛市职业院校培养了大批数控专业人才，主要从事数控机床操作工作。随着数控机床的日益普及，企业对数控机床维护维修人员的需求越来越大，可以预计在未来几年内，青岛市数控机床维修人才缺口在1万人以上。2022年，青岛市提出聚焦24条重点产业链——七大优势产业链、十大新兴产业链、七大现代服务产业链，亮出了这座城市战略性新兴产业引领与传统产业数字化转型相互促进、先进制造业与现代服务业深度融合的现代产业体系蓝图。产业链面向先进制造业的发展，对高端装备技术的投入是产业发展的先行条件。随着青岛市大项目的不断落地，对智能制造专业技术人员的需求会越来越多。

青岛工程职业学院位于青岛高新区，和其他院校相比具有区位优势。青岛高新技术产业开发区是1992年11月经国务院批准设立的国家高新区之一，现为"一区五园"模式。2006年6月在胶州湾北部扩区，形成高新区胶州湾北部主园区。2007年11月，青岛市委、市政府调整成立新的青岛高新区工委、管委，作为派出机构统筹推进胶州湾北部园区开发建设，并对青岛高科技工业园、青岛新技术产业开发试验区、青岛科技街、市南软件园进行协调指导。截至2022年12月，青岛高新区注册企业1092家，其中高新技术企业79家，拥有国家级产业基地5个，国家级科技企业孵化器3个。全年实现工业总产值2869.7亿元，同比增长11%。高新技术产业所涉及的25个行业大类中，15个行业累计增加值实现增长，行业增长面为60%。其中，电气机械和器材制造业生产规模日益壮大，实现工业总产值669亿元，同比增长14.2%，居高新技术行业大类产值的首位。

2. 人才需求调研

（1）山东半岛蓝色经济区对数控技术应用专业人才的需求情况　山东省部分规模以上制造业企业人才及专业需求旺盛。我们在对上汽通用五菱、南车集团、青岛海尔股份有限公司等20多家制造业企业所做的调查显示，这类企业对技能型人才需求量越来越大。

（2）青岛市先进制造业对数控技术应用专业人才的需求情况　多年来，青岛制造业对技能型人才的需求量一直位居各行业首位，缺口一直较大。随着先进制造业发展，技能型人才特别是高素质技能人才的需求量将进一步加大。

（3）青岛高新区对数控技术应用专业人才的需求情况　青岛高新区是青岛市实施"环湾保护、拥湾发展"战略的核心节点，按照"依托主城、拥湾发展、组团布局、轴向辐射"的思路，高新区将集中力量打造成"一主三辅多组团"城市发展格局的重要一极，建成"大青岛"北部新城区、"北部高端产业核心区"，重点布局汽车机车、电子信息、新材料、环保节能、光伏科技、生物医药、科研教育等高端制造业、新兴产业和生产性服务业。

3. 专业人才培养定位

通过对区域经济、企业人才需求进行调研，了解了山东省、青岛市对高端智能制造装备技术人员的要求，在此基础上对我院装备制造技术专业的学生进行人才培养定位。据国家机械工业教育发展中心在全国进行的一项智能制造装备技术相关岗位的调查显示，智能制造装备技术相关岗位涉及设备操作、设备改造、设备维护与保养、设备维修等岗位。

2022 年，我校调研了青岛市及其周边 16 家装备制造相关企业，了解有关智能制造装备技术最新岗位和需求情况。根据调研，目前生产性企业在智能制造装备技术岗位仍然集中在数控加工领域，主要岗位分布在数控操作、数控编程、数控维修、电器维修等工作岗位，其中数控维修工占总岗位人数的 26%，电器维修工占总岗位人数的 8%，如图 2-29 所示。由于目前山东省内开设智能制造装备技术的高职院校比较少，因此数控维修、电器维修等岗位是人才培养的重点。

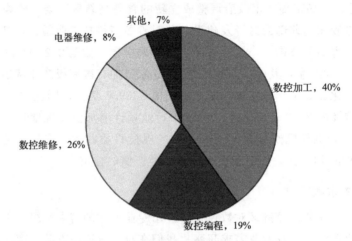

图 2-29　智能制造装备技术岗位分析

4. 专业课程设置

根据智能制造装备技术的专业人才培养定位，我院智能制造装备技术专业培养从事智能制造装备生产、智能制造装备故障诊断与维修、智能制造装备安装与调试、智能制造装备售后服务的一线技能人才。课程设计上选择智能制造装备技术相关的四个工作岗位作为专业核心岗位，根据相关岗位需求设计相应的专业核心课程，并指导学生考取岗位相关的 1+X 证书。专业核心岗位及对应的核心课程如表 2-15 所示。

表 2-15　专业核心课程

从业岗位	专业核心课程	1+X 证书
数控机床机械装调	机械零件、机械基础、钳工工艺	数控机床安装与调试职业技能等级证书
数控机床电气装调	电工电子、低压电器、自动控制	可编程控制系统集成及应用职业技能等级证书

续表

从业岗位	专业核心课程	1+X证书
数控机床机电联调	钳工工艺、机械零件、变频器、PLC	工业机器人装调职业技能等级证书、 工业机器人集成应用职业技能等级证书
数控机床维修	钳工工艺、数控编程与操作、低压电器、PLC	数控设备维护与维修职业技能等级证书、 智能产线控制与运维职业技能等级证书、 智能制造设备安装与调试职业技能等级证书

专业课程坚持以就业为导向，以培养高素质技能人才为目标，注重职业能力和服务生产一线的职业素质教育，重点培养和强化学生的数控铣床操作的基本能力和手工编程的能力，以及一定的数控加工工艺分析的能力。

课程顶层设计过程中，采用三段递进式培养方式，注重职业素养和职业能力的培养。在培养学生专业基本技能过程中，更注重职业关键能力如人际交往、团队协作、信息共享能力的培养，提高学生的职业素养，从而形成从事本专业工作的职业能力。

（一）智能制造装备技术轮岗实训课程开发

1. 学习领域开发

本课程以智能制造装备技术职业岗位能力培养为重点，根据企业实际岗位的职业工作，将本课程分为机械装调、电气装调、机械电气联调以及售后与维修四个学习领域，根据相关岗位1+X证书对职业技能的要求，将本课程分为相应的四个工作模块。在每个工作模块下根据从事的不同岗位职责，设置不同的工作项目。通过项目的学习和实训，最终掌握本岗位的专业技能。

2. 学习情境设计

根据学习领域的设计，结合智能制造装备技术专业工作所从事的不同岗位职责，选取典型的工作项目作为教学的主体来设计学习情境，如图2-30所示。

根据学习规律，工作任务由易到难，由简单到复杂，应用范围由窄变宽，逐步提高任务的难度，逐步提高工作能力。

3. 突出职业能力的培养目标

本专业以1+X职业技能证书要求的考核内容作为培养定位的导向，注重培养学生的实际工作和应用能力，包括专业技术能力、方法能力、社会能力和综合实践能力等。并通过一个个职业活动情境下的具体项目任务来培养学生的专业技能和职业能力，达到职业能力的培养目标，如图2-31所示。

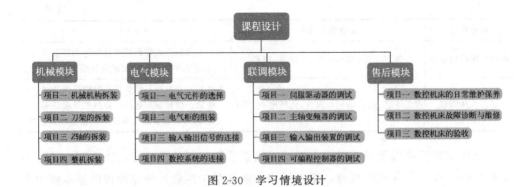

图 2-30　学习情境设计

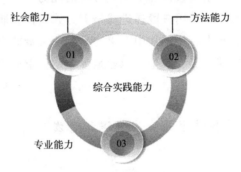

图 2-31　能力导向

4. 以工作能力和职业素质为主的过程性评价

课程的评价考核采取过程性评价的方法，主要包括三个部分：阶段性评价（30%）、岗位技能鉴定（50%）、学生自我评价（20%）。

（三）课程内容的组织

1. 课程内容

根据 1+X 证书的要求，不同岗位涉及的岗位职责是不同的，每个岗位职责点对应课程模块下的操作项目。模块一从事智能制造装备机械装调岗位课程内容如表 2-16 所示。

表 2-16　模块一课程内容

操作模块	岗位职责	实训项目
模块一　从事智能制造装备机械装调岗位	岗位职责一：熟悉智能制造装备常见的机械结构	项目一：智能制造装备常见的机械结构拆装仿真训练
	岗位职责二：能够完成智能制造装备换刀结构的安装、调试	项目二：数控车床刀架的拆装训练

操作模块	岗位职责	实训项目
模块一　从事智能制造装备机械装调岗位	岗位职责三：能够完成智能制造装备进给系统的安装、调试	项目三：数控车床Z轴的拆装训练
	岗位职责四：能够完成数控机床的整机安装、调试	项目四：数控铣床整机拆装仿真训练

在此岗位下从事智能制造装备技术的员工要从事四个岗位职责的工作，根据岗位职责选取了四个与岗位职责相关的项目，通过项目化的教学，学生真正掌握本岗位的职业技能。在教学内容组织上，将实训室设计成智能制造装备技术教学工厂，并设置四个工作工种，学生根据1+X证书的要求完成各个岗位的轮岗实训，如图2-32 所示。

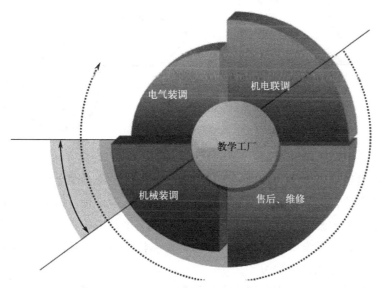

图 2-32　智能制造装备技术教学工厂

2. 课程组织

本课程采用理实一体化教学，主要采用教学工厂、慕课教学、翻转课堂、项目教学法等新型的教学手段，使学生掌握不同岗位所需要的知识和技能。

（1）以企业培训员工的方式，按照1+X要求层层递进教学　结合企业新员工培训模式，结合1+X证书试点的考核要求，学生在进行项目教学之前，先利用慕课自主进行基础知识的储备。在完成基础知识储备后，进入模拟教学工厂进行面试，由面试老师判定学生所掌握的知识是否满足项目的需要。然后领取相关的工艺卡片，进入仿真室进行仿真训练。教师在学生上机操作前首先进行岗前培训，解决学生在学习中遇到的问题和困难。最后通过学生的上机操作完成本项目的学习，如图 2-33 所示。

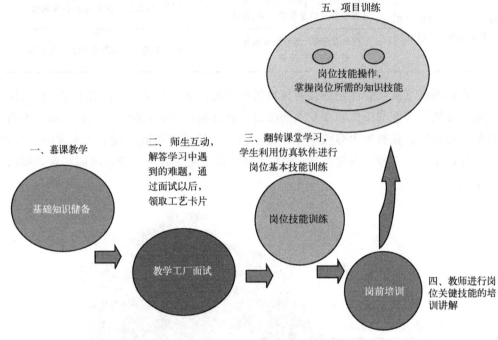

五、项目训练

岗位技能操作，掌握岗位所需的知识技能

一、慕课教学

基础知识储备

二、师生互动，解答学习中遇到的难题，通过面试以后，领取工艺卡片

教学工厂面试

三、翻转课堂学习，学生利用仿真软件进行岗位基本技能训练

岗位技能训练

岗前培训

四、教师进行岗位关键技能的培训讲解

图 2-33　课程组织

（2）以微课程教学作为理论知识的教学手段　为了提高学生的学习兴趣，改进以往的理论方法，本课程将各个项目的教学视频、教学录像、教案、电子课件等内容上传到本课程的慕课学习中心。教师给出未来一个月内的学习计划，学生可以在日常任何时间进入教学平台进行慕课学习。每一位学生可以凭借自己的姓名、学号登录慕课中心，完成自主学习。

（3）以教学工厂完成实训岗位实景重现　为了使学生真正地融入企业智能制造装备技术的实际工作环境，将相关实训室建成智能制造装备教学工厂，并根据工厂的实际工作流程设计实训作业区。学生在真实的工厂环境下根据 1＋X 证书的岗位需求完成项目的实训操作，最终掌握本岗位所需要的专业技能。

（四）轮岗实训的意义

通过基于 1＋X 证书轮岗实训的教学模式实践我们发现，学生通过轮岗可以在实践中不断体验不同岗位的职业要求和标准，通过参加不同岗位的实训，可以培养多角度思考问题的能力。同时轮岗实训过程中需要和不同的同学组成新的学习小组，可以不断提升管理自我和管理他人的能力。

　　1+X证书试点工作的开展表明我国的职业资历框架正在形成。通过1+X证书的试点，我国原有的以专业为主的人才培养模式逐渐转变为以职业技能和岗位为主的模式；通过1+X证书的试点，同一专业的学生会学习不同工作岗位的技能。我们在设计轮岗实训的教学模式的时候，并不要求学生要轮完全部的岗位，学生可以根据自己的兴趣爱好、知识背景选择自己要实训的岗位。学生只要在四个岗位中完成两个岗位的轮岗实训，该门课程的学业成绩就评判为合格，如果完成三个岗位的实训学业评价为良好，如果完成四个岗位的实训学业成绩为优秀。通过岗位的轮训，学生可以掌握本专业的多种技能，进而成长为该专业的复合型人才。

第三章 ▶▶ 师资队伍培养

第一节 · 赛证融通的"双师型"教师培养

2022 年 10 月 25 日，教育部办公厅发布《关于做好职业教育"双师型"教师认定工作的通知》，要求"双师型"教师应贯彻党的教育方针，热爱职业教育事业，具有良好的思想政治素质和师德素养，自觉践行社会主义核心价值观，弘扬劳模精神、劳动精神、工匠精神，为人师表，关爱学生；具备相应的理论教学和实践教学能力，掌握先进的教学理念和教学方法，积极参与教学改革与研究；能够采取多种教学模式方式，有效运用现代信息技术开展教学。此文件的提出为我国"双师型"教师队伍建设指明了方向。职业教育作为一种类型教育，主要培养面向企业一线的高素质技术技能人才。近年来，随着职业院校技能大赛和 1＋X 证书试点工作的开展，通过赛证融通来实现"双师型"教师培养是目前常见的培养策略。

一、教师技能大赛促进"双师型"教师建设

教师技能大赛是对教师的教育教学技能检验的重要方法，也是国家、省、市教育主管部门对各级各层教师提出的要求。近年来，随着制造业的不断转型升级，特别是高职教育的立交桥打通以后，对高等职业院校的教师提出了更高的要求。目前高职院校的生源是各种教育类型中最为复杂的一类，既有通过高考入学的普通高中毕业生，也有通过春季高考入学的中等职业教育毕业生，还有通过对口单招、"三二连读"方式入学的中职毕业生。近年来，专业士官、城市农民工等也成为高职生源的一部分。面对不同生源的学生，如果还是按照传统教学方式进行教学，就无法满足高职人才培养方案的要求，造成高职教育质量不高、学生学习效果不佳等问题。

（一）高职教师队伍存在的主要问题

1. 教师缺乏实践经验，技能水平不足

近年来，随着高职扩招以及高职院校办学质量标准的颁布，高校教师队伍数量呈现爆炸性增长。截至 2021 年，全国共有高职（专科）学校 1486 所，2021 年的全国职业教育教师为 129 万人。从年龄结构看，高职院校 50 岁以下的专任教师占比达到 83%，中青年正成为职业教育教师队伍的骨干力量。从"双师型"教师在专业课教师中的占比来看，中职和高职均超过 55%，达到了占比过半的要求。从学历结构看，高职院校中本科及以上学历的专任教师占比达到 99%，研究生及以上学历的专任教师占比达到 41%。通过教育部公布的数据可以看到，目前高职院校教师基本都是本科或者硕士以上学历，高校毕业生已经成为高职院校教师的主要来源。高校毕业生具有较强的理论素养、较新的知识储备和教学研究能力，但是这部分教师没有企业一线的实践经验，动手能力不足，知识型教师较多，能够指导实训教学的教师较少。教师的技能水平成为制约教师教学能力提升的主要因素。

2. 教师培训成长平台较少

由于高职院校教师与生产实际脱节，对生产中使用的新工艺、新技术、新方法了解不足，为了提升教师技能水平，国家、省、市也纷纷出台政策促进教师专业技术成长。通过举办国家、省级骨干教师培训，可以有效提升教师的教学论、方法论，组织教师参加各种研修，也可以促进教师专业能力的成长。目前有些职业院校的教师培训项目也邀请企业参与，山东省教育厅发文确定海尔集团等 49 家企业为山东省职业教育教师企业实践基地，教师可以到企业参与企业实践。同时各级各类职业院校在教师专业技术职务评聘过程中也将专业教师五年内必须下厂锻炼 6 个月作为晋升上一级专业技术职务的必要条件，都是为强化教师的实践技能水平。但在实际操作过程中，还是会遇到教师在企业实践过程中观摩多、动手少的情况，造成教师实践能力进步较慢，没有达到培训效果的现象。

（二）教师技能大赛对"双师型"教师队伍建设的促进作用

教师技能大赛是面向职业院校教师组织的职业技能大赛，大赛可以有效检验专业教师的技能水平。为了提升教师的专业能力，促进教师主动向"双师型"教师转变，我院成立之初就将教师技能大赛作为一项优良传统，每年组织实施。大赛邀请校外专家出题，题目内容与专业课程紧密结合，采用的技术标准对接行业标准，要求全体专任教师参赛。

1. 提升教师的专业水平和实践技能

2022 年，我院教师技能大赛焊接赛项的题目来源于企业职工技能大赛，移动

通信赛项的题目源自通信公司的岗位标准，钳工赛项的题目来源于海信模具有限公司的比赛试题。举办教师技能大赛可以加深教师对行业、企业标准的认同感，促进教师技能水平的提升。

师者，所以传道受业解惑也。职业教育作为一种类型教育，主要是培养面向企业一线的高素质技术技能人才。职业院校教师除了要传授相应的知识外，还需要培养学生的专业技能。对于工科类专业来说，教师的技能水平决定了学生的技能水平，因此相较于普教的老师，高职教育的教师必须有较高的专业技能。

教师技能大赛为教师提供了展示自身技能的舞台，通过比赛加深了专业教师之间的相互交流，有利于教师团队找出不足，明确前进的方向。

2. 转变教师思想，提升实训教学水平

教师技能大赛邀请校外专家命题，命题过程中比赛的制度、规则都是按照行业企业最新标准来制定的，在比赛前一个月发布教师技能大赛相应的规程，教师可以在赛前开展有针对性的训练。教师通过备赛可以研究比赛试题中所包含的工艺、技术和方法，由于大赛使用的实训设备和学生日常的实训设备是一致的，教师可以将比赛中掌握的知识、技能应用于日常教学之中，从而实现了技能大赛知识的迁移，提升教师实训教学水平。通过举办教师技能大赛，我院教师将教师技能大赛的项目改进成实训教学项目，实现了大赛成果的转化。

3. 促进教学相长

全国职业院校技能大赛经过多年的发展已经非常成熟，教师辅导学生参加职业院校技能大赛也是专业教学的重要组成部分。学生技能大赛一方面是考核学生的实践技能水平，另一方面更是对教师技能水平的展示。通过对参加职业院校技能大赛的学生情况进行调研可以看到，大赛成绩较好的院校都有一批技术技能精湛的金牌教练。学生依靠自己的能力完成大赛试题的备赛以及工艺规程的制定是比较难的，需要教师培训和指导，学生参赛的水平也客观地反映了辅导教师的技能水平。在对教师技能大赛进行赛项设置过程中，部分专业的赛项和学生技能大赛的赛项相一致，比赛试题也来源于学生技能大赛。教师通过比赛一方面可以加深对学生技能大赛试题的理解，另一方面可以体会学生在比赛过程中的心理状态和有可能遇到的困难，便于教师在指导学生的过程中有的放矢，实现教学相长。

4. 促进教师专业教学

职业教育要求专业与产业、职业岗位对接，专业课程内容与职业标准对接，教学过程与生产过程对接，学历证书与职业资格证书对接，职业教育与终身学习对接，要求职业教育的教师要对产业、岗位、职业标准及生产过程有深刻的理解。教师技能大赛搭建了校企合作的平台，许多评审专家是来自行业、企业的技术骨干，

他们除了担任大赛的评委以外，还根据教师在技能大赛中的表现给予相应评价。通过举办教师技能大赛，我院与区域内的大国工匠、首席技师、劳动模范建立了密切的联系，聘任多位大国工匠作为企业兼职教师，指导学院年轻教师的成长，实现了工匠技艺的传承。青年教师通过在大国工匠工作室中培训研修，按照企业大国工匠的成长路径锤炼自身的专业技能，找准个人专业成长的方向，推动专业教学改革。

5. 促进专业实训室建设

技能大赛所使用的比赛设备和日常实训教学的设备存在较大区别，更贴近生产实际。为保证大赛的成绩，需要高职院校及时更新实训设备，加强专业实训室建设。在 2022 年 12 月 27 日召开的教育部新闻发布会上，国家发展改革委社会司司长介绍，"十三五"以来，国家发展改革委累计安排中央预算内投资共 343 亿元，支持全国约 1200 个职业教育实训基地建设。目前，国家层面对职业教育的发展十分重视，各高职院校的实训设备不断升级换代，有了显著提升，为参赛教师和学生提供了良好的比赛场地，某些承办技能大赛的院校实训设备的质量超过了企业设备的质量，为院校实现教学改革提供坚实的硬件基础。

（三）以我院教师技能大赛为例落实专业实训教学

学高为师，身正为范。作为一名教师，要运用自身的专业能力成为学生的榜样，进而激发学生的学习兴趣。我院的教师技能大赛安排了相关专业的学生观摩比赛，一方面可以让教师们展示自己的技能水平，另一方面也能够给学生提供学习的机会。通过近距离观摩教师比赛，增强学生对教师的认同感，运用榜样的力量影响学生。比赛结束后，安排参赛教师进行经验分享，使学生了解教师在比赛过程中的心路历程，同时教师也可以总结分析当前教学的主要问题，进而不断改进教学。

1. 学以致用，突出重点

我院 2022 年焊接赛项教师技能大赛试题选用的是中车集团焊接岗位技术工人比赛所用的试题。中车集团的焊接岗位主要培养的是我国高速列车车体、转向架等产品的焊接职工，代表了我国焊接技术的最高水平。教师通过比赛可以了解企业对焊接岗位和焊接技术的要求，进而在实训教学中突出重点、找准方向。

图 3-1 所示为焊接比赛的样件。通过比赛样件可以看出，企业在焊接比赛过程中需要选手完成板材与板材的焊接、管件与管件的焊接、管件与板材的焊接这三种焊接。因此教师在实训教学过程中应该设计三种学习领域，面向三种焊接。从焊接工艺分析可以看出，底座焊接过程中主要采用的是平焊工艺，这种工艺考验的是选手的基本功。侧板焊接过程中主要采用的是立焊工艺，选手在焊接过程中除了要注意焊接质量外，还需要具有对材料变形的预判能力。顶板焊接主要采用的是仰焊工

艺，这部分难度最大，可以充分考验选手的技能水平。因此在设计焊接工艺的训练时，需要教师按照从易到难的顺序设计学生的学习过程。

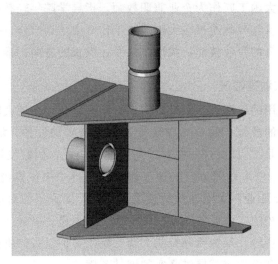

图 3-1　焊接比赛样件

焊接比赛耗材如表 3-1 所示，可以看到在训练过程中除了要掌握相同材料的焊接外，还需要考虑不同材料之间的焊接。由于材质不同，材料的热膨胀系数也不相同，如何处理不同材料之间的变形是教师实训过程中应该关注的重点。从焊接设备的准备上看，本次焊接主要使用的设备如表 3-2 所示。

表 3-1　焊接比赛耗材

名称	数量	材质	规格/mm
1#	1	Q235	板 240×70×6-30°坡口
2#	2	Q235	底板 290×240×6-30°坡口
3#	1	Q235	前面板 230×115×6-30°坡口
4#	1	Q235	前面板 115×114×6-30°坡口
5#	1	Q235	前面板 115×114×6-30°坡口
6#	1	Q235	侧立板 230×150×6-60°坡口
7#	3	20#	$\Phi60×4$-30°坡口,$L=75$

表 3-2　焊接比赛设备

序号	设备名称
1	熔化极混合气体保护焊
2	钨极氩弧焊
3	手工焊条电弧焊

比赛使用的设备包括气体保护焊、氩弧焊及电焊三种，因此焊接专业也应该在专业课程中设置气体保护焊、氩弧焊和电焊三种设备的实训。教师通过比赛对企业使用的焊接工艺及技术有了较深的了解，从而可以在教学过程中学以致用、突出重点。

2. 注重基础，强基固本

三维建模技术赛项考核的是选手的三维零件建模技术和能力，主要面向我院数控、模具、机械制造、材料成型等专业的三维零件设计课程。在比赛过程中，命题专家充分考虑了对选手基本技能的考核。

图 3-2 所示的零件是日常生活中常见的门把手，选手对此零件十分熟悉，因此在比赛过程中可以降低选手的畏难情绪。该零件结构虽然

图 3-2　三维零件曲面设计试题

简单，但是考核了三维零件建模中全部常用的基本技能。

图 3-3 所示的把手底座部分需要用到拉伸指令完成，四个孔的建模使用的是拉伸除料的功能。把手设计过程中需要用到曲线的绘制，把手曲面的建模应用了放样指令。通过一个简单的生活中的案例，可以考核参赛选手对三维零件建模基本功的掌握程度。参赛教师对赛题的设计给予了很高的评价，也将这个比赛题目应用于学生日常教学之中。比赛强化了教师对学生日常基本技能的训练，只有打好基本功才能更好地完成复杂的项目。

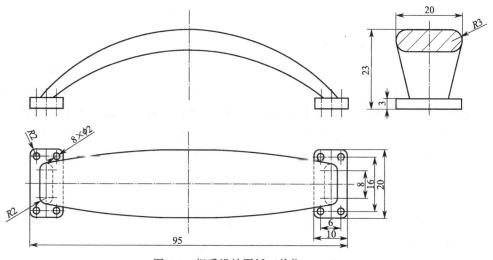

图 3-3　把手设计图纸（单位：mm）

教师技能大赛深化了校企合作培养"双师型"教师的模式，教师通过参加技能大赛可以促进专业技能的提升，了解企业对岗位的技术要求，激发教学研究的精神和能力，促进专业教学成长。但是对教师技能大赛的组织形式、命题方式以及评价方法的设置还需要进一步研究。近年来，全国职业院校技能大赛主要是对学生技能水平进行考核，教师参赛的项目越来越少，教师能够实现互动交流、展示技能的平台也比较少。学院自己组织的教师技能大赛应该跟教师继续教育、专业技术职务评聘挂钩，促进教师参加技能大赛的热情，进而打造高水平"双师型"队伍。

二、 1＋X证书促进"双师型"教师队伍建设

随着"中国制造2025"的提出，以及经济结构调整和产业转型升级的要求，通过新技术赋能企业技术革命已经成为共识。随着人口老龄化的到来，提高自动化和机器的生产效率已成为现实，技术的不断更新促使职业院校专业调整速度不断加快。近几年随着高等教育步入普及化阶段，高职院校的招生规模不断扩大，"双师型"教师队伍建设已经成为制约现代职业教育高质量发展的主要因素。

职业院校1＋X证书试点工作的开展，为企业提供了参与实训教学的路径，也为高职院校教师提供了了解企业工作内容和考核标准的途径。1＋X证书制度对试点院校的师资和设备标准都有一定的要求，院校开展相关证书的试点工作的教师必须具备培训导师、考务人员的培训资格，教师通过参与相关资格考试可以促进技能水平的提升。高职院校开展1＋X证书试点工作，高职院校教师要深入研究1＋X证书制度在"双师型"教师队伍培养的可行性，通过1＋X证书制度试点为高职院校"双师型"教师队伍建设赋能。

（一）1＋X证书对高职院校"双师型"教师的要求

1. 1＋X证书制度的起源

1＋X证书制度的"1"指的是学历证书，学生进入职业院校后取得的相应学历，"X"指的是若干个职业技能等级证书，此处的职业技能等级证书与传统的职业资格证书有所不同。职业资格证书指的是证书持有人具有从事某种职业的资格，而职业技能等级证书指的是证书持有人具有某种职业的技能等级，职业技能等级证书可以证明学生具有从事某种职业能力。随着技术的不断升级，学生在毕业后无法像以前的毕业生那样只从事一个岗位的工作，学生的技能水平具有多元复合性。

首先，1＋X证书制度的兴起为实现国家资历框架打下基础。通过借鉴德国"双元制"职业教育模式，在"双元制"下学生的职业技能水平是由行业协会制订并测试的，1＋X证书试点工作主要由第三方教育评价机构实施。随着试点规模的不断扩大，证书社会认可程度提高，国家职业资历框架和"学分银行"制度逐步完

善和建立起来。

其次，1＋X证书制度也为学生个性化学习和终身学习提供了路径。目前企业对人才的需求趋向多元复合型人才，学生很难一直从事一个岗位的工作。开展1＋X证书试点工作可以实现学生职业生涯的可持续发展，学生可以根据实际岗位变化以及个人学习背景、兴趣爱好等选择合适的"X"证书进行试点，成长为满足企业用人需求的高素质技术技能人才。

此外，实行1＋X证书试点是教育部等部门制定的职业教育改革发展纲要的内容。各个职业院校开展试点的规模不断扩大，职业教育的教师应该遵循国家教育方针政策，积极参与1＋X证书的试点工作。

2. 1＋X证书对高职院校"双师型"教师的本质要求

在高职院校进行1＋X证书试点工作中，"双师型"教师是实现试点工作落地的关键，第三方评价机构作为评价者参与试点工作，对学生的培训工作还是需要通过教师来实施。

1＋X证书试点对高职院校"双师型"教师的本质要求主要体现在以下几个方面。首先要转变教师的教育教学观念，始终与党中央保持一致，积极接受新的教育方针政策，落实立德树人教育理念。1＋X证书试点对教师提出了更高的要求，教师在教育教学过程中应该具有良好的职业道德，遵循马克思主义人的全面发展学说，满足学生个性化和可持续发展的学习需求。其次1＋X证书试点也对教师的专业素质提出了更高的要求，高职院校教师肩负着为国家培养高质量技术技能人才的重任，教师除了需要具备满足教学要求的文化知识以外，还应该具有良好的人际交往能力、教学反思能力以及与学生交流沟通的能力。同时教师应该成为专业教师、企业工程师、创业导师、成长导师，只有这样才能满足不同学生的多元学习需求，将人才培养落到实处。

1＋X证书试点工作对高职院校"双师型"教师的职业技能提出了更高的要求，教师除了要掌握专业基础知识和技能外，也需要变成一名"X"教师，需要具备多元专业技能。由于1＋X证书试点工作是由第三方评价机构进行评价，因此对实践技能的要求更高。因此，为满足1＋X证书试点工作的需要，高职院校教师应该具备良好的专业洞察力，实时了解专业发展的方向，与时俱进地不断重构个人理论知识和实践技能结构，学习新的专业知识，促进专业的升级换代。

（二）我国"双师型"教师队伍现状

随着1＋X证书试点工作的不断开展，我国"双师型"教师队伍离职业教育高质量发展还存在较大差距，因此教育部及时出台政策推动"双师型"教师的认定，来满足1＋X证书试点工作的要求。我国"双师型"教师队伍目前还存在以下几个突出问题。

1. 教师数量有待增加

根据教育部2021年统计数据可以看出，2021年全国职业院校专任教师为129万人（其中中等职业学校专任教师69.5万人，高职专科学校57.0万人，本科层次职业学校2.5万人），"双师型"教师在专业课教师中的占比均超过55%（中职56%、高职专科59%、高职本科59%）。尽管高职院校"双师型"教师比例达到了59%，但是教师总体数量还存在不足。由于2021年不同地区对"双师型"教师的认定没有统一标准，因此我国各省市要求的"双师型"教师的比例也存在一定的差异。例如，广东省对职业院校"双师型"教师占比要求达到60%以上，浙江省要求达到80%以上，江苏省甚至要求达到85%以上。

由于职业教育的特点，除文化基础课教师外，专业课教师应该全部是"双师型"教师，按照专业课教师和文化基础课教师3∶1的比例，职业院校"双师型"教师的比例应该达到75%以上，人才缺口大约为9万人。因此高职学校"双师型"教师的比例还是偏低，制约了职业教育的进一步发展。

2. 教师质量亟须提升

不仅我国"双师型"教师的数量存在较大不足，"双师型"教师在质量上更亟须提升。在国家"双师型"教师认定标准没有出台之前，各地对"双师型"教师的认定缺乏标准和实施细则，因此在统计数据中有一部分"双师型"教师不符合"双师型"教师认定的标准，尤其是教师的技能水平需要提高。目前高职院校教师的主要来源是研究生，对高职院校教师学历的重视程度要高于教师的技能水平，造成了目前高职院校理论水平高、实践技能薄弱的情况。近几年来，教育部要求专业教师5年内至少有6个月时间下厂锻炼，以提升教师专业技能，但是受机制体制等多种因素的影响，教师本身承担繁重的教学科研任务，总体来看此方法对教师技能水平的提升程度并不高。由于教师缺乏企业实践经验，因此在教学过程中对教材内容的把握存在偏差，这也是造成教师在授课过程中照本宣科的主要原因。随着教育部职业教育"双师型"教师基本标准的发布，"双师型"教师的评价会逐步完善。

3. 企业兼职教师不足

"职教20条"指出，建立健全职业院校自主聘任兼职教师的办法，推动企业工程技术人员、高技能人才和职业院校教师双向流动。《国务院关于加快发展现代职业教育的决定》（国发〔2014〕19号）再次明确了"双师型"教师队伍应是"专兼结合"的，其发展不能单靠校内专业教师，必须拓宽校外资源，组建"政校企行"的混编教学团队。

目前各高职院校"专兼结合"教师队伍建设不足，由于缺乏相应的政策和激励机制，高职院校的兼职教师队伍成效不足，大多数行业、企业兼职教师挂名的居多，实际参与教学运行的较少。企业导师参与高职院校专业建设、课程标准开发、专业人才培养往往得不到企业的大力支持，因此造成目前国内高职院校企业兼职教师"形而上"的现象较为明显，企业参与职业教育的热情不高。

（三）1＋X 证书促进"双师型"教师队伍建设的路径

开展 1＋X 证书试点工作加强了职业院校与评价企业之间的联系，为打造"专兼结合"的教师、提升教师专业技能提供了新的思路和方法。

1. 更新观念，落实"双师型"教师可持续发展观

1＋X 证书试点工作是国家层面推动的职业资历框架制度，涉及教育主管部门、第三方评价机构、试点院校等，是一个系统性的工程。教师是其中的实施环节，所有证书试点的申报、培训、组织及评价都是在教师这个操作层面完成的，因此教师队伍素质的高低决定了 1＋X 证书试点工作的成败。要培养"双师型"教师队伍，首先要改进教师的教育教学观念，提升教师的学习意识是重中之重。"职教 20 条"等文件针对"双师型"教师队伍建设提出了具体要求，提出从 2020 年起，发挥国家和地方教育行政部门师资培训项目的主渠道作用，将 1＋X 证书制度试点师资培训纳入职业院校教师相关培训规划中，为高职院校推动优质教师队伍建设指明了前进的方向。

同时在教育主管部门对高职院校评估过程中，"双师型"教师队伍的数量、比例是考核的重点内容。高职院校如何实现 1＋X 证书试点的"双师型"教师队伍建设，应该作为高职院校"双师型"教师队伍建设的重点内容。院校行政主管部门应该根据学院的实际情况，将参与 1＋X 证书试点的"双师型"教师队伍建设作为学院重点建设目标，设计方案、制定政策、搭建平台、完善制度，不断提升学校"双师型"教师的管理水平，推动"双师型"教师队伍的可持续发展。

心理学家荣格提出"内驱力"的概念，指的是在和环境交互时，个体自发产生的一种具有驱动效应的自我力量。对于教师成长而言，内驱力是促进教师个人发展的最大动力。"双师型"教师是学校教师和企业导师的集合体，教师应该从讲师转化为"X"型教师，实现"一专多能"的综合素质。只有教师具有成长为"双师型"教师的自我内驱力，才能够自主转变教育教学观念，主动研究 1＋X 证书制度下相应的职业技能等级鉴定标准，重构个人理论知识和实践技能结构，并将所学的知识贯穿于教学实践全过程，满足学生多元化的学习需求。

2. 完善"双师型"教师培训制度

为满足 1＋X 证书培训、鉴定的需要，切实提升"双师型"教师队伍素质，需

要完善现有的"双师型"教师培训制度。高职院校应该多层次、多渠道地为"双师型"教师提供培训的机会，改变以往走马观花的"双师型"教师培训模式，切实提升"双师型"教师的职业技能。

职业教育离不开产教融合、校企合作，要提升"双师型"教师的技能水平，就需要打破传统的教师培养模式，增强校企互动，引入 1＋X 证书的企业资源，开展"双师型"教师培训。高职院校应该选派骨干教师到 1＋X 证书评价企业开展跟岗实训，拓展校企合作实训基地渠道，强化校企之间的联系。推动校企共同开展教师培养培训工作，引导教师将自身专业知识与企业实际技能需求结合，促进教师全面发展。

近年来，德国"双元制"教学模式、英国的新型学徒制以及澳大利亚 TAFE 培训包等国外先进的教学模式逐步在我国实现本土化研究，这些发达国家教学模式中都有教师团队打造和建设的内容，高职院校应该借鉴和吸收发达国家在教师培养上的优势，促进本校教师队伍的建设。

同时高职院校在进行"双师型"教师队伍培训过程中应该关注教师的个性化需求，考虑教师对培训的实际需要。高职院校应根据教师的能力、职称、专业背景以及工作年限等特点，有针对性地制定多层次、多类别、多元化的教师培训方案，实现"双师型"教师队伍的接替培养。对于新进教师，主要从事职业资格准入的培训，对这部分专业教师需要按照岗位中级工的标准进行培训，引导教师了解所从事的专业岗位情况，能够完成该岗位下基本操作技能及常规工具的使用。对于骨干教师，应该立足于岗位技师、工程师层面的培养，骨干教师除了具有岗位要求的基本技能外，还应该具备运用知识解决工作中实际问题的能力，能够帮助企业解决生产过程中遇到的技术难题，达到教育部高级"双师型"教师的标准。专业带头人承担着整个专业建设的任务，专业带头人应该对专业建设的发展思路、脉络有清晰准确的了解，能够带领教学队伍及时修订专业人才培养方案，确定专业发展方向。因此专业带头人应该是和企业联系最紧密的人，能够具有参与企业技术改造及设备创新的能力，是整个"双师型"教师队伍的领头羊。

3. 构建"双师型"教师队伍建设的激励机制

目前国内高职院校在"双师型"教师队伍建设过程中遇到的难点是缺乏"双师型"教师队伍建设的激励机制，因此要基于 1＋X 证书试点建设"双师型"教师队伍，应该强化机制建设。纵观国内外职业教育"双师型"教师队伍建设的经验可以看出，一个运行良好的激励机制，是高职院校"双师型"教师队伍发展的关键，高职院校只有构建科学合理的激励机制，才能保证"双师型"教师队伍建设有迹可循、有章可依。教育部公布了职业院校"双师型"教师队伍的建设标准，从国家框架对职业院校"双师型"教师认定提供了指南，各高职院校应该在教育部认定标准下建设本校的"双师型"教师认定实施指南，建立学院"双师型"教师认定委员会，根据教师的实际情况对本校的"双师型"教师进行认定。对"双师型"教师的认定要同教师的绩效考核、职称评聘等挂钩，激励教师尽快成长为"双师型"教师。

三、高职"双师型"教师继续教育路径与创新

党的二十大报告指出"统筹职业教育、高等教育、继续教育协同创新，推进职普融通、产教融合、科教融汇，优化职业教育类型定位。加强师德师风建设，培养高素质教师队伍，弘扬尊师重教社会风尚。推进教育数字化，建设全民终身学习的学习型社会、学习型大国"。其中优化职业教育类型定位，就需要有一支高素质教师队伍。高职教师通过终身学习来强化自身知识与技能结构，是教师继续教育的必由之路。

2022年10月25日，教育部发布的《职业教育"双师型"教师基本标准（试行）》提出，职业教育"双师型"教师既要具备相应的理论教学和实践教学能力，又要具有企业相关工作经历，或积极深入企业和生产服务一线进行过岗位实践，能够及时将新技术、新工艺、新规范融入教学。教育部还对中职、高职不同层级"双师型"教师应具备的条件提出要求。比如，高职院校教师申报高级"双师型"教师时，还需具有丰富的企业相关工作经历或者实践经验，熟练掌握本专业工作过程或技术流程，在实习实训教学、设备改造、技术革新、成果转化等校企合作方面取得突出成果，取得重大的经济效益和社会效益。获得相关的国家职业资格高级证书或职业技能等级高级证书，或具有本专业或相近专业非教师系列高级职务（职称），或具有相应的能力水平。2023年1月5日，浙江省教育厅率先发布文件，明确提出职业院校的教师申报高级职称应先通过"双师型"教师认定。

随着职业教育类型定位的确定以及国家层面对"双师型"教师的认定，对职业教育专业教师的继续教育提出了更高的要求。尽管目前教师进行继续教育已经成为一种常态化的教育方式，但是高职教师的继续教育仍然存在一些问题，主要体现在高职教师继续教育培训适应性不强、培训内容不够灵活、学习成果认定困难等问题，对高职院校教师的专业发展存在一定的阻碍作用。

（一）高职院校"双师型"教师继续教育的困境

1. 缺乏相应政策的支持

我国已经建立了覆盖全国城乡的继续教育体系，面向包括高校教师在内的广大社会成员，提供学历继续教育与非学历继续教育机会，颁布了《中小学教师继续教育规定》，对中小学教师的继续教育形成了比较完善的制度体系。但是对高校教师

的继续教育目前还没有出台相应的规定。高职院校教师的继续教育相比于中小学教师来说专业类别较多，不同专业的培训需求存在一定的差异，需要行业、企业的广泛参与。目前缺乏顶层方面的设计，企业热情和参与度不高。目前国家已经关注到高职院校教师对继续教育方面的需求，教育部已经先后认定了两批职业教育教师企业实践基地，各省级教育主管部门也跟进认定省级职业教育教师企业实践基地，为职业院校教师的企业实践提供了相应的支持。但是目前还没有相关的文件对高职院校教师企业实践的时间、待遇等方面给予足够的支持。随着教育部对"双师型"教师认定工作的开展，预计不远的将来会有相应的政策文件出台。

2. 培训内容与教师需求脱节

目前高职院校教师继续教育主要包含三个方面内容，分别是师德师风教育、教学能力以及教学方法教育、职业技能教育。这三种都是教师的专业化能力提升的重要内容，但是在实际培训过程中面向不同的教师应该有所侧重。随着科学技术的不断发展，新技术、新工艺、新方法不断涌现，高职院校教师在大学里所学到的知识和技能已经不足以支撑专业教学的开展。国外发达国家的教师继续教育培训都着力于对职业院校专业教师技能升级的培训，以更新专业教师的知识结构，满足专业升级、转换的相关要求。目前我国高职院校教师培训还在较大范围内存在以知识灌输为主的"重理论、轻实践"的现象。特别是大学刚毕业的教师，其基本技能存在一定的欠缺，却很难通过教师继续教育来补足短板，进而导致高职院校教师继续教育内容与教师实际需求脱节，高职教师继续教育质量不高。

同时承担高职院校教师继续教育培训的机构大多是本科高校或者相关科研机构，尽管高职院校和本科院校都属于高等教育，但这两种学校在人才培养定位上还存在一定的差异。本科院校定位于研究型或者应用研究人才，而高职院校主要定位于高素质技术技能人才，因此两种院校在人才培养方案设置、课程标准制定上也存在较大不同。高职院校教师更强调对"双师型"教师的培养，这对于本科院校来说在设置培训内容时存在较大的难度，造成目前国内高职院校继续教育培训理论方法多、实践操作少，讲座多、动手少，观摩多、参与少的情况。同时由于本科院校的生源和高职院校的生源相比也存在一定的差异，在教学模式和教学方法上不具备通用性，在设置培训内容时也应该关注不同教育间的差异性。

3. 继续教育学习成果的认定缺乏灵活性

目前对高职院校教师继续教育学习成果的认定主要通过以下几个方面。第一种是教师在各类研修平台学习的学分，教师利用寒假、暑假及日常课余时间登录教师研修平台学习的学分，可以作为教师继续教育的学分；第二种是参加各级各类的国培、省培的培训，培训结束后由相关的师资培训基地对教师的学习成果进行认定，并转化成相应的学分；第三种是专业教师根据教育部的要求，参加 5 年内至少 6 个月的企业实践，通过企业出具的证明确定相应的学分。其实，教师专业成长的路径是多样化的，教师通过集体备课、听课评课可以提升自身的教育教学能力；教师通过理论学习，可以提升自身的理论修养；教师通过外出参观考察，可以加强对专业建设的认识。目前教育装备类企业也组织了多种形式的教师培训，可以促进教师的技能水平，因此对教师的继续教育成果进行多元化认定也是促进教师继续教育质量的关键。

4. 继续教育保障机制不健全

高职院校的人事部门一般作为教师继续教育工作的具体实施部门，但是教师继续教育的顺利开展需要学校多部门协同促进。例如，参加继续教育的教师的教学内容指定一般由培训部门负责实施，教师继续教育期间教学工作如何安排、课时如何计算是由教务处负责，教师在继续教育期间所需要的费用由财务部门负责。目前我国高职院校教师继续教育的保障机制还不是很健全，一方面在选派参训教师过程中针对性不强，不能满足教师不同层次的培训需求，另一方面教师日常教学、科研、企业技术服务、学生管理等工作较为繁忙，很难再有精力进行培训。因此要想提升教师继续教育的质量，必须建立健全保障机制。

（二）高职院校"双师型"教师继续教育培训的需求分析

通过对国内高职院校的专业课教师进行调研可以看出，目前高职院校专业课教师的主要来源是高校硕士以上的毕业生，这些高校年轻教师有着较强的学习能力及相关的专业素养，但是大部分没有经历过完整的师范教育，在教育教学理论及方法上存在先天不足。另外，大部分青年教师是按照从学校到学校的路径进行培养的，培养过程缺乏企业工作经历，对生产实际情况了解不足。因此对高职院校教师开展继续教育培训需要从以下三个方面找差距、补短板，如图 3-4 所示。

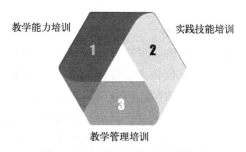

图 3-4　"双师型"教师培训模式

对高职院校教师开展教学能力培训的结构体系目前较为完整。一个大学毕业生走上讲台要经历岗前培训，要考取教师资格证书，补习相关的教育理论，一般高职院校会配备经验丰富的骨干教师作为导师促进青年教师教学能力的提升。相比于教学能力培训，高职院校对技能培训的需求一直比较高，大部分高职院校的教师很难得到企业生产实践培训的机会，专业技能培训需求一直是高职院校的热点。

（三）实现高职院校"双师型"教师继续教育的方法路径

1. 转变教师观念，提升教师参与继续教育的热情

构建终身学习型社会已经成为人们的共识，高职院校教师作为知识的传道者，更应该树立终身学习的观念，积极投入终身学习中。由于高职院校教师继续教育培训与教师的学习需求存在一定的差异，很多高职院校教师在继续教育学习过程中处于一种完成任务的状态，并没有一个良好的态度和习惯来积极地学习，造成了培训时间和培训资源的双重浪费。只有转变教师观念，让教师继续教育培训从"让我学"转变到"我愿学"，才能激发教师的主观能动性，真正根据自身的需要进行自我激励，成长为合格的职业教育教师。对近年来世界技能大赛获奖选手的经历进行分析可以看出，成绩的取得离不开自身的不断学习和刻苦钻研，只有改变教师观念，才能使教师继续教育的效果最大化。

2. 科学论证高职院校教师继续教育培训内容

根据高职院校教师双元培训理论，教师继续教育的目的是提升整个教师队伍的素质，应该根据教师队伍的实际状况科学论证教师继续教育的内容。对于目前高职院校教师不同的成长路径，要在设计继续教育的题目时考虑不同教师的实际需求，实现个性化的教师继续教育。对于一线教师，参加培训的本质目标是通过学习解决在工作过程中遇到的实际问题，对学习成果的适用性具有较高要求。只有继续教育的内容是教师所需要的，能够激发参训教师内心共鸣的继续教育内容，才能有效调动教师的学习动力。因此继续教育培训必须科学论证教师需求，有的放矢地设计继续教育的内容。

3. 合理设置继续教育内容占比

根据高职院校教师双元化继续教育需求，对于不同岗位的老师应该合理设置继续教育内容的占比。目前高职院校教师主要分为教学型教师、科研型教师和教学科研型教师三种类型。对于教学型教师，应该加强对教育教学理念和企业实践能力的培养，主要提升教师的教学能力，通过培训解决日常教学过程中的不足。对于科研型教师，应该着力提升教师的教育科研和专业科研能力，通过开展教学研究促进这一类型教师的专业发展。对于教学科研型教师，应该加强教育理念、企业实践及科研能力的培养，重点打造能够在教学过程中发现问题、开展科研的现场工程师，体现这种类型教师的实践应用能力，如图 3-5 所示。

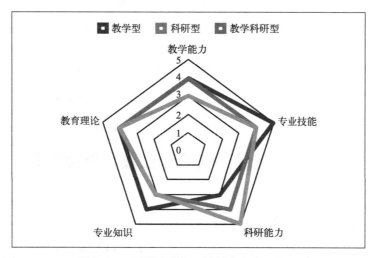

图 3-5　不同类型教师继续教育内容的占比

4. 继续教育内容与行业、企业结合紧密

高等职业教育培养生产一线的高素质技术技能人才，高职院校的教师更应该成为企业生产一线的技术专家，因此也应该在教师继续教育过程中加强与行业、企业的紧密合作。产教融合、校企合作已经成为职业教育成败的关键，因此校企双方应该建立教师实践培训基地，根据专业人才培养需要，开展教师培训，实现教师继续教育的目标。

5. 选择适合的培训教师

高职教师继续教育培训的水平和质量决定了培训效果的好坏，除了要科学论证继续教育培训的内容外，还应该具备适合进行高职教师继续教育的培训师资。目前高职院校教师继续教育的培训教师主要以知名专家、学者为主，这些专家能够拓宽参训教师的视野，提升参训教师对文件、政策的把握。但同时也需要邀请一些在一线教学，或者行业领域内有较高实践经验和技能水平的知名教师参与教学，这些教师更了解参训教师在操作层面的需求，能够更直接地解决一些教师的实际问题，如图 3-6 所示。

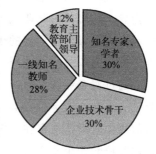

图 3-6　培训教师来源及占比

6. 加强对教师继续教育的管理

据数据统计，目前我国高职院校教师日平均工作时间为 9.6 小时，教师工作量较大。大部分教师除了承担日常教学任务外，还需要从事其他工作，因此要做好教师开展继续教育培训的准备和管理工作。要对教师继续教育的过程进行督导，及时

对教师的学习成果进行评价。对教师的教育教学理论学习的评价，可以通过作业、学习笔记、课堂展示交流等手段进行；对技能类的评价，可以参照教师考取的职业技能证书、达到的职业能力等级以及完成的横向课题等级进行；对科研类的评价，重点考核教师课题申报、专利申请及申报书撰写等。同时教师参与其他证书的学习、参与学校的教学改革、专业申报等，也需要设置合理的分值进行认定。

第二节 · 岗课互联的专业教师技能提升

一、"双师型"教师企业实践策略

职业院校教师进行企业实践是培养"双师型"教师的重要途径，随着职业教育作为一种类型教育的定位不断完善，国家对职业教育的关注度越来越高，大力发展职业教育已经成为共识。职业院校教师的职业能力是决定职业教育高质量发展的关键。

（一）高职院校教师企业实践存在的主要问题

1. 企业实践保障机制不足

尽管教育部等多个部门出台教师企业实践的相关政策文件，也明确提出专业教师 5 年内企业实践不少于 6 个月的要求，但是高职教师企业实践在具体操作层面的保障机制不足，造成高职教师企业实践活动难以有效开展。高职院校在开展教师企业实践过程中缺乏指导性意见，在教师去哪些企业进行何种方式的实践上缺乏相应的指导。通过国内高职院校教师企业实践调研情况可以看出，专业教师的企业实践活动中企业参与度不高的现象较为明显，相关教师企业实践的文件缺乏对企业的约束，因此高职教师在选择实践企业过程中存在一定的困难。

通过对企业调研可以看到，按照政策要求对于接收高职院校教师参与实践的企业，应当在土地、税收等方面给予一定的优惠，这些优惠政策需要当地政府实施。目前相关政策落地存在一定的困难，造成教师参与企业实践意愿不强的问题。目前高职院校教师企业实践的开展主要是通过校企双方之间的合作，政府、行业等参与较少。企业开展教师企业实践活动的主要目的是使专业教师了解企业的工艺流程，将企业所需要的岗位技能引入教学过程中，缩短学生入职后培训的时间。大多数开展教师企业实践的企业都存在和院校开设"订单"培养的情况，开展企业实践最终是为了自身的用工需求。因此要提升高职院校教师企业实践的质量，吸引企业积极参与教师企业实践，就必须在制定政策过程中充分考虑企业的实际需求，落实参与企业实践的相应优惠政策，让企业在教师企业实践过程中切实得到利益，促使企业积极加入教师企业实践的队伍中来。

教师参与企业实践过程中也缺乏相应的保障机制。高职院校教师日常承担了大量的教学、科研、竞赛等任务，工作繁忙，很难有时间和精力进行企业实践。为了达到 5 年内至少 6 个月的企业实践要求，大多数教师的企业实践都是在假期开展。由于缺乏相应的保障机制，教师在企业实践期间的交通、餐补等费用补偿机制不够健全，教师参加企业实践的很多费用没有文件依据来报销，也是造成教师企业实践积极性不高的主要原因。

2. 参与企业实践意愿不强

通过对高职院校教师进行调研看出，教师参与企业实践的意愿不够强烈，高职院校教师能够认识到企业实践的重要性，但是自身参与企业实践的意愿不是很强烈。由于企业实践的质量不高，部分教师认为企业实践意义不大，有些浪费时间。造成教师企业实践意愿不强的主要原因是企业实践带给教师的帮助不够，质量一般。目前高职院校教师企业实践多是在校企层面实施的，企业很难针对性地根据教师的实际需要设计培训内容和培训计划，教师进入企业后也很少有话语权设计自己的实践内容，同时企业在进行培训过程中要保证自身生产不受影响，这就造成教师企业实践更多的是以一个旁观者的身份进行，无法体会企业实际的生产过程，难以提升企业实践的有效性。

智能制造专业群的企业实践多是在生产型车间进行，智能制造类设备的造价高、运行成本较高，在企业中都是重要的固定资产，为企业产生大量的经济效益，因此在企业实践过程中这部分设备很难让没有工作经验的教师进行操作，以防影响企业的生产进度。我国制造类企业的工作强度还比较大，大部分企业的平均工作时间在 10 小时左右，对于在院校从事教学工作的教师而言也有不小的困难。

3. 难以对教师的实践过程进行监管

专业教师进行企业实践是提升教师专业技能的重要措施，按照教育部的要求，所有专业教师都需要进行企业实践，但实际操作过程中存在一定的困难。由于高职院校专业众多，不同专业对实践企业的要求不同，如何寻找适合教师实践并愿意接收教师的实践企业对高职院校来说仍然十分困难。以智能制造专业群为例，随着企业人力成本的增加，企业积极减人增效，投入智能制造设备，降低工人的数量。现代化智能制造产线所需要的工人数量较少，可以提供给教师企业实践的岗位更少。同时随着智能制造技术的兴起，现有设备、产线的集成化程度更高，教师在实践岗位上很难学到所需要的知识技能并用于专业课教学。高职院校校企合作部门应该为教师企业实践提供窗口和纽带，积极联系企业给教师实践提供岗位，解决教师寻找实践企业的困难。

由于教师企业实践主要是在企业中进行的，因此高职院校很难对教师企业实践过程进行管理。教师离开学校到企业实践，与学校的联系较少，学校也很难对教师实践的过程进行管理。部分高职院校要求参与实践的教师填写实践日报表、周报表、月报表，记录企业实践的过程。但是教师具体取得了哪些成绩，掌握了哪些核心技能，是很难进行监管和评价的。对于另一方提供实践岗位的企业而言，参加实践的教师对企业而言是客人的身份，很难按照企业的标准要求实践教师，在最后对教师的实践鉴定上也往往是老好人心态，很少见到企业对教师做出不好的评价的现象，造成了高职院校在教师企业实践监管方面的缺失。

同时，作为实践活动开展主体，实践企业在教师管理上也存在一定的困难，如企业将教师看作客人，而不是企业的员工。对于企业而言，实践教师只是暂时在企业进行一段实习，企业不给参加实践的教师提供薪酬，从责任主体上负责管理的部门应该是高职院校。很多情况下，企业对高职院校教师的要求是保证自身安全，杜绝出现安全事故，至于教师在实践过程中学习了多少知识、产出了多少产值并不是企业关心的问题。

（二）高职院校教师企业实践对策

1. 建立教师企业实践保障制度

2022 年 12 月 28 日，教育部办公厅、工业和信息化部办公厅、国务院、国资委办公厅公布了《第二批全国职业教育教师企业实践基地名单》，共有 100 家企业入选教育部职业教育教师企业实践基地，为高职院校教师企业实践提供保障。《关于公布第二批全国职业教育教师企业实践基地名单的通知》（以下简称《通知》）提出各地要充分利用好国家级基地，高质量实施职业院校教师素质提高计划，积极开展教师企业实践项目。各级教育行政部门应与行业主管部门密切联系配合，加强协同联动，落实优惠政策，依托现有资源，建设一批共享开放的校级教师企业实践基地。要引导职业院校整合校内外企业资源，建设具备生产能力的校级教师企业实践基地。通过政府层面建设教师企业实践基地可以实现多方面力量促进教师企业实践的落地。《通知》也提出各级教育行政部门要和行业主管部门合作，落实相关优惠政策，保证参与职业院校教师企业实践的公司在教师培训过程中得到实惠。同时《通知》要求严格落实职业院校专业课教师每年累计不少于 1 个月的企业实践制度，做好教师企业实践规划、实施计划、组织管理、考核评价等工作。国家级基地应积极承担教师企业实践任务，加强建设，打造样板，要提供必需的场所、设备和技术指导人员，通过组织技能培训、提供岗位实践、设置科研攻关项目等，让参训教师深入了解企业生产的组织方式、工艺流程、产业发展趋势等基本情况，熟悉企业相关岗位职责、操作规范、技能要求、用人标准、管理制度、企业文化等，学习所教专业在生产中应用的新知识、新技术、新工艺、新材料、新设备、新标准等。

教育部的顶层设计，明确了校企双方在企业实践过程中应该承担的责任，为评价教师企业实践结果指明了方向。

2. 合理制订教师企业实践培训计划

高职院校作为教师企业实践的派出单位，应该结合本校的专业需求和教师发展意愿，根据专业需要，制订完善的教师企业实践培训计划。制订的培训计划应该与本校专业发展、教师年龄层次、技能水平相适应。通过制订培训计划，教师明确参与企业时间的目的和意义，培训需要达到的目标，在培训过程中应该掌握哪些专业技能，培训结束后如何进行教师技能评价等。近年来，由于智能制造专业群建设，许多传统专业面临转型升级，像前几年的数控机床装调与维修专业由于招生困难等问题，目前已经升级为智能装备技术专业。这就需要高职院校根据专业的转型升级，积极开展教师的企业实践，组织相关专业教师积极调整自身专业结构以应对专业升级。高职院校培养的高素质技术技能人才主要面向区域经济内人才的需求，因此在教师企业实践过程中，应面向当地的重点产业链建设，深化校企合作，拓展更多的企业进行教师企业实践，从根本上引起教师对企业实践的重视。

企业作为实施培训的主体，应该在深入沟通的基础上，设计教师企业实践的具体实施方案，选派优秀的员工作为教师企业实践的导师，设定每周教师实践计划并实施。企业要转变思想观念，严格按照企业员工的标准要求和培养参训教师，打破技术壁垒，让参训教师在企业学到真本领。对于初次参加企业实践的教师，应该按照企业员工培训标准进行培训，完善教师企业实践的考勤制度，对参与辅导的企业导师给予相应的激励机制，定期反馈教师企业实践效果，保证培训工作的顺利开展。

3. 加强教师企业实践的监管

对于参加企业实践的教师，需要制定相应的管理制度进行监管，明确教师企业实践期间仍然要遵循相应的规章制度。学院的各级部门要组成教师企业实践督察工作小组，由企业、学校相关部门组成，在教师开展企业实践期间，随机对教师实践内容、工作状态、考勤情况进行监管。及时向相关的二级学院反馈监管的结果，配套建立教师激励机制，对在教师企业实践过程中表现突出的教师给予通报奖励。同时督察工作小组要及时和企业导师进行沟通，了解培训计划完成的进度情况，及时解决教师企业实践过程中遇到的难题，保障实践工作的顺利开展。

4. 对教师企业实践进行评价

高职院校教师企业实践质量的好坏决定了教师专业技术提升的高低，在教师企业实践过程中要改变以往没有评价的现象，积极对教师开展过程性评价，保证教师企业实践的质量。校企双方在培训开始前要积极设计教师的培训评价机制，校企双方共同参与教师的实践评价。教师企业实践评价是多方面的，一方面要对教师培训结果进行评价，另一方面教师也需要对企业培训的状况进行评价，最终促进教师企业实践评价的顺利开展。和学生实训教学评价一样，教师的实践评价也应该采用多元化评价的方式进行，既评价教师实践的过程，也评价教师实践的结果。由于教师的年龄、技能水平、认知能力上都存在一定的差异，因此多元化评价的结果更易于为教师所接受。

过程性评价是对教师的考勤、工作状态、完成培训任务的程度进行评价，教师每完成一个培训任务，就评定相应的等级和分数，教师如果能够为企业生产出一定的产值则给予更高分数的评价。过程性评价主要由企业导师完成，企业汇总后将评价结果反馈给学校。

总结性评价在教师完成企业实践后进行，主要由企业给出教师整个培训过程的评价。在日常实践过程中，我们采用过企业员工技能等级评定的标准对教师企业实践进行评价，具体实施过程中教师与企业技术人员的等级相比还存在一定的差距。因此在对教师企业实践开展总结性评价时，还是建议选取教师实践过程中的项目对教师进行评价，主要考虑教师是否真正提升了教师的专业技术水平。

二、企业兼职教师队伍建设

企业兼职教师是优化高职院校教师队伍的重要途径，高职院校聘请企业兼职教师主要从事实训指导工作，大部分企业兼职教师都是从企业招聘的，关注的是兼职教师的技能水平高低，对兼职教师的学历和教学能力要求不高。因此在高职院校中大部分兼职教师只参与实训、实验指导工作，很少独立从事教学工作，从而造成企业兼职教师在日常工作中主观意识不足、教学能力有所欠缺的情况。高职院校在教学过程中要求"三全育人"，企业兼职教师作为学院的一分子，也应该积极参与教学工作。因此如何提升企业兼职教师的教学能力和育人水平，是提升整个教师队伍教学能力的关键。

从教育部的数据可以看到，企业兼职教师的数量有了明显的提升，企业兼职教师已经成为实训教学的主力。特别是对于智能制造专业群来说，实训教学需要教师具有专业的技能水平，因此智能制造专业群的企业兼职教师的周课时量在10课时以上。企业兼职教师已经成长为智能制造专业教学的主力。尽管高职院校越来越重视企业兼职教师队伍的建设，一般聘请的企业兼职教师有高级职业资格证书和专科以上学历证书，但企业兼职教师接受专业教学能力培训的机会不多，仍然存在企业兼职教师教学能力不足的现象。

（一）企业兼职教师的主要问题

1. 企业兼职教师整体素质不高

尽管各高职院校都积极招聘企业兼职教师参与教学管理，但目前在招聘过程中仍然存在一定的困境，企业兼职教师整体素质不高的现象较为明显。对于智能制造专业群而言，企业兼职教师在企业的收入远高于在院校担任兼职教师的收入，因此高职院校很难招聘到技术骨干作为兼职教师。智能制造专业群教学对教师的技能水平要求较高，但目前院校招聘的教师大多是企业退休人员或者是刚入职的人员。这部分兼职教师受学历、技术等级等因素的影响又很难转正为事业单位的教师，职业晋升空间不足，聘任的兼职教师难以达到院校的实际需求，部分教师很难起到示范性作用，造成企业兼职教师整体素质不高的现象。

2. 企业兼职教师技能水平差距较大

智能制造专业群的企业兼职教师主要从事实训教学指导及大赛辅导等工作，引进兼职教师的目的是优化师资队伍结构，提升教学队伍的技能水平，因此企业兼职教师的技能水平是院校聘任兼职教师的重要因素。通过调研发现，大部分职业院校的企业兼职教师是技校或者职业院校的毕业生，尽管要求具备高级以上的职业资格证书，但是在实际考核过程中发现，部分兼职教师的职业技能与职业技能资格证书要求的能力差距较大。同时由于企业兼职教师在企业中主要从事某一个岗位的工作，在专业技能的全面性上很难达到院校的相关要求，企业兼职教师技能水平差异较大，无法保证指导实训教学的质量。

3. 企业兼职教师教学能力有待提升

企业兼职教师大多是从企业招聘的专业技术人员，没有经过专门的教师资格培训，总体教学能力不足，在课堂的管理和驾驭上缺乏一定的经验，从而造成教学效果不足。企业兼职教师主要从事实训教学指导的工作，平日里独立担任教学任务的情况较少，在教育教学过程中对学生的心理状态、学习情况的关注较少，难以独立处理教学过程中发生的突发状况。部分企业兼职教师教材处理能力和教学任务设计能力不足，无法将企业生产过程中的经验转化为教学的任务，从而导致企业兼职教师教学成果不突出、教学能力没有显现的问题。

4. "三全育人"效果不明显

企业兼职教师主要从事实训教学指导、技能大赛培训及实训车间管理等工作，在教学过程中注重对学生技能水平的培养。企业兼职教师在"三全育人"方面主动性不足，部分企业兼职教师对学生行为习惯、素质养成方面的教育存在认知缺陷，不愿意参与学生日常教育的管理。部分企业兼职教师受企业不良风气的影响，将企业中许多的不良习惯带到日常教学中去，对学生的价值观造成了不好的影响。

(二) 提高企业兼职教师教学能力的途径

企业兼职教师已经成为高职院校专业教师的主要组成部分，提升企业兼职教师的教学能力也是实现高职院校教学提升的关键。长久以来，企业兼职教师由于身份的问题很少能够得到和专职教师一样的培训待遇，在教学能力上存在一定的欠缺。因此提升企业兼职教师的教学能力也应该纳入教师教育培训的范围。

1. 明确准入标准，严格遴选教师

2012 年，教育部等四部门印发《职业学校兼职教师管理办法》，明确了职业院校对兼职教师的要求和管理。但是由于没有明确的准入标准，造成了目前高职院校企业兼职教师水平参差不齐的情况。各高职院校都在管理办法的基础上制定本校的兼职教师管理办法，明确企业兼职教师的准入标准，对兼职教师进行严格遴选。智能制造专业的企业兼职教师必须具备与专业相一致的专业技能，在进行企业兼职教师遴选过程中必须添加技能测试的环节，切实考察教师的技能水平，以防出现技能水平和职业资格证书不符的现象。

同时在企业兼职教师进入学校之前，需要对企业兼职教师在企业的表现情况进行调查，了解企业兼职教师的职业道德、行为习惯及日常人际交往的情况，以防出现教师师德不足的现象。

2. 完善企业兼职教师管理机制

企业兼职教师由于不属于具有编制的专职教师，因此与专职教师相比在心理上对学校的归属感较弱，企业兼职教师的管理机制目前也不是很健全，造成企业兼职教师没有真正融入学校的情况。高职院校应该根据企业兼职教师的实际需求制定相应的管理制度，对企业兼职教师进行完善管理。在对企业兼职教师尽心管理过程中应该坚持人性化管理的原则，尽管企业兼职教师在薪酬待遇上无法与专职教师一样，但是在其他福利和人文关怀上要与专职教师相同，在涉及学院大的方针政策上要积极询问兼职教师的意见，让兼职教师在心理上成为学校的主人。通过调查发现，在管理方法较好的院校，兼职教师的归属感较强，参与学校管理的意愿也更强，教师队伍的凝聚力也更强。

3. 加强对企业兼职教师的培训

企业兼职教师的培训一直是兼职教师队伍培训的弱项，由于企业兼职教师是从企业选聘到学校的，因此教学能力是企业兼职教师亟须补足的部分。高职院校也应该积极为企业兼职教师打造培训平台，强化对企业兼职教师的培训。纵观国外发达国家的经验，德国的企业兼职教师在获得职业资格证书后，必须参加相应的教师资

格的培训，通过相应的考试后才具备担任企业兼职教师的资格。同时高职院校应该选派相关专业的骨干教师对企业兼职教师进行教学能力培训，定期检查企业兼职教师的教案，邀请学生对企业兼职教师教学情况进行问卷调查，及时反馈企业兼职教师的教学质量。

4. 完善企业兼职教师的激励机制

目前企业兼职教师的薪酬待遇主要靠高职院校自筹解决，因此缺乏对企业兼职教师的激励机制。企业兼职教师无法和专职教师一样通过职称晋升办法进行评价，这也是无法对企业兼职教师进行激励的主要原因。为了改变对企业兼职教师的激励不足的问题，部分省份出台了相应的政策，激发对企业兼职教师的吸引力。山东省规定企业兼职教师可以和专职教师一起参加职称评聘，为企业兼职教师的专业成长提供了机会和平台。尽管相关的规定为企业兼职教师的成长提供了路径和平台，但是目前真正实现职称晋升的企业兼职教师数量较少。国内高职院校激励企业兼职教师的办法主要是在薪酬上对教学业绩较好、育人成果较好的企业兼职教师进行奖励。

企业兼职教师有效补充了高职院校"双师型"教师技能水平的不足，目前国家层面在企业兼职教师的聘任、管理上还缺乏相应的政策，企业兼职教师主人翁意识不强、难以融入学校管理的现象仍然存在，仍然需要对企业兼职教师的队伍建设作进一步研究。

第一节 · 专创融合教学改革

一、智能制造专业专创融合教学模式改革

中共中央、国务院印发的《中国教育现代化 2035》指出，加强创新人才特别是拔尖创新人才的培养，加大应用型、复合型、技术技能型人才培养比重。要实现对应用型、复合型人才的培养，需要专业教师将专业教育与创新创业教育有机融合，教育由学科专业单一型向多学科融合型转变。通过开展专创融合教学模式改革，促进专业知识与创新创业知识的融合，培养学生的创新思维、能力、意识和态度。

通过对知网相关文献进行检索，发现关于高职院校专创融合的相关论文有 226 篇，涉及教学模式研究的有 34 篇，涉及培养模式的有 24 篇。从发表趋势来看，自 2009 年起，涉及专创融合的论文呈逐年增多的趋势，体现了我国高等职业教育对创新创业人才培养的重视程度逐年提升，如图 4-1 所示。

随着我国素质教育改革不断向"深水区"迈进，对人才综合能力和素质的培养也越来越受到各个层次教育工作者的重视。目前高职院校的创新创业教育主要通过双创课程来实现，大部分创新创业教师都不是专业课教师，因此在授课过程中主要以理论讲解为主，缺乏相关实践，造成与学生所学专业脱节的现象，教学质量不高，没有实现对学生创新创业能力的培养。

（一）专创融合开展的困境

1. 人才培养方案中的创新创业目标难以落地

高职工科类专业人才培养方案中提出，要培养具有创新创业精神和能力的高素

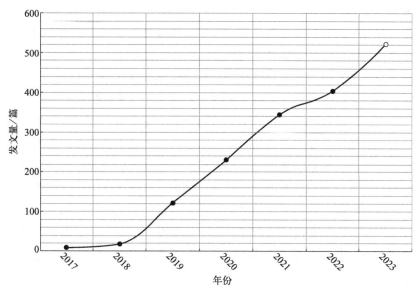

图 4-1　专创融合论文发表情况

质人才，但是在具体课程实施过程中却没有明确说明如何培养创新创业人才，从而造成创新创业目标与专业人才培养不吻合、不适应，任课教师不了解如何将创新创业的指标融入专业课程计划中去。通过对各个专业课程的督导评估可以看到，教师在授课过程中很难形成专创融合培养模式，难以促进创新创业指标与专业教学指标的融合，学生灵活解决实际问题的能力较为欠缺。

2. 课程体系不合理，很难达到有效的教学目标

创新创业课程是近年来刚刚兴起的新课程，和其他专业课程不同，创新创业课程还没有形成较为完整的课程体系。不同院校间课时数、课程性质、教学方法上没有统一的标准，大多数院校将该课程放在基础教学部，作为通识性课程进行讲授。条件好的院校设置了创新创业学院，该学院大多是职能部门的另一个牌子，具体参与创新创业教学工作较少。因此双创类课程与工科类专业课程的相关度不高，学生无法运用创新创业知识有效解决专业具体问题。

3. 缺乏专业师资

从事专创融合教育的教师是专业和创业跨级融合的复合型教师。教师既要对专业知识有较深的了解，又能够掌握行业、企业前沿的技术和科技，又要对创新创业工具、政策、方法等有较强的实践能力，最好能够亲身参与过创新创业的项目或者实践，对公司的运行和管理有较深了解，否则很难提升专创融合的质量。

4. 缺乏专创融合平台

职业教育与普通教育最大的区别在于职业教育更注重对学生的实训，因此职业教育的专业课程很多都是在实训车间或者是实训室完成的，在教学过程中需要有相应的实训设备或者实训平台。目前高职院校工科类专业教学还是较为传统的实训模式，教师设置一个可以执行、可以量化的实训项目，学生根据教师给定的工艺要求进行训练，完成后教师进行评价。实训过程中学生更像是一个工人按照领班的要求完成一个固定的任务，在实训时缺乏学生自身的思考及创新。专创融合平台就是为了给学生一个可以实现创新意识培养的平台，学生在实训过程中对问题会有自己的思考，借助平台可以实现创新能力的培养。例如，在学生学习蒸馏课程时会思考这种工艺可以用在哪些方面的化学用品制备中，酿酒的蒸馏和制盐的蒸馏有什么不同之处。以往产生这种问题的时候都是教师直接给学生讲解，告诉学生这两种工艺的不同。设计专创融合平台以后，学生可以自己做实验，自己探索问题的答案，进而加深自身对蒸馏工艺的理解。

5. 专创融合学习成果难以评价

与专业课教学相比，专创融合的学习成果难以进行评价。专创融合的学习评价应该从专和创两方面进行评价，对教师的教学评价能力提出了更高的要求，在评判学生专业能力的同时，还需要评判学生的创新思维能力及创业能力。教师需要不断地改进自身的评价能力，达到专创融合的双向评价。这是目前在专业人才培养方案中急需解决的问题，也是专创融合过程中的痛点。

（二）专创融合教学模式改革措施

1. 完善专业人才培养目标

开设创新创业教育课程的目的是培养学生的双创精神，培养学生的创新能力及创业素养。双创教育的提出是满足时代要求的，既是国家提倡素质教育的延续，又满足新时代人才自主培养的要求。双创教育的开展并不是要把所有的学生都培养成企业家，而是要培养经济社会大发展过程中的社会人。因此高职院校开设创新创业教育课程只有与专业教育进行融合，才能真正实现创新创业人才培养的目标，真正将创新创业教育中的工具、方法落地，实现对学生综合素质的培养。专创融合的核心要素是与时俱进，创新能力的培养要在"新"字下功夫，结合最新的知识、技能、工具、方法来制订专业人才培养方案和课程体系。同时，对工科类专业学生来说，工匠精神是学生必须具备的专业核心素质，因此在制定专创融合人才培养方案过程中，应该立足于专业特色和学生特点，教学目标应该有针对性，设置满足工科类专业学生需求的人才培养方案。

2. 完善专创融合课程体系

高职院校应该借鉴国内外先进的专创融合教育经验，构建适合专创融合的课程体系，将原有的双创课程打散融合到专业课程中，结合学分制度的实施，增加学生自主选择性、多样性，多渠道拓展学生的学习经历。在双创课程开设过程中，除必要的理论知识外，其他的知识都融入专业教学中学习。职业教育的鲜明特色是"做中学、做中教"，因此应该增加双创课程的实践性。

首先，教师要增加专业课程教学内涵，目前国外在 STEAM（Science，Technology，Engineering，Art，Mathematics；科学、技术、工程、艺术、数学）教育过程中已经取得了较为明显的进展，在创新课程中增加了技术、工程、艺术、数学等知识。在工科类专业课程中工程、技术是课程的核心元素，教师应该优化课程设计，融入艺术、科学等创新元素，实现真正的专创融合。

其次，高职院校要充分分析工科类专业的专业特色以及企业的用人需求，有针对性地完善创新创业课程，要以学生的性格特点、学习需求为基础，将创新创业教学内容和专业教学内容充分融合，选择适合学生创新意识培养的教学方法和教学模式。

3. 搭建专创融合学习平台

在线学习平台的出现，拓展了课程教学的延展性。高职专业课程教学主要采用的是"三段式"教学模式，除课堂教学外，课前及课后的学习主要在线上进行。对于专创融合类课程，专业课程的教学主要在课上完成，创业部分的学习需要在课后进行拓展，因此搭建专创融合学习平台是实现专创融合学习的关键。在该学习平台中应该增加创新创业知识、案例的内容，使学生在创新创业学习过程中及时补充相关知识，满足学习需要。随着 SPOC 小规模在线课程的引入，高职院校也要突破原有的课堂授课模式，拓展课程的时空局限，充分运用信息化手段实现新的教学模式。随着短视频平台的崛起，可以看到学生群里的咨询输入呈现出"文字—视频—短视频"的变革。社会进程不断加速，生活节奏不断加快，教师的授课方式也应该实现"讲授—教学资源—微课"的转变，因此教师的教学模式应该具有较强综合性、多学科融合、短小精悍等特点。

4. 建设专创融合教学资源

高职院校应该积极建设专创融合数字化教学资源，以提升学生学习效果。每个高职院校的生源组成、专业特色有所不同，因此在实现专创融合过程中应该积极打造专创融合校本课程，加强与行业企业、社会孵化平台、创新孵化基地等合作，建立专创融合校内外实践基地，收集相关创新创业案例，丰富本校专创融合教学资源库建设。针对教师创新创业实践能力不足的问题，可以聘请具有创新创业经验的优秀人才及企业家担任兼职教师，参与学院专创融合教材、教学内容的开发，提升专创融合课程的有效性，切实提升专创融合教学质量。

5. 建立专创融合实践教学体系

专创融合是为了提升学生的综合素质，使学生运用专业相关知识解决实际过程中的问题，学生也可以通过创新创业实践，突破性地解决未知的问题。因此在专创融合过程中要改变以往的理论教学模式，增加实践教学环节，让学生通过社会实践活动提升自身的创新创业素养。

第一，充分运用虚拟仿真教学软件，积极组织学生进行公司模拟运营。使学生了解作为一个企业负责人在运营过程中可能遇到的风险和困难，自身的管理模式和方法是否满足企业的发展目标，同时补齐工科类专业学生在财务和成本等方面的知识短板，强化学生的创业能力。

第二，高职院校要加强与相关机构和企业的合作，建设校内外实训基地，拓展学生的实训资源。通过与校外创新创业孵化基地合作，引入企业的孵化资源，帮助学生将自己的创业计划落地。借鉴创业孵化资源，学生可以参加各种创业孵化类的培训，参与多种形式的创业孵化活动，熟悉当地在创业孵化领域的相关政策，实现创新创业学习成果的转化。

第三，积极组织学生参加各级各类创新创业比赛，以赛促学，促进学生专创融合能力的培养。近年来，我校多次组织学生参加各级各类创新创业比赛，将学生专创融合中培育的产品作为项目，参与创新创业比赛。通过比赛强化与相关院校创新创业的交流，促进了专创融合课程的发展。

6. 加速专创融合师资的培养

专创融合师资不足是制约专创融合教育教学开展的关键性因素。专创融合教师需要同时具有创新创业能力和专业能力，因此对专创融合教师队伍建设更需要整合多方资源，企业兼职教师队伍的建设尤为重要。为提升专创融合教师的能力，学院需要根据工科类专业特色制订详细的专创融合教师培养发展规划，对具有专创融合能力的教师应该在职称评聘、绩效考核等多方面进行导向。同时完善教师队伍管理机制，对企业兼职教师为学生提供的专业性、可操作性的指导给予一定的薪酬待遇，同时也要积极聘请企业家、学生创业先进个人等完善专创融合的教师队伍，形成理论、实践能力都较为突出的创新创业教师队伍。

7. 多元化评价专创融合学习成果

对学生专创融合学习成果的评价也要实现多元化，在学生专业学习评价过程中除了对专业课程知识的掌握程度、技能训练的实训成绩进行评价外，还应该明确创新创业教育的考核内容及评价标准。教师需要将创新精神的体现及创业能力的培养融入专业教学评价指标中，将学生在学习过程中思考的过程、创新的内容及创新的结果作为评价指标中的一部分，使学生、家长及相关专业的创业导师全部参与到专创融合教学评价中来，提升专创融合教学评价的有效性。

对于工科类专业，应该结合专业特点有效确定专创融合评价指标，形成独具工科特色的专创融合教学评价体系。因此在学生创新创业能力培养过程中应该结合技能大赛的特点，设计相应的创新环节，指导学生运用所学知识自主完成相关部分任务。评价过程中教师应该设计合理的评价指标，创新模块的评价结果不是唯一的，只要学生在实训过程中能够独立地思考，积极解决实际问题，完成相关任务的训练，教师都应该给予正面的评价，评价学生的自主学习能力、创新创业能力等，从而推动专创融合改革的进一步发展。

高职工科类院校人才培养与企业用人需求存在一定的不适应性，主要体现在企业用人模式的变化促进了对多元化人才的需求，传统的单一的人才培养模式已经无法满足个性化、私人定制式的生产模式的需求。高职院校应该以专创融合作为工科类人才培养模式改革的突破口，通过修订专创融合人才培养模式、完善专创融合课程体系、搭建专创融合平台、建设专创融合数字化资源、培养专创融合教师队伍、形成专创融合评价体系等方式，实现高职工科类专业专创融合教学模式改革，效果明显。专创融合人才培养是一个长期系统性工程，还需要在日常教学过程中进一步研究。

二、工科类专业专创融合教学设计

专创融合教学模式的改革离不开人才培养模式改革和师资队伍建设，更重要的是需要教师进行专创融合教学设计，专创融合课程实施的教师需要明白在专创融合课堂上应该如何教、怎么教，学生应该如何学、怎么学。因此教师需要进行专创融合教学设计培训，明确专创融合教学目标、课程目标、教学方法及教学环节的设计。

（一）专创融合教学目标设计

教学目标是指导教师教学的出发点，也是教师检验学生学习成果的依据。教师应该根据学生的学习需求及专业的相关标准制订教学目标。结合专创融合的教学需要，教师在设计教学目标时应该实现专业课程教学目标与创新创业教学目标的相互融合，如图4-2所示。

专创融合教学目标在设计过程中并不是简单地将创新创业的教学目标放到教学目标的素质目标中，再用一两句简单的话进行描述，而是要放到知识、能力和素质三维目标的各个方面中。通过教学目标设计，在教学过程中将可以量化评价的内容作为和专业教学同样的内容进行设计，增强对学生综合能力和综合素质的培养。教师在设计教学目标过程中需要注意的是，创新创业教学目标是为了满足人类自我实现的需要。在人类需求层面，创新创业目标属于高层次的需求，所以创新创业教学目标也属于高层次的教学目标，不仅需要注重学生理论知识的学习、专业技能的训练，更需要培养学生将程序性知识转化为自身的认知策略，指导学生创新性地解决实际问题。

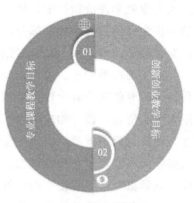

图 4-2　专业课程教学目标与创新创业教学目标相融合

教师只有系统地设计教学目标，将创新创业教学目标与专业课程教学目标有效结合起来，将创新创业素养纳入专业教学的考核评价范畴，才能真正帮助学生实现知识的迁移，按照行为主义心理学的理论，完成专创融合教学的内化，培养出满足现代工科类专业需要的专创融合人才。

（二）专创融合教学内容设计

专创融合教学内容设计应以学生为主体、教师为主导，教师设计的教学任务应该以学生为中心，学生通过完成教师设计的相关教学任务，获取本课程相关的知识和技能，完成教学目标中关于专业课程的学习。在完成基本教学任务后，还需要通过小组协作等模式，完成对创新创业任务的实践。教师需要实施教学内容，帮助学生自主选择合适的认知策略，将双创意识融入学生行为习惯及思维模式中去。专创融合教学内容设计的难点在于，教师应该将陈述性的创新创业相关知识转化为程序性的创新创业操作实践，设计能够进行实践的创新创业教学任务，吸引学生的学习兴趣，促进学生创新创业能力的培养。同时，教师在设计专创融合教学内容的过程中，还应该积极设计专创融合实训的评价模式和方法，通过实际的教学反馈，教师可以对学生的学习成果进行检验，了解专创融合教学内容的不足，及时改进。

为了便于教师进行专创融合教学内容的设计开发，教师应按照相关的要求设计开发教学内容。在每一个专创融合教学单元设计过程中，将相应的实训任务分为四个阶段进行：先导实训任务是帮助教师检验学生课前学习过程中的知识储备情况，便于教师根据学生预习情况及时调整教学目标；基本实训任务主要是对学生基本操作技能进行训练，让学生掌握该模块的基本知识和技能；重点实训任务对应的是专业课程学习过程中教学的重点、难点，教师通过学生该部分任务的完成情况，了解学生对教学目标的掌握程度；专创融合实训任务是指在完成重点内容的基础上，教师要求学生自主完成专创融合的实训任务，考查学生运用刚学过的知识、技能解决一些实际生活中遇到的问题，重点考查学生设计的方案是否合理，能否解决设计的相关任务，如图 4-3 所示。

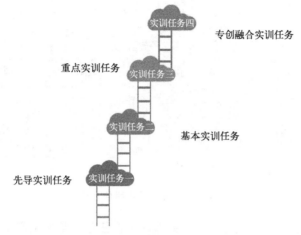

图 4-3 专创融合实训任务设计

（三）改进评价反馈机制

对专创融合的考核评价应该多元化、分层次进行。传统的考核模式注重对学生专业知识和技能的考核，对于现代产业技术人员而言创新才是核心竞争力。目前国内高职院校对双创教育的考核评价流于形式较多，具体实施较少。调研发现，大多数高职院校在双创教育考核过程中以论文、商业计划书作为考核评价的较多，以具体案例、操作过程评价的较少，很难公正、客观地对学生的思维过程、方法运用、实现效果进行考核，难以反映学生在解决问题过程中的真实状态。因此要实现专创融合教育的有效开展，需要改进专创融合评价反馈机制，在学生评价过程中增加对学生学习过程的激励，对于学生在创新创业训练过程中的亮点要加以正向激励，激发学生学习的成就感，促使学生积极投入创新创业学习中去。例如，产品艺术类专业相关的教学实践中，在设计素描和设计色彩的专业课程学习中增加了创新设计环节，让学生发现校园生活中的设计色彩，并根据春、夏、秋、冬四组元素开展创新设计，最终将学生的优秀作品印刷成明信片，在全校范围内进行展示，如图 4-4 所示。当学生的画作变成实际作品的时候，就对学生起到了良好的正向激励作用，促进学生更加积极地投入专创融合的学习中去。

（四）优化专创融合教学方法

专创融合教学设计主要是通过教学任务引导学生进行专创融合课程的学习，因此在教学方法的选用上有别于传统的面向工作过程的项目教学法。项目教学法突出

图 4-4　专创融合学生明信片作品

教学项目的主体地位，学生通过完成典型的工作任务，掌握生产实践中的知识与技能。在传统专业课程教学中，教学的过程和环节是闭环的，学生完成实训任务的路径和方法是唯一的，教师需要在学生实践过程中对学生的操作规范进行指导，帮助学生完成工作任务。专创融合课程在实训任务设计上是开放性的，学生给出的答案也具有不唯一性。孔子曰："不愤不启，不悱不发。"教师在教学过程中应该优化教学方法，主要采用启发式教学，突出学生在学习中的主体地位，让学生自主完成专创融合教学任务。

（五）打造专创融合教学平台

专创融合教学项目的落地离不开专创融合教学平台的建设，学生在开展创新创业活动过程中最主要的问题是缺乏实践的环境及场地。近年来兴起的电子商务和跨境电商类专业中，线上直播是学生必须掌握的专业技能，大多数高职院校没有相应的直播环境和产品用于学生的实训教学，缺乏教学平台，造成学生无法在真实的环境中开展专创融合的学习。为打造专创融合教学平台，需要开展深度的产教融合、校企合作，通过引入企业的相关资源，积极推进专创融合教学平台的建设。

专创融合教学平台建设主要采用以下两种方法。一是模拟真实的生产现场环境，工科类专业高职毕业生主要面向企业的生产一线，借助学院现有的实训车间，通过模拟企业、车间等生产环境，按照实际生产的具体要求，学生需要在模拟的现场生产环境中完成项目任务的实训。二是借助相关创业孵化平台的资源优势，组织学生参与各种创业孵化平台组织的项目路演、企业家下午茶、项目孵化等活动，使学生了解真实的创新创业项目如何孵化；同时邀请企业大咖定期开展讲座，了解企业家创业的案例，运用身边的事例激发学生的创业热情，这样有助于真正培养学生的创新能力。

专创融合教学和课程设计是近几年来职业教育教学改革的热点问题，彰显社会和时代对多元化、复合型人才的需求。在专创融合教学改革过程中要积极借鉴和吸收行为主义心理学等学科理论作为研究基础，实现创新创业教育与学科教育的有机融合。教学过程中应该突出学生的主体地位，强化教师对专创融合教学评价的开展，设计适合专创融合的教学任务，激发学生学习的成就感，提升学生的专创融合能力。

三、智能制造专业专创融合教学案例

（一）产品艺术设计专创融合教学案例

1. 课程题目：从历史的演进中看色彩的应用和变迁

教学内容分析："设计色彩"为产品艺术设计专业的必修课程，本部分是"设计色彩"的第三章第二节从历史的演进中看色彩的应用和变迁中的中国绘画和民间艺术当中色彩的象征意义和应用的内容，属于将设计色彩的基础理论应用到实践中来的部分，为学生今后对中国传统色彩的运用奠定基础，对学生今后色彩项目的实践有着重要的意义。

2. 学情分析

现状分析：2021级产品艺术设计专业学生经过高考美术统考，有色彩绘画基础，并且通过几周的理论知识和实践任务的学习，对色彩绘画的基本知识和训练方法有一定的掌握。但创作过程中在色彩具体实践应用方面缺少进一步的理解和实践，还需进行优秀案例分析的理论学习，并辅以实践练习，将理论知识和实践相结合，融会贯通，进一步提升自身能力。

学习需求分析：学生具备一定的色彩绘画能力，对色彩基础知识有一定的了解，能够积极进行课前预习，但缺乏对实践案例的进一步了解和分析概括，需要教师进行案例分析、理论知识讲解，以便学生更好地理解和应用到自己的实践创作当中。

3. 教学目标

知识目标：了解中国传统绘画和民间艺术的种类；理解中国传统绘画中技法和传统颜色的应用；了解中国民间艺术中色彩的应用方法和代表意义；创新掌握中国传统颜色在现代产品中的应用。

能力目标：通过本节课的学习，培养学生归纳和整理色彩的能力，以及从主题和意义出发概括和归纳画面色调的能力，培养其将颜色应用于产品设计的能力。

素质目标：学生通过本节课的学习能够具体分析案例并从中获取内容，掌握中国传统色彩所代表的不同含义，并将其应用到自己的创作当中，将理论和实践相结合；同时提高对传统艺术的了解和艺术审美素养，为今后设计色彩创作打下坚实的基础。

4. 教学重点、难点

色彩在中国传统绘画和民间艺术中的应用；色彩在中国传统绘画和民间艺术中所代表的含义；如何运用所学知识进行校园风景明信片的色彩设计。

5. 教学方法

教法：①问题引导法。提出大量设问引导学生思考；以大量作品案例作为切入点，引导学生思考、讨论，将理论与实际密切联系。②任务驱动法。课上设置探究性任务环节，学生通过完成课堂任务，促进理论和实践的融会贯通，将理论知识转化为实践技能，从而提升实践能力。

学法：自主学习法。学生课前接受任务单，结合教师推荐的学习资料进行自主学习，提出问题，带着问题进入课堂。

6. 教学设计

整体教学设计如图 4-5 所示。

7. 教学过程

教师课前在超星学习通平台上传课程资源，并上传学习资料，发布预习任务。

8. 先导实训任务

预学教材内容，学习线上资源。

参与线上讨论：中国传统绘画和民间艺术中常用的颜色有哪些？为什么常用这些色彩？

教师在网络教学平台上传学习资料包：视频《千里江山图》《富春山居图》《中国传统民间艺术》。教师将学生进行特色分组，根据学生课前学习数据和作业情况，调整教学重难点。

9. 基础实训任务

如图 4-6 所示，教师播放《最美中国色：中药篇》的视频。观看视频，并提出问题：视频中提到了哪些色彩？这些色彩与我们平时提到的色彩有什么不同？进而讨论：你心目中能代表中国的颜色有哪些？

教师提出问题：你认为画作当中哪些颜色属于中国传统色彩？这些颜色分别有

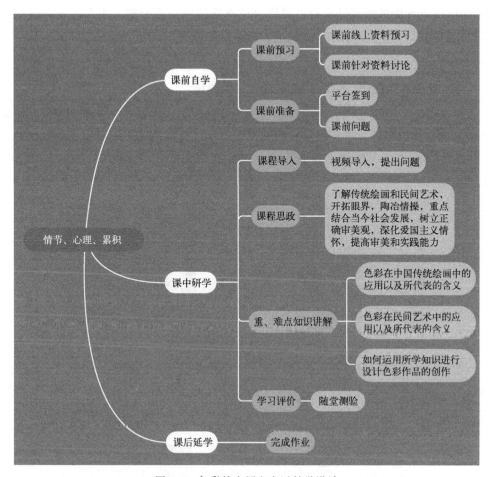

图 4-5 色彩的应用和变迁教学设计

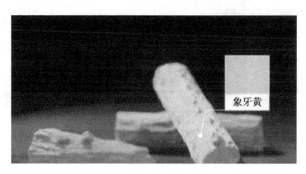

图 4-6 基础实训任务设计

什么含义？组织学生就问题进行讨论，并汇总小组讨论内容。倾听学生回答，作出评价总结：中国传统色彩的种类及其代表含义。

学生通过小组讨论，确定本小组选取的一种中国传统色彩（红、黄、青、绿、墨），以思维导图的形式完成对中国传统色彩应用的初步分析。小组代表进行小组汇报，教师进行分析总结，同时拍照上传至超星学习通平台，以作为过程考核成绩。

10. 重点实训任务：分析中国传统色彩的应用

小组讨论，确定能代表中国传统色彩的几种颜色。选取其中一种颜色深入讨论思考，寻找应用案例，进行思维导图制作。各小组讲解展示色彩应用思维导图，进行传统色彩的介绍。教师点评各小组作品，讲解总结不同色彩的应用，如图 4-7 所示。

图 4-7　重点实训任务设计

学生以小组探究形式详细讲解不同艺术门类中的中国传统色彩的应用。在学生展示后，教师总结不同传统色彩所代表的意义和内涵，引导学生了解中国传统绘画和民间艺术的艺术表现手法，为学生今后的学习打下基础，如图 4-8 所示。

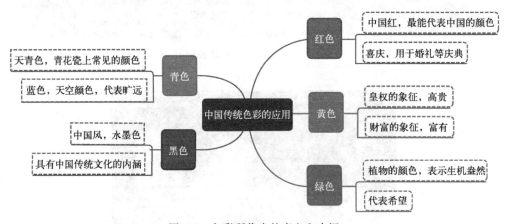

图 4-8　色彩所代表的意义和内涵

11. 专创融合实训任务：文创产品设计

利用中国传统色彩进行校园风景明信片的制作。教师在线上平台发布学院校训和校园风景图片，学生分组进行校园风景明信片的制作。在制作过程中要求学生根据春、夏、秋、冬四季选择不同的颜色和校园风光进行设计，完成自己的校园风景明信片的制作。

　　教师安排学生分组展示自己的作品，并总结不同色彩搭配所营造的不同明信片氛围，如图 4-9 所示。

图 4-9　专创融合实训任务设计

　　通过本课程的学习，学生体会了中国传统绘画中对色彩的使用，初步了解不同颜色所代表的意义及使用场合，体悟到四季交替过程中色彩的应用及表达形式，自主完成了校园风景明信片的设计。

　　教师在学生学习成果评价过程中，首先要对学生色彩的应用进行评价，学生在设计明信片过程中使用的色彩是否与相应的季节一致，重点考查学生对本节课知识和技能的掌握和应用。同时也需要对创新部分进行评价，如学生的构图思路、画工画法及艺术表现形式。例如图 4-9 中第三幅冬日校园作品，学生为了突出冬天的效果，运用了夸张的艺术表现手法，雪山背景与冬日图书馆又实现了有机的融合。应该对学生的表现给了正向评价，以激发学生的创作灵感。

（二）工业产品设计专创融合教学案例

1. 课程题目：杯子的创新设计

　　教学内容分析：工业设计中关于日常用品的设计是其中一类产品设计，杯子是日常大家都在使用的产品，学生对其功能都有所了解。本节课主要是引导学生借助日用产品设计的常见思路，完成杯子的相关设计。

2. 学情分析

　　现状分析：工业产品设计专业的学生主要分为三种生源，一种是高中毕业生，一种是设计专业毕业生，还有一种是对口单招的学生。三种学生在进行工业产品设计专业学习前没有经过相应的美术专业的训练，学生在设计的表现手法上存在一定困难。

　　学习需求分析：对于工业产品设计课程，学生的学习需求应该关注于产品的功能设计，教师在教学过程中重点关注学生的设计思维及设计理念的体现，对学生产品表现形式方面的关注应该淡化。

3. 教学目标

知识目标：了解工业产品设计常见的思维方法；了解日用产品设计过程中考虑的主要因素；了解工业产品设计的开发流程；掌握一款新型杯子的设计方法。

能力目标：通过本节课的学习，了解日用产品设计的常见方法；能够根据所学的日用产品设计思维方式完成杯子的设计。

素质目标：通过本节课的学习，能够在学习过程中不断运用创新思维解决实际学习过程中的问题，掌握日用产品设计的流程和方法；同时提升自身的创新意识，为今后从事工业产品设计打下基础。

4. 教学重点、难点

运用创新思维借鉴其他设计中的亮点，解决产品设计过程中遇到的实际问题，满足客户的需求。

5. 教学方法

教法：①项目教学法。根据日常产品设计人员做项目的相关要求，运用项目教学法指导学生完成杯子的产品开发，在制作过程中引导学生掌握创新思维、明确设计流程，注重理论与实际的紧密关联。②任务驱动法。课上设置探究性任务环节，学生通过完成课堂任务，促进理论和实践的融会贯通，将理论知识转化为实践技能，从而提升实践能力。

学法：小组合作，自主探究。运用小组合作的方式使学生了解在日常产品设计过程中应该遵循的流程，学生通过自主探究独立完成日常产品的设计。

6. 教学设计

整体教学设计如图 4-10 所示。

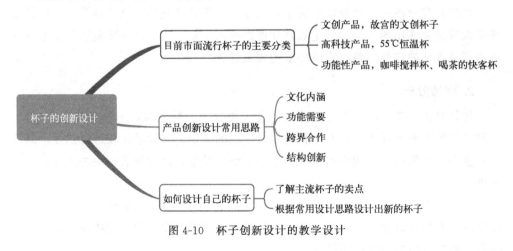

图 4-10　杯子创新设计的教学设计

7. 教学过程

教师课前在超星学习通平台上传课程资源，并上传学习资料，发布预习任务。

8. 先导实训任务

通过对网上购物平台卖家进行调研，了解目前网上购物平台销量前几名的杯子主要有哪些，这些杯子的卖点在哪里。

教师在网络教学平台上传学习资料包，列举几种销量较高的杯子，启发引导学生寻找其中的卖点。

9. 基础实训任务

教师根据课前学生寻找的杯子及卖点分析进行点评，教师给出四个主要元素：文化内涵、功能需要、跨界合作、结构创新。学生对自己收集的杯子进行分类，思考设计师在设计杯子的过程中采用的是哪种设计思路，抓住了消费者的哪种消费心理。

学生通过分类对自己选择的杯子的设计思路有所了解，设计师在设计产品过程中往往并不只采用一种设计思路，而是综合多种设计因素进行设计，在产品表现上既有主要的表现形式，又会呈现其他表现形式。学生分类完成后教师进行总结，同时将学生学习成绩上传至学习平台。

10. 重点实训任务：日用产品设计流程

小组讨论，如果要设计一款日用产品应该遵循哪些设计流程？①前期调研，了解市场上同类产品的卖点和优势。②明确设计内容，了解客户相关设计要求。③客户分析，了解客户对产品的核心诉求。④头脑风暴，提供产品设计思路和方向。⑤完成产品设计初稿，与客户讨论改进方案。⑥根据要求进行改进。⑦定稿。

11. 专创融合实训任务：设计属于自己的杯子

运用所学的知识，结合前期调研的经验，学生分组设计一款属于自己的杯子，并满足教师给出的设计要求。学生分别设计一款幼儿杯、古风杯、科技杯及校庆纪念杯，要求满足设计理念，价格低于 100 元。并将设计思路整理上传至学习平台。

教师应该参与学生的小组设计过程，观察小组在设计产品过程中是否按照企业产品设计的流程进行设计。学生完成设计初稿后，教师应该给出建议和改进方案，着重对学生没有关注的知识点进行补充。由于工业产品设计专业的学生并不具备专业的绘画技巧，因此教师在评价过程中应该注重对学生设计思维和理念的评价，减少对产品设计表达方面的评价，激发学生的学习成就感，提升学生专创融合学习质量。

（三）扳手的数控加工教学案例

1. 课程题目：扳手的数控加工

教学内容分析：数控铣削加工中内外轮廓加工是一项常见的加工技能。学生通过铣刀加工出零件的内外轮廓，加工过程中需要选择合适的对刀点，确定切削用量，同时还要选择合适的公差等级，最终完成零件的编程与加工。扳手图纸如图 4-11 所示。

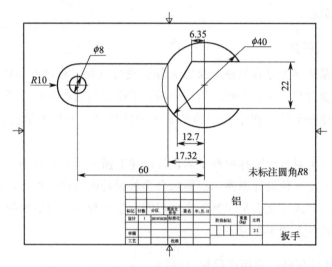

图 4-11　扳手的数控铣削加工图纸（单位：mm）

2. 学情分析

现状分析：本课程授课班级是数控专业大二的学生，通过课程学习，学生掌握了 G01、G02 指令的用法，能够完成零件的编程。但是学生实际加工经验较少，缺乏加工过程中精度控制的能力。

学习需求分析：学生渴望掌握零件内外轮廓加工的加工技巧，能够通过项目实训完成扳手零件的加工，将加工完成的扳手用于日常实践。

3. 教学目标

知识目标：了解零件内外轮廓加工的方法；掌握加工零件内外轮廓常用的指令；掌握常见的加工公差等级；能够完成零件的编程。

能力目标：通过本节课的学习，培养学生独立完成零件外轮廓加工的能力，锻炼学生的创新能力及产品的改进能力。

素质目标：通过本节课的学习，学生可以掌握零件外轮廓加工的各项参数，能够选择合适的工艺完成零件的加工；同时具备产品创新能力，根据实际的工作环境设计不同的扳手。

4. 教学重点、难点

教学重点是完成零件的加工，控制零件的加工精度。教学难点是根据不同的工作环境创新设计不同的扳手。

5. 教学方法

教法：①案例教学法。通过设计开口扳手这个案例，学生了解在扳手设计加工过程中应该注意的主要问题，特别是产品零件的加工精度和公差等级。②任务驱动法。课上设置探究性任务环节，学生通过完成课堂任务，促进理论和实践的融会贯通，将理论知识转化为实践技能，从而提升实践能力。

学法：小组合作，自主探究。运用小组合作的方式使学生掌握扳手与螺母配合过程中的精度要求，通过自主探究完成不同工作环境下扳手的创新设计。

6. 教学设计

整体教学设计如图 4-12 所示。

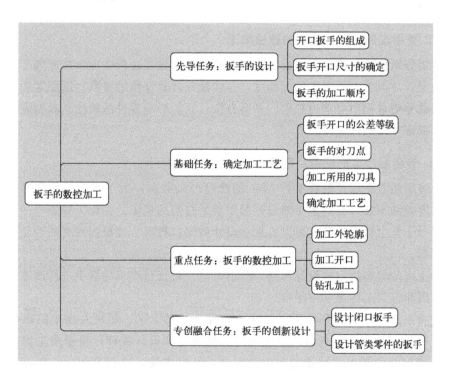

图 4-12　扳手的数控加工教学设计

7. 教学过程

教师课前在超星学习通平台上传课程资源，并上传学习资料，发布预习任务。

8. 先导实训任务

通过观察教师发布在学习平台的图纸，学生讨论：该零件由几部分组成？如果要用扳手拆卸 M10 的螺母，六边形的开口尺寸应该是多少？

教师在网络教学平台上传学习资料包，启发引导学生思考如何根据产品的工作状态确定产品的实际尺寸。

9. 基础实训任务

教师对学生课前先导任务的完成情况进行点评。给出过渡配合、过盈配合和间隙配合的公差带和公差等级，引导学生确定开口扳手的公差尺寸。同时根据先外后内、先面后孔的原则，引导学生制定加工工艺。

学生根据教师给定的资讯信息，小组讨论确定开口扳手的加工工艺，填写加工工艺卡片，分小组进行展示交流。教师及时给予评价，同时将学生学习成绩上传至学习平台。

10. 重点实训任务：扳手的数控加工

学生分组到数控机床上完成扳手的数控加工，加工过程中应该按照规范要求操作，确保开口扳手六边形的加工精度，合理设置刀具补偿的参数。需要学生注意的是在刀具补偿过程中是单边补偿，不要补偿过大，影响零件的精度。教师应该巡回指导，保证零件操作规范。

11. 专创融合实训任务：创新设计其他类型的扳手

通过运用自己设计的扳手拧 M10 的螺母可以看出，由于开口扳手前端开口的尺寸精度控制不好，会造成拧螺母过程中扳手打滑的现象。为保证拧螺母的时候扳手与螺母不发生打滑现象，可以将扳手设计成闭口扳手。请根据现有的产品进行改进与创新。

学生根据教师给定的设计思路，分组讨论，对自己小组的扳手进行改进，并将改进原因和方案上传至学习平台。

教师在教学评价过程中除了对学生数控加工的工艺、精度及加工的操作规范进行评价外，也应该积极参与学生思考的全部创新设计过程，根据要求提出改进方案。特别关注学生在操作过程中的亮点，及时表扬，以激发学生的学习兴趣。

第二节·专创融合教师培养

一、专创融合教师培养模式

2022 年 3 月 13 日《中华人民共和国国民经济和社会发展第十四个五年规划和 2035 年远景目标纲要》指出，坚持创新在我国现代化建设全局中的核心地位，把科技自立自强作为国家发展的战略支撑，面向世界科技前沿、面向经济主战场、面向国家重大需求、面向人民生命健康，深入实施科教兴国战略、人才强国战略、创新驱动发展战略，完善国家创新体系，加快建设科技强国。从文件的密集出台可以看出，我国已经将创新型人才培养定位成国家战略。要实现高职院校创新型人才的培养，具有专创融合能力的高水平教师队伍是培养专创融合人才的前提与保障。培养专创融合教师，既可以推进创新创业教育的落地，又是实现国家科技创新的重要保障。

从知网相关文献检索可以看出，目前对高职院校创新创业师资队伍建设的文献主要集中于创新创业教师的培养，对专创融合教师培养的研究较少，且大多处于起步阶段，尤其是如何从创业和专业两个角度融合地培养专创融合教师仍然存在一定的困境。为了提升专创融合师资队伍建设的有效性，开展专创融合师资培养，为高职院校专创融合师资队伍建设提供方法和路径。

（一）专创融合师资培养的困境

1. 专创融合教师数量不足

高职院校双创教师大多是以文化基础学科教师进行招聘的，教师缺乏专业背景。由于双创课程大多是通识性课程，开课难度较低，许多行政人员、辅导员也是这门课程的主讲教师，造成目前高职院校的双创教师缺乏专业和行业背景，对学生所学的专业不了解，很难对学生在专创融合方面做出有针对性的指导。高职院校专业课教师尽管对专业很了解，但是缺乏创新创业的实践经验，对具体的创新创业过程了解不深，在辅导过程中往往力不从心。同时双创课程作为一种较为新鲜的课程，开展的时间不长，从事双创教育的教师较为年轻，没有形成比例结构适宜的教师队伍。教师教学经验不足，课程转化能力较为欠缺，造成目前专创融合师资不足的现象。

2. 专创融合教师缺少专项培训

目前对高职院校专创融合教师开展的培训较少，专业课教师培训主要突出教师的专业技能、教学方法、教育技术等方面，专业课教师创新创业培训的项目较少，难以满足专创融合教师培养的需要。在专创融合课程开发过程中，需要对教师的教育教学理念、教育思维及教学方法进行重构，教师需要从创新创业的角度审视教学目标和教学任务。从事专创融合的教师不仅是一名"双师型"教师，还应该成为"教师＋技师＋创业导师"的复合型教师。从国家级、省级教师培训统计可以看出，目前在教师培训过程中开展专创融合的培训项目不足，对专业课程与双创课程的融合关注度不高，没有针对性地对教师开展培训。参加培训的教师主要是对创新创业理论、方法进行培训，学习的都是通识性的知识，缺乏创新创业方面的实践，造成教师在培训后很难指导学生开展创新创业活动，也制约了高职院校专创融合教师的培养。参加高职院校专创融合教师培训的主体首先应该是专业骨干教师，教师需对所任教的专业有较深层次的了解，在此基础上对教师进行创新创业的实践，最终培养成适合专创融合教育的专创融合教师。

3. 缺乏专创融合教师激励机制

从学校层面来看，缺乏对专创融合教师的激励机制。专创融合教师是一种跨界的教师，既有专业教师的特点，又具有双创教师的特点，因此在对专创融合教师进行评价过程中需要设置符合专创融合教师的评价标准。通过对山东省内从事双创教育的教师进行调研，可以看出，目前高职院校对专创融合教师的评价还是按照以前双创教师评价的模式进行，从事专创融合教育的教师在职称评聘及职位晋升方面并没有较大的优势，某些院校的专创融合教师和专业教师比起来，在业绩上还存在一定的弱势地位。而在实际教学过程中，专创融合教师不仅要完成专业教学，还需要在课程改革方面增加创新创业教育的内容，工作量较普通教师要大得多，没有相应的激励机制会造成专创融合教师教学改革的积极性不高，教学效果不好。

4. 专创融合教学缺乏统一的教学模式

目前高职院校开展专创融合教学缺乏统一的标准和教学模式，国家在专创融合开展过程中也没有制定统一的课程标准，因此各高职院校在开展专创融合教学过程中主要靠专创融合教师的自由发挥。专创融合教育课程是一门具有较强实践性的专业课，对教师的能力素质要求高于一般的专业课教师，因此在没有统一标准的情况下很难打造出适合推广的专创融合教学模式。

（二）产生问题的主要原因

1. 专创融合教育定位存在偏差

大部分高职院校把创新创业教育看作是一门通识性的课程，没有把它放在和专业课同等重要的地位上。创新创业教育只是人才培养方案中的一门课程，没有想到和专业教学进行联系。以前专业课教学是培养大批量的同质化人才，在人才培养过程中忽略了学生个性化学习的需要，扼杀了学生的创新思维，教师安于传统的教学模式，在自己的舒适区中生存，缺乏教学的创新意识。在对专业课教师进行教学评价时，更多的是对学生知识水平、技能水平的评价，很难对教师授课过程中创新创业能力的培养进行评价。在教学业绩评价的指挥棒下，教师更关注对专业技能的培养。大多数高职院校的专业课教师没有经历过创新创业相关领域的培训，要开展专创融合教育需要教师对相关知识进行学习。在没有激励机制的情况下，教师学习动力不足。

同时高职院校对企业兼职教师的聘任也多是面向专业课聘请企业技术工人、行业专家来指导专业教学。聘请企业家、创业导师的院校较少，兼职教师很难对学校的创新创业教育提供帮助和指导，造成了校企合作推进专创融合教育的进展缓慢。

2. 专创融合教师培育机制不健全

高职院校专创融合教师的培育机制目前不是很健全。由于创新创业类课程主要以讲授为主，教师的门槛较低，从事专创融合教育的教师兼职多、专职少，缺乏相应培育机制。双创教育的教师和专业教师联动交流较少，在日常教学过程中缺乏沟通，很难和专业教学实现互动。同时专创融合教师需要对市场和企业有较高的敏感度，要了解目前企业技术发展的最新方向，以及相关的创新创业的政策理论，需要紧密地接近生产和市场。目前高职院校在培养专创融合教师过程中没有建立培育机制，也不知道该如何建立满足专创融合师资培养的机制体制，教师很难参与企业的技术创新、项目路演等具有实操性的培训。同时专创融合评价体系也没有完全建立，教师参与培训后的学习效果很难进行鉴定，也造成高职院校专创融合教师培育的积极性不高。

（三）专创融合师资队伍建设的策略

1. 提高专创融合教育站位

创新创业教育已经上升为国家战略，作为培养人才的高职院校，在创新创业教育上也需要提高站位。高职院校要落实党中央在创新创业人才培养上的方针政策，真正实现培养具有双创精神的职教人。在创新创业课程上要提高站位，将双创教育融入每一门课程、每一个专业中去，通过创新创业教育和专业教学的紧密融合，改变专业课教师的教育教学理念，把创新创业教育当作每一个老师的分内工作。高职院校要进一步提升专创融合教师的地位，改变以往从事创新创业教育的教师处于副科、从属地位的尴尬局面，将专创融合教师和专业课教师放到同等重要的地位。高职院校要积极修订人才培养方案，在人才培养方案中明确专创融合的地位、在专业课程中的占比，实现专创融合的保障机制等。专业负责人在制定课程标准时要确定创新创业的教学目标、教学任务等内容，在全校范围形成专创融合的教育理念。

2. 优化专创融合教师队伍

为实现专创融合教育的高站位，高职院校要完善专创融合教育体系，组建专创融合教师队伍。在行政结构上应该独立设置专创融合教研室，专创融合教研室应该和其他专业教研室一样，有相同的地位和权力。教研室负责人应该是二级学院分管教学的负责人，可以统筹二级学院内部的各项教学资源，为不同专业实现专创融合打下基础。专创融合教研室要选择专业骨干教师和专业带头人加入，形成具有教学改革、课程实践能力的教师团队，同时邀请创业孵化架构人员、创业导师、企业家担任顾问，参与教研室日常备课、课程开发等工作。学院校企合作部门应该积极联系企业，及时将企业中开发的创新创业案例引入教学内容中，帮助专创融合教师设计教学内容，提升专创融合教师的实战能力。

3. 确定专创融合人才培养目标

高等职业教育的人才培养目标是培养高素质技术技能人才，随着创新创业逐步上升为国家战略，高职院校需要培养具有创新创业能力的高素质技术技能人才。专创融合教育的开展为提升高职院校毕业生就业率、提升毕业生质量指明了方向。因此在传统的高职教育培养技术技能人才的基础上，应该明确专创融合人才培养的目标，通过对学生的创新精神、创业能力进行培养，实现学生的全面发展，推动高职教育的"三教"改革向深水区迈进，也是落实"大众创业、万众创新"的有效途径。专创融合人才培养目标在设置过程中，高职院校应该开展广泛的调研，了解行业、企业对人才的具体要求。特别是近年来许多优秀高校毕业生走上了创业之路，并取得了较好的效果，更需要教师转变思路，多角度看待学生创业，制订符合学生发展的专创融合人才培养目标。

4. 加大专创融合教师企业实践力度

专创融合教师必须对行业、企业的发展现状十分了解，参加过创新创业相关的实践，能够指导学生开展相关的创新创业实践活动。对于双创教师和专创融合教师来说，提高专创融合实践能力就显得尤为重要。一个自己都没有参加过企业实践活动的专创融合教师指导学生时缺乏说服力。高职院校应该创造各种条件，加大专创融合教师企业实践的力度。通过与创业孵化机构进行合作，专创融合教师可以参加孵化基地组织的项目路演、项目孵化等活动，了解创新创业项目孵化的流程及方法，积极参加相关机构组织的创新创业政策的宣讲，了解当地关于创新创业的相关优惠政策，积极参加各级各类的创新创业大赛、创业导师大赛，通过比赛增强教师的实战能力。高职院校要和相关部门开展合作，建设本校的众创空间，对积极投身专创融合的师生在场地、工商注册、资金方面给予支持，充分创造各种条件加大专创融合教师的实战性。

5. 改革专创融合教师评价机制

缺乏专创融合激励机制是教师参与专创融合教育积极性不高的主要因素，为激励广大教师积极投身于专创融合教育中，需要改革专创融合教师的评价机制。目前各高职院校对教师的评价模式较为单一，没有充分考虑不同类型教师之间的差异，导致评价结果不客观，挫伤了教师的积极性。

专创融合教师的评价过程要从专业和创业融合的角度进行考核。首先专创融合教师在教学设计时要考虑专业教学和双创教育两个方面，因此在教师教学工作量的考核上对专创融合教师的考核应该予以相应的照顾。同时专创融合工作本身就是一种创新性的工作，因此教师参与专创融合工作也可视作科研、社会服务予以认定。教师指导学生参加各级各类的创新创业比赛、辅导学生孵化创新创业项目等活动也应该列入教师的教学业绩，在教师职称评聘、职称进档、职位晋升方面应该给予认定。只有良好的评价机制，才能提升教师参与专创融合的积极性，促进教师积极投身于专创融合教育，打造高质量专创融合教师队伍。

专创融合教师已经成为教师专业化发展的必由之路，随着国家创新驱动发展战略的提出，高职院校培养人才的要求越来越高，实现专业教育与创新创业教育的融合是培养高质量人才的关键。高职院校要顺应时代发展的潮流，积极促进职业教育的专创融合，打造高水平专创融合教师队伍，完善专创融合教师评价机制，改进创新创业教育的教学方法，实现高职教育的高质量发展。

二、构建专创融合评价体系

要想切实提高高职院校专创融合教学质量，就必须建立完善的专创融合评价体系。从事专创融合的教育工作者应该根据专创融合开展的实际情况，将专创融合工作中的重点内容作为评价指标，构建满足专创融合教育的评价指标。

（一）确定专创融合评价指标的原则

选取专创融合评价指标应该遵循客观、公平、公正的原则，在评价指标选取上剔除主观因素，客观评价专创融合教学的质量。同时在评价过程中应该尊重学生的个体差异性，根据学生的实际情况对学生开展评价，采用过程性评价方法。对于学生的创新能力、创新思维、创新成果采用定量评价方法，切实评价学生参与专创融合教育的学习成果；对于学生创业能力应该采用定性评价方法，着重评价学生在创业能力上的成长，做到综合全面地评价学生的学习成果。

1. 专创融合教学评价路径

专创融合的教学评价离不开专创融合原则，需要从专业性和创新创业两方面对专创融合教育进行评价。对学生的专业性评价应该借鉴传统的专业课程评价模式，采用定量评价方式评估学生在学习过程是否达成知识、技能的教学目标，能否满足课程培养目标的要求。对于创新创业的评价是考核学生在专业学习过程中所展现的创新精神及创业能力，以及学生自主完成创新创业任务的成果，主要采用定性与定量评价相结合的方式进行，最终实现全面评价学生的专创融合能力。

2. 多元化开展专创融合评价

多元化评价是目前职业教育教学评价主要采用的手段，多元化评价取代了传统的教学评价方式，一般采用过程性和结果性评价两种方式进行，强调对专创融合全过程进行评价。过程性评价可以对学生整个学习过程进行评估，客观评价学生的每一个学习过程，及时对学习成果进行跟踪反馈。结果性评价主要对学生的学习成果进行打分，确定学生实际的学习成果。采用多元化评价方式，可以根据评价过程中遇到的问题不断修正评价指标，使专创融合教学质量达到预期的效果。

3. 突出评价的激励作用

对专创融合教育进行评价的主要目的是促进专创融合教育的开展，引导师生积极参与专创融合教育中去。开展专创融合教育评价可以改进以往专业教学与企业生产相脱节的现象，提升学生的产品意识、岗位意识和质量意识。建立评价机制的主要目的是实现学生参与专创融合的激励机制，实现专业教学与创新创业教育的提质增效。

（二）专创融合评价的主要指标

1. 学生创新能力评价

对学生创新能力的评价是专创融合教学评价最重要的指标，专创融合课程目标上主要设置的就是创新能力的评价，这部分内容既可以定量评价，也可以定性评价，是专创融合课程中占比最重要的一部分内容。在前文专创融合课程设计过程中，最后一项教学任务就是创新任务，重点考核的就是学生运用专业知识解决实际问题的能力，占整个专创融合教学评价的30％。创新能力评价过程中要注意统一性和差异性相结合，统一性是指对学生的评价指标要统一，评价的内容要具有一致性；差异性是指教师在评价过程中要考虑不同学生之间的差异，保证每个学生在专创融合课程中收获到学习的喜悦。

2. 学生创业能力评价

对学生创业能力的评价是专创融合教学评价中较难评价的部分。对近年来高职毕业生就业情况进行统计后发现，选择自主择业的高职毕业生的数量占比已经超过40％。随着地摊经济、直播平台的兴起，学生创业选择的路径也越来越多，高职毕业生应该具备一定的创业能力，因此专创融合教学评价中也应该对学生的创业能力进行评价。评价创业能力主要采用定性评价的方法，主要考查学生在学习过程中多方面的创业特质，例如学生学习过程中的小组协作能力、人际交往能力、语言表达能力、文字书写能力。某些课程以鼓励学生撰写商业计划书、论文、数据分析报告、产品说明书等方式全方位考核学生是否具备必要的创业素养，因此评价学生创业能力主要采用过程性评价方式进行。

3. 建立毕业生跟踪回访机制

学生创新创业能力的成果更多是在学生毕业后进行展示。调研发现，许多学生在毕业3～5年后创业之路才开始取得一定的成果，因此要对专创融合开展评价，应该建立健全毕业生跟踪回访机制。应该对开展深度校企合作的企业定期进行回访，了解毕业生在企业的工作情况以及企业对毕业生创新能力的评价，邀请企业帮助改进专创融合课程目标和人才培养方案。

同时邀请学生对专创融合课程的教学质量进行评价，从学生角度审视专创融合课程的教学内容是否满足学生在创新创业教育上的需要、课程目标设置是否合理，了解学生对专创融合课程的现实需求，实现以评促教。

4. 实现创新创业教育与工匠精神相融合

专创融合课程的开设也可以促进学生工匠精神的培育。长久以来，教师在教学过程中将创新创业教育与工匠精神的培育割裂开来，工匠精神往往是作为课程的思政目标体现的，缺乏与创新创业教育之间的互动。高职院校的学生处于职业观形成的阶段，受社会风气的影响，许多学生将创办企业赚钱作为创新创业的主要目的，认为只有成为一名优秀的企业家才算是成功人士。其实我们身边的大国工匠都是创新创业的典范，许振超、高凤林、陈行行都是在自己的岗位上推动了技术的进步和发展，他们身上的创新精神和专创融合课程中的创新精神是一致的。专创融合教育过程中应该注重专创融合精神和工匠精神的共同点，激发学生爱岗敬业的热情。

多元化专创融合课程评价是高职院校实施专创融合教学改革的重要举措，也是提升高职院校人才培养的重要手段。目前开展专创融合的院校总体还不是很多，形成的教学成果也多面向某一门课程专创融合的开发，还需要各高职院校教师不断地实践探索，根据学院的自身特点设计专创融合教学模式，切实提升高职院校的教育教学质量。

参考文献

[1] 苑津山，幸泰杞. 扎根本土：论中国特色学分制的构建、现状与创思 [J]. 西南民族大学学报（人文社会科学版），2022，43（7）：281-223.

[2] 魏波. 现代学徒制项目探索与实践——湖南现代物流职院与安吉智行物流合作案例 [J]. 物流工程与管理，2018，40（10）：183-184.

[3] 刘冬香. 产教融合的现代学徒制实践研究 [J]. 南方职业教育学刊，2015，5（4）：6-9.

[4] 姬天富. 学分银行建设与1＋X证书制度试点的现状、问题与对策 [J]. 连云港职业技术学院学报，2021，34（4）：66-70.

[5] 侯楚著，全丽莉. 高职数字图文专业现代学徒制实施思考——以武汉城市职业学院数字图文专业为例 [J]. 中国教育技术装备，2018（13）：130-131.

[6] 刘景忠. 办好思政课，关键在教师 [J]. 河南教育（职成版），2019（5）：14-15.

[7] 余玮，谭长富. "三湘工匠的摇篮"是这样炼成的 [J]. 中华儿女，2022（8）：25-29.

[8] 黄享苟，陈卓. 现代学徒制下的高职实训基地建设——以湖北职业技术学院建筑工程技术专业为例 [J]. 湖北职业技术学院学报，2014，17（2）：92，93-95.

[9] 崔宏巍，朱亮红. 汽车与交通专业群OBE创新型人才培养模式改革与实践 [J]. 科学咨询，2019（19）：13-14.

[10] 张红娟，徐素波. 中、高职物流管理专业体系现状分析及优化对策研究 [J]. 中国电子商务，2014（3）：155.

[11] 回晓敏. 高职B类、C类学生"学分银行"框架下人才培养的有效路径探析 [J]. 职业教育研究，2022（1）：75-79.

[12] 张艳. 基于数据驱动的精准化教学服务平台设计与实施 [J]. 无线互联科技，2022，19（14）：44-46.

[13] 姚成，王军，宋敏. 1＋X证书背景下应用型本科与中高职一体化人才培养体系的研究 [J]. 产业与科技论坛，2022，21（2）：279-280.

[14] 王婧. 基于ERP沙盘的会计分岗综合实训教学设计 [J]. 天津职业院校联合学报，2015，17（5）：120-123.

[15] 王玉，陆霞. 职业院校教学质量多元化评价体系构建原则探究 [J]. 山西财政税务专科学校学报，2011，13（4）：74-77.

[16] 戴浩，伍杰明，林广国，等. 高职院校特色学分制改革设计与课程体系重构 [J]. 中国职业技术教育，2020（2）：50-54.

[17] 刘凯. 学分制背景下高职院校教学管理改革研究与实践 [J]. 学周刊，2019（26）：6.

[18] 余德华. 高校教师教学业绩量化考核的探索与实践 [J]. 中国大学教学，2009（5）：70-72.

[19] 李昊. 基于现代学徒制下的"五位一体"德育教育模式研究与创新 [J]. 新教育时代电子杂志（教师版），2020（7）：149.

[20] 郑海丛. 高职院校学生顶岗实习管理水平优化策略研究 [J]. 中国管理信息化，2014，17（21）：98-99.

[21] 陈惠英. 中职计算机网络教学中行动导向法的应用探析 [J]. 中国信息技术教育，2014（24）：99-100.

[22] 张辉，韩叶，李欣. 城市轨道交通虚拟仿真实训资源共享机制研究 [J]. 中外交流，2021（9）：805.

[23] 李刚. 职业教育虚拟仿真实训基地建设研究 [J]. 天津职业大学学报，2022，31（2）：92-96.

[24] 李文锦. 动态视点 [J]. 山东教育（高教），2021（13）：4-5.

[25] 霍丽娟，唐振华，任锁平. 职业教育提质培优：全面施工与未来展望——全面启动实施提质培优行动

计划综述 [J]. 中国职业技术教育, 2021 (18)：5-14.

[26] 张妍, 张秀丽, 陈丽霞, 等. 新一代信息技术加强美容专业群建设的研究 [J]. 继续医学教育, 2022, 36 (10)：45-48.

[27] 门超. 公共实训基地建设的理性审视与发展路向 [J]. 教育观察, 2021, 10 (2)：10-13.

[28] 邱奎, 熊伟. 虚拟仿真在化工专业实践教学中的应用 [J]. 重庆科技学院学报 (社会科学版), 2014 (12)：164-166.

[29] 成波. 基于"知情意行"的高校思政课亲和力提升路径研究 [J]. 山西高等学校社会科学学报, 2021, 33 (7)：26-30.

[30] 黄玲, 李毓英. 高职汽车专业基于工作过程教学模式改革 [J]. 商情, 2014 (21)：100.

[31] 汪东平. 协同创新视域下高职医药类实践教学体系的提升策略 [J]. 科教导刊电子版 (中旬), 2022 (3)：151-152, 223.

[32] 孙帅, 马雁, 皮薇薇, 等. 高职院校虚拟仿真实训基地建设探索与实践——以绿色智慧电力虚拟仿真实训基地为例 [J]. 现代职业教育, 2022 (14)：135-137.

[33] 潘海生, 胡缓. 社会多元主体参与下公共实训基地的建设机制研究 [J]. 中国电化教育, 2022 (3)：54-61.

[34] 张兴然, 谢胜利. 自编活页式教材的特点与开发实践——以供用电技术专业为例 [J]. 职业教育 (下旬刊), 2019, 18 (12)：68-73.

[35] 胡靖. VR 技术提升轨道交通类实训教学质量的可行性研究 [J]. 科技风, 2022 (7)：26-28.

[36] 句荣辉, 王辉, 王丽, 等. 基于学习通平台的高职专业课程数字化教学资源设计与应用——以"农产品质量安全检测"课程数字化资源构建为例 [J]. 北京农业职业学院学报, 2022, 36 (2)：91-96.

[37] 胡畔, 柳泉波. "教育云服务＋云终端"模式下的数字教材研究 [J]. 现代教育技术, 2018, 28 (3)：85-90.

[38] 骆士城, 赵国信, 李柏辉. "互联网＋"时代虚拟仿真实训教学资源的建设 [J]. 广西广播电视大学学报, 2020, 31 (5)：5-9.

[39] 唐品, 郭向飞, 王景文. 医学信息检索校级精品课程建设的实践与思考 [J]. 农业图书情报学刊, 2010, 22 (11)：185-187, 202.

[40] 邹力, 王云峰, 吕梅, 等. 关于"高等天气学"精品课程建设的若干思考 [J]. 教育教学论坛, 2015 (13)：263-264.

[41] 吴樱樱. 虚拟现实视域下智能制造实训基地建设的研究——以智能制造虚拟仿真实训基地为例 [J]. 江苏教育研究, 2022 (Z3)：80-83.

[42] 柳力, 黄优. 创新型国家建设背景下行业特色高校创新型人才培养模式研究 [J]. 科技风, 2021 (2)：120-121.

[43] 戈弋, 李庆丰, 杨斌. 职业教育公共实训中心"公益""共享"运营模式的探索与实践 [J]. 中国职业技术教育, 2022 (16)：83-86.

[44] 刘斌, 黄仲庸. 基于高技能公共实训中心的生产性实训模式研究 [J]. 职业, 2017 (4)：88-90.

[45] 蒋丽. 关于高职 ERP 沙盘模拟实训教学的探讨 [J]. 辽宁高职学报, 2010, 12 (3)：61-62, 75.

[46] 黄海明. 教育云平台推动信息技术学科变革的思考 [J]. 西部素质教育, 2019, 5 (4)：115, 117.

[47] 韩亚杰, 王秀花, 武占省. "翻转课堂"在生物化学教学中的应用研究 [J]. 教育教学论坛, 2019 (41)：168-169.

[48] 孙永香, 王志军. 新农科背景下的线上线下混合式一流本科课程建设 [J]. 计算机教育, 2022 (6)：170-174.

[49] 孙延永. 浅论翻转课堂式教学模式的运用 [J]. 文学教育 (上), 2015 (10)：117-119.

[50] 吴桃李. 线上教学调研与实证研究——以北京大学物理学院为例 [J]. 教育教学论坛, 2022 (1)：

66-69.

[51] 孔祥宇. 后疫情时代高校在线开放课程网络安全与管理探析 [J]. 中国信息安全, 2022 (6): 87-89.

[52] 蔡跃, 王偲, 李静. 职业教育新型活页式教材的内涵、特征及开发要点 [J]. 中国职业技术教育, 2021 (11): 88-91, 96.

[53] 刘晓燕. 立体化工作手册式教材的构建模式研究 [J]. 物流工程与管理, 2021, 43 (4): 202, 212-214.

[54] 王菲菲, 隋春光, 刘昕宇. "三教改革"背景下食品类专业核心课程"课证融通"活页式教材的研究与开发 [J]. 警戒线, 2021 (26): 104-105.

[55] 庄曼丽. 职业院校专业人才培养方案的制订依据与实施路径——访徐国庆教授 [J]. 职业教育 (下旬刊), 2019, 18 (5): 3-9.

[56] 安钰峰. 澳大利亚新学徒制计划蓬勃发展——2001 年有关统计数据及说明 [J]. 世界教育信息, 2002 (11): 40-45.

[57] 赵崇平. 英国 NVQ 与我国职业核心能力认证的比较及启示 [J]. 职教论坛, 2011 (36): 92-96.

[58] 杨哲. 影响高职生就业的因素调研 [J]. 中国职业技术教育, 2008 (3): 40-41.

[59] 辜东莲, 丘东晓. 以能力为本位的职业教育课程研究初探 [J]. 教育导刊, 2009 (12): 43-46.

[60] 韩冬. "行动体系的重构"理论在 JSP 课程构建及课程设计中的运用 [J]. 安徽电子信息职业技术学院学报, 2010, 9 (1): 72-74.

[61] 傅新民, 袁秀娟. 德国职业教育学习领域课程核心内容及本土化改造 [J]. 当代教育论坛 (综合版), 2010 (1): 123-124.

[62] 李立斌. 行为导向教学法的认识和实践 [J]. 湖南大众传媒职业技术学院学报, 2011, 11 (5): 96-98.

[63] 卢必林, 蒙健全. 技能大赛对技工学校教学改革的促进作用——以广西二轻高级技工学校为例 [J]. 亚太教育, 2021 (15): 137-138.

[64] 陈华, 何少庆. 国家资历框架下 1+X 证书制度实施的关键与路径选择 [J]. 教育与职业, 2021 (16): 36-42.

[65] 鄢嫦. 基于"1+X"证书制度的高职新型活页式教材开发——以《档案管理》为例 [J]. 广东职业技术教育与研究, 2022 (4): 61-64.

[66] 姚玲峰, 黎书瑞, 秦俊举, 等. 浅谈工业机器人应用领域 1+X 证书制度试点工作难点及推进策略 [J]. 中国设备工程, 2022 (18): 253-255.

[67] 祁琦. "1+X"证书制度实施困境与改革创新 [J]. 吉林农业科技学院学报, 2021, 30 (3): 61-64.

[68] 陆雪萍, 冯子芳. "岗课赛证"四维融通的技能型人才培养模式改革探索——以计算机网络技术专业为例 [J]. 教育观察, 2022, 11 (31): 84-86, 120.

[69] 张浩. 1+X 证书制度下高职院校"双师型"教师队伍建设研究 [J]. 湖北工业职业技术学院学报, 2021, 34 (3): 1-4.

[70] 杨旭辉. 一流职业教育教师培养中的"分"与"合"——第二届"新时代一流职教教师培养高峰论坛"综述 [J]. 中国职业技术教育, 2022 (30): 92-96.

[71] 黄兆军. 专创融合视域下高职院校新工科专业人才培养模式的构建 [J]. 高等职业教育探索, 2022, 21 (2): 59-66.

[72] 彭子茂, 吴轩辕. 高职建筑类专业专创融合教学模式改革研究 [J]. 教师, 2021 (2): 98-99.

[73] 吴婷. 基于创新创业导向的高职电子商务专业实践教学体系构建 [J]. 产业与科技论, 2015, 14 (24): 104-105.

[74] 孙玉宁. 高职院校创新创业教育与思想政治教育协同育人机制研究 [J]. 创新创业理论研究与实践, 2019, 2 (1): 61-62.